新金融実務手引選書

貸出審査の手引

吉田重雄 [著]

一般社団法人 **金融財政事情研究会**

はじめに

　本書の執筆依頼の話がきたとき、なぜ古希を過ぎた筆者に執筆の依頼がきたのだろうかと考えた。筆者は、1973年から2001年まで都市銀行に勤務し、日本経済の安定成長期、バブル経済とその崩壊を経験している。2000年7月に金融庁が発足、筆者は2001年8月に都市銀行を退職、2007年に一般社団法人金融財政事情研究会から『事例に学ぶ貸出判断の勘所──資金使途の検証にみる「貸出の王道」』を上梓して以降、現在に至るまでの17年間、新たな金融行政のもとで貸出業務を行っている全国の地方銀行・第二地方銀行・信用金庫等40以上の金融機関およびその他の場所（北海道財務局など）において200回以上の貸出業務に関する研修・講演を行ってきた。筆者が講師としてみてきた貸出業務を総括すれば「現在行われている銀行の貸出業務のレベルは低い」ということに尽きる。現行貸出業務にはさまざまな問題点がある。大きくとらえれば、一つは貸出業務への取組み方、言い換えれば貸出業務の本質を忘れ、数値至上主義に走っている姿勢の問題、すなわち貸出担当者としての矜持がみられない。もう一つは貸出審査力の低下があげられる。いわゆる「企業をみる眼」のレベルが低い。そもそも貸出業務を遂行するに必要な基礎知識が不足している。

　近年の金融行政において「事業性評価」「短期継続融資」という言葉が出ているが、筆者の経験に照らし合わせれば、これは新しい考え方ではない。これと同趣旨のことは、筆者が初めて貸出業務を担当するとき（いまから約50年前）、上司・先輩から教えられたことで、目新しい施策ではない。昔を知っている筆者にとってはむしろ、「いまさら、いまになって」という印象をもつ。

　そこで、古希を過ぎてはいるが、金融庁が発足する前後の貸出業務を経験してきている者として、現在貸出業務に携わっている人たちに、現行貸出業務の問題点をふまえて、「不易流行[※1]」「温故知新[※2]」という視点からの考え方も加えて、健全な貸出業務のあり方について伝えたいと考え、本書執

筆の依頼を受けることとした。

※1 「不易流行」とは、いつの時代でも変わらない本質的な考え方を大事にしつつ、新しい変化も取り入れること。受け継ぐべきことは残し、変えるべきことは変えることが肝要であるということ。
※2 「温故知新」とは、昔の仕方・考え方を調べ直したり考え直したりして、新たな道理や知識を探り当てること。過去を大切にしつつ、新しい知識を取り入れること。

　本書を手にされ、これから読まれる方々に最初にお断りしておかなければならないことがある。本書では、さまざまな言葉に関する教科書的な解説に加え、「筆者の考えではこうすべき」ということも付け加えている。そのことは「そうは思わない人を説得して、こうしなければならない」ということではない。筆者の見解と異なる場合は、それについて自ら考えるきっかけにしていただければ幸甚である。

　さて、本来の「はじめに」について書き出すこととする。

　いまさらいうまでもないが、貸出業務は銀行の本業である。本業のなかで最も重要な貸出業務がいま、揺れている。貸出業務の本質を見失い、五里霧中の状態にあるようにみえる。

　戦後日本経済が高度成長・安定成長した1950年代から1980年代半ばまで、銀行貸出による間接金融の役割は大きかった。経済社会における銀行の社会的地位は高くみられ、就職先としての人気も高かった。しかし、1980年代後半から1990年代初めまでのバブル経済期において銀行貸出は多くの不良債権を生み出し、金融不安を招き、銀行に対する社会的信頼は大きく揺らぎ、銀行の信頼は地に落ちた。それ以降、今日に至るまで、銀行は「唄を忘れたカナリヤ」のように美しい歌声（真っ当な貸出姿勢）を忘れてしまったようだ。

　現役の銀行員はバブル期時代に行われた誤った貸出業務の実態、バブル期以前に行われていた真っ当な貸出業務を知らない。現在行われている貸出業務は、バブル崩壊後の低成長経済のなか、異常な低金利のもとで金融庁が作成した「金融検査マニュアル」に従って行われてきた。銀行を退職して講師を務めていた筆者は、判断業務である貸出審査に均一的・統制的なマニュアルがあることに違和感を覚えたが、それぞれの銀行はそれをどのように受け

2　はじめに

止め、そのことが貸出先にどのような影響を与えているか検証していたのであろうか。

　筆者が特に疑問に思ったことは、経常運転資金貸出における経常単名の手形書替が貸出条件緩和債権に該当するとの考え方である。そのために経常運転資金貸出を約弁付長期貸出にすることの理解に苦しんだ。数十年にわたってすべての銀行が行ってきた経常単名の手形書替という貸出実務・慣行は、法的にも経済的にも説明されてきたことで、過去の大蔵省検査・日銀考査でも問題視されたことはない。企業にとって必須資金である経常運転資金に約弁を付せば、資金繰りに影響を与えることは自明であるにもかかわらず、銀行は唯々諾々と従ってきた。さすがに貸出先からの不満の声に押されてか、当局は「短期継続融資」という新たに命名した言葉を使い、「短期継続融資で対応することはなんら問題なく、妥当な融資形態の一つであると認められる」と明記し、実質的に経常単名の手形書替継続を認めた。この言回しに、筆者は「公務員の無謬性」を感じた。

　2019年12月に「金融検査マニュアル」は廃止された。銀行は当局による統制がなくなったいま、どのように貸出業務を再構築していくべきか真剣に考えなくてはならない。銀行法１条２項には「この法律の運用に当たっては、銀行の業務の運営についての自主的な努力を尊重するよう配慮しなければならない」とある。「金融検査マニュアル」が廃止されたいま、銀行は貸出業務についてどのような自主的な努力を行うか試されている。

　銀行は真っ当な貸出業務を行うために、いま一度、バブル期に行った貸出業務の問題点は何だったのかを振り返り、その経験から何を学び、どのようにそれを活かしていくかを考えることが重要である。そしてまた、バブル期以前に行われていた貸出業務から学ぶべき点、いまに伝え・残すべき点はないかについても顧みてほしい。「愚者は経験から学び、賢者は歴史に学ぶ」という言葉があるように、「金融検査マニュアル」のもとで行ってきた20年の経験からだけではなく、バブル期以前の貸出業務から学ぶこともあるはずだ。そこに古希を過ぎた筆者が本書を著す意義があると考えた。

　バブル期の貸出業務は、審査部門が営業部門に取り込まれることで、審査

はじめに　3

機能が十分に機能せず、地価・株価の高騰を背景に担保評価は甘くなり、資金使途や返済能力の分析も十分に行わず、量的拡大に走り、バブルがはじけると多くの貸出債権が不良債権となった。数多の不良債権を抱え、銀行の健全性は損なわれ、経営破綻した銀行、公的資金を導入した銀行も少なくない。バブル崩壊後に入行した銀行員は不良債権処理に追われ、真っ当な貸出業務を知らずに育った。バブルが崩壊して30年以上経ち、不良債権の処理は終わったが、銀行は貸出業務に自信を喪失したまま現在に至っている。

　貸出業務を取り囲む経済的環境要因も影響している。日本銀行の資金循環分析による部門別資金過不足の推移をみると、1990年代から法人部門は資金余剰に転じた。それまで、資金余剰の家計部門から預金を集め、資金不足の法人部門に資金を貸出するという間接金融によって日本経済は成長してきた。その法人部門が資金余剰となったことでマクロ的には貸出機会は減り、さらに1995年からの低金利状態が続き、銀行は貸出業務による収益確保を期待することが困難になった。これが、現在貸出業務が置かれている状況といえる。

　筆者が研修・講演で、『貸出業務の王道』（拙著、金融財政事情研究会、2011年）の内容、「真っ当な貸出」を行うことが大事であると話すと、「そんなきれいごとをいっていてはボリューム・収益等の目標数値は達成できない」という声を聞く。筆者は、銀行の経営目的は収益の極大化ではないと考える。収益は銀行存続の必要条件であることに間違いないが、十分条件ではない。貸出業務においては貸出先の経営に資するさまざまな情報提供や有益なアドバイス等を長期的に行うことで、貸出先と良好な信頼関係を築くことが肝要である。金利競争（低金利の提示）によってボリューム増強を図ることではなく、貸出先に対して長期的利益を提供し続ける価値競争（情報提供、経営アドバイス等）のほうがいっそう重要である。貸出先の経営者が、会社経営に関して弁護士やコンサルタントを選ぶとき費用を最優先するだろうか。費用が少々高くても、信頼でき、満足する答えやアドバイスをしてくれる弁護士やコンサルタントを選ぶはずである。銀行も同じではないか。貸出先は金利が0.1％（10百万円の貸出の0.1％は年1万円）高くても、信頼・

信用できる銀行を選ぶはずだ。銀行が貸出業務で収益をあげるためには、貸出先に高い付加価値・情報を提供する能力が必要であり、そのためにも審査能力をアップさせなければならない。

　貸出業務は数値競争（目標数値達成による銀行満足）ではなく、貸出先の成長・発展に資する付加価値提供による円滑な長期的関係の維持（顧客満足を得る仕事）であるべきと考える。そのために貸出審査はきわめて重要である。

　貸出業務は業容の拡大・発展のため数値追求のアクセルを踏み続けるだけではなく、危険を察知しブレーキを踏むことも重要である。その意味で、審査部門は銀行の良心と頭脳であるべきと考える。銀行の優劣は貸出金の健全性にあり、貸出金の健全性は貸出担当者の能力と品格ある行動にある。しかしながら、残念なことに銀行の審査能力、担当者の貸出業務遂行能力は、現状そのレベルに至っているとはいいがたい。

　担当者が行っている貸出業務は、まるで無免許でスピード違反をしている自動車の運転のようだ。貸出業務を遂行するうえで必要な基礎知識を十分に備えていない（無免許状態）若手行員に数値目標を与え、短期的成果を求め（数値至上主義）、即戦力として競わせている。無免許であることを知りながら、その者に自動車を運転させたら、運転させた者も「無免許運転の教唆犯」として処罰されることを銀行の役員・支店長は知っているだろうか。

　銀行法４条には「銀行業は、内閣総理大臣の免許を受けたものでなければ営むことができない」とある。銀行は法人としては銀行業を営む免許を有しているが、銀行業務を遂行する銀行員、なかんずく実際に貸出業務を担う者（担当者から支店長まで）は、貸出という銀行の本業である免許業務を行うに必要な知識・レベルを有しているか自問自答してほしい。

　あらためていうまでもなく銀行の本業は貸出業務である。銀行の貸借対照表「資産の部」で最も大きなシェアを占めるのは貸出金であり、損益計算書の「経常収益」で最も大きいのは貸出金利息である。銀行の収益の根幹をなす貸出業務という広い海に船出するに臨んで、装備・準備・訓練を十分に行わずに、とにかく船を出せというのは賢明な経営だろうか。海はいつも穏や

かとは限らない。悪天候により雨が激しいときもあり、波が立ち、強風・逆風、台風のときもある。いま問われているのは船出する前の装備・準備・訓練が十分かということなのに、それを十分に行うことなく船出させている。

マクロ経済の観点から法人部門が資金余剰であっても、ミクロ経済の観点からは中小企業に対する貸出機会は存在する。経済社会で生きていくなか、企業の業績には必ず浮き沈みがある。貸出案件について銀行がいくら慎重に審査しても貸倒れになるリスクはある。貸出審査をどのように、どの程度すれば十分か、貸出審査にマニュアルはない。

日本経済の基盤を支える中小企業がこれからの経済社会で存続・成長、あるいは再生するためには、銀行の審査能力を基礎にした事業資金貸出のノウハウが必要とされている。企業経営を基本からとらえるために、企業審査の重要性が問われ、銀行にはそれが求められている。

IT革命の進展、経済のグローバル化等で従来の価値観が変化し将来予測が困難な時代に、中小企業だけでなく銀行自身も存続・発展していかなければならない。そのためには、まず貸出担当者の審査能力のレベルアップが必須である。審査の重要性を認識し、基礎知識をしっかり学び、そして、実践の場で貸出先との信頼関係を築き、真の意味でWin-Winの関係を長期的に維持することが重要である。

いま大切なことは貸出業務の真の姿を取り戻すことである。貸出審査に関する既刊本の多くは、財務諸表分析・定性分析に必要な基礎的知識・言葉の意味を解説する教科書的内容のものが多い。しかし、知識を身につけるだけでは真の意味での審査力アップにはならない。基礎的知識を勉強する前に、貸出業務の本質・意義について学び直すことが重要である。そのとき、「不易流行」「温故知新」という言葉があるように、貸出業務の歴史を顧みて、忘れかけているものがあることに気づくはずである。

貸出業務には「不易」の側面、「流行」の側面があり、その二つは共存共栄の関係であり、両立させてあつらえなければならない。「不易」は「基本の徹底」であり、「流行」は「変化への即応」ととらえられる。この二つの側面を日々の仕事のなかで両立できる柔軟性のある組織が生き残る。温故知

新は、振り返って顧みることの本質ということであり、ややもすれば消極的と受け取られがちだが、原点を見つめ直す機会になる。何とかしたいという強い問題意識をもって故きを温ねて考察すれば、新鮮な考動指針が現れてくる可能性がある。

　本書を読む銀行員のほとんどは、バブル経済になる前、金融庁発足前における銀行の貸出業務の手法・姿勢を知らないだろう。本書は貸出業務に関する基礎的知識を説明・解説する教科書的内容にとどまらず、筆者が「貸出業務の王道」として思うところの考え方・姿勢・行動についても触れている。貸出業務に携わる者が本書を読み、貸出業務の本質を理解し、社会的使命感をもって正しく実践することが真っ当な貸出業務につながり、銀行が社会からの信頼を取り戻すことになると信じる。銀行は社会のためにある。そして、貸出業務には誠実に取り組まなければならない。

　銀行は、信用という質の問題を、数値の多寡では解決できないと知るべきである。本業かつ収益の柱である貸出業務は、銀行が利己的に振る舞うのではなく、経済社会の発展に資するべきと、自らの存在意義を認識して行う業務である。そして、貸出業務を担当する者は、公正な論理と誠実無私な心で貸出先と向き合うことが大切である。

　なお、本書を著すに際し、内容は執筆時点の状況を前提にしている。貸出業務を取り巻く環境はつねに変化している。新たな金融行政、手形の廃止など、筆者の情報入手の手遅れから誤った記述になった箇所があるかもしれない。今後どのような変化が来るか、それによって何がどのように変わるのか、どんな変化が来ても原点と本質を学んでおけば、変化に対応できると考えるが、内容については異論や批判もあるかと思う。読者諸賢のご意見にも耳を傾け、議論し、ご活用に資することができれば幸いである。

　最後に、本書の刊行に際し、出版の機会を与えてくださった一般社団法人金融財政事情研究会理事出版部長の平野正樹氏に深く感謝申し上げる。

2024年8月

吉田　重雄

【著者略歴】

吉田　重雄（よしだ　しげお）

1950年東京生まれ。

1973年早稲田大学政治経済学部卒業、同年三菱銀行（現・三菱ＵＦＪ銀行）入行、京都支店副支店長、板橋支店長、融資第一部次長、融資第二部次長、仙台支店長、秋葉原支店長を経て2001年6月東京三菱銀行（当時）を退職。

[主な著書]

『事例に学ぶ　貸出判断の勘所―資金使途の検証にみる「貸出の王道」』（2007年、金融財政事情研究会）

『事例に学ぶ　貸出先実態把握の勘所―「取引先概要表」の作成と財務・実体面の動態把握』（2008年、金融財政事情研究会）

『事例に学ぶ　貸出担当者育成の勘所―貸出業務の本質とOJTによる人材育成』（2009年、金融財政事情研究会）

『貸出業務の王道』（2011年、金融財政事情研究会）

『貸出業務の信質―貸出業務に携わる人の矜持』（2012年、金融財政事情研究会）

『事例に学ぶ　貸出の基本を教えるOJTの勘所―対話形式で学ぶ“判断・事務・管理”の63シーン』（2013年、金融財政事情研究会）

『銀行ルネサンス』（2014年、金融財政事情研究会）

『「重職心得箇条」に学ぶ　銀行支店長の心得』（2015年、金融財政事情研究会）

『事例に学ぶ　貸出判断の勘所【新版】―資金使途の検証にみる「貸出の王道」』（2015年、金融財政事情研究会）

目　　次

序　章　　現実を直視する

1	貸出業務の実態	2
2	貸出業務のコモディティ化	2
3	貸出審査の意味	5
4	融資、貸出という言葉	12
5	コンプライアンス	14
6	貸出判断	18
7	金融行政の影響	20

第1章　　総　　論

第1節　貸出業務の基本原則 28

1　安全性の原則 29
　(1)　貸出先の返済能力および返済意思 30
　(2)　担保および保証 30
　(3)　貸出金の分散 30
　(4)　貸出期間 30
2　流動性の原則 31
3　収益性の原則 32
4　成長性の原則 33
5　公共性の原則 34

第2節　貸出金の分類 37

1　資金使途別分類 38

目　次　9

2	勘定科目別分類	39
(1)	割引手形(商手割引)	40
(2)	手形貸付	42
(3)	証書貸付	45
(4)	当座貸越	46

第3節 銀行取引約定書 ……………………………………………… 49

1	貸出取引と法令	49
(1)	民 商 法	49
(2)	銀 行 法	50
2	銀行取引約定書の制定経緯	50
3	新規貸出取引開始前に銀行取引約定書を徴求する理由	51
4	銀行取引約定書と説明責任	52
5	銀行取引約定書の主な内容	53
6	事例研究:民法ベース取引と銀取ベース取引との比較	54
(1)	手形の期限にかかわらず定期預金と相殺できるか	55
(2)	ただちに割引手形の買戻しを請求できるか	55
(3)	増担保を要求できるか	56
(4)	比較結果	56

第2章 貸出先の実態把握

第1節 実態把握の意義 ……………………………………………… 58

1	実態把握の目的	58
2	実態把握と個別貸出審査との関係	59

第2節 実態把握の進め方 ……………………………………………… 61

1	実態把握の方法	61
(1)	資 料	61
(2)	ヒアリング	62

(3)	実地調査	63
2	実態把握を行う際の心構え	64
3	グループの内容把握	65
(1)	実体面の見方	65
(2)	財務内容の見方	66

第3節　取引先概要表 67
1　取引先概要表の重要性 67
2　記載項目の読み方 69
　(1)　会　社　名 69
　(2)　代表者名 69
　(3)　従業員数 69
　(4)　株主構成 71
　(5)　関係会社 71
　(6)　主要仕入先・主要販売先 71
　(7)　基本姿勢 72
3　取引先概要表の利用方法 72
4　主要取引経緯 73

第4節　経　営　者 75
1　経営者概要表の作成 75
2　経営者の実像を知る 75
3　望ましい経営者 78
4　財務諸表と経営者 79

第5節　事業活動 80
1　何をしている会社か 80
2　業種動向 82

第6節　「事業性評価に基づく融資等」 85
1　「事業性評価に基づく融資等」の意味 85
2　事業性評価融資 87
3　「融資等」の意味 91

目　次　11

4　事業性評価シート ……………………………………………………… 92

第3章　決算書の確認・分析

第1節　決算書の基礎知識 ………………………………………………… 96

　　1　概　　説 ………………………………………………………………… 96

　　2　中小企業の決算 ………………………………………………………… 97

　　3　中小企業の決算書の特徴 ……………………………………………… 97

第2節　貸借対照表の基礎知識 …………………………………………… 99

　　1　貸借対照表の仕組みと役割 …………………………………………… 99

　　⑴　仕　組　み …………………………………………………………… 99

　　⑵　役　　　割 …………………………………………………………… 99

　　2　貸借対照表の内容 ……………………………………………………… 100

　　⑴　資産の内容 …………………………………………………………… 100

　　⑵　資産の評価 …………………………………………………………… 102

　　⑶　負債の内容 …………………………………………………………… 106

　　⑷　純資産の内容 ………………………………………………………… 106

第3節　損益計算書の基礎知識 …………………………………………… 110

　　1　損益計算書の仕組みと役割 …………………………………………… 110

　　⑴　仕　組　み …………………………………………………………… 110

　　⑵　役　　　割 …………………………………………………………… 111

　　2　損益計算書の内容 ……………………………………………………… 111

　　⑴　売　上　高 …………………………………………………………… 111

　　⑵　売上原価 ……………………………………………………………… 112

　　⑶　売上総利益 …………………………………………………………… 112

　　⑷　販売費及び一般管理費 ……………………………………………… 112

　　⑸　営業利益 ……………………………………………………………… 113

　　⑹　営業外損益 …………………………………………………………… 113

(7)	経常利益	114
(8)	特別損益	114
(9)	税引前当期利益	114

第4節　決算分析 …… 115

1　決算分析とは何か …… 115

(1)　「健全な懐疑心」をもつ …… 116

(2)　分析の際の基本動作 …… 116

2　決算分析の留意点 …… 117

(1)　実態ベースの決算書の把握 …… 117

(2)　継続的な財務内容の把握 …… 117

(3)　時系列比較 …… 117

(4)　同業他社比較 …… 117

3　決算書徴求時のチェックポイント …… 117

(1)　決算説明の聞き方 …… 118

(2)　貸借対照表のチェックポイント …… 119

(3)　損益計算書のチェックポイント …… 120

第5節　貸借対照表の分析 …… 121

1　貸借対照表の分析方法 …… 121

(1)　実　数　法 …… 121

(2)　比　率　法 …… 121

2　基本的着眼点 …… 122

(1)　現　預　金 …… 122

(2)　売上債権 …… 122

(3)　在庫と月商 …… 122

(4)　支払手形と受取手形 …… 123

(5)　支払債務と売上債権 …… 123

(6)　短期借入金額 …… 123

(7)　雑　勘　定 …… 123

(8)　資本金と純資産 …… 123

(9)　固定資産 ··· 124

　3　比率による分析 ··· 124

　(1)　「静態比率法」 ·· 124

　(2)　「動態比率法」（回転率と回転期間） ······················ 126

第6節　損益計算書の分析 ·· 130

　1　損益計算書の分析方法 ·· 130

　2　基本的着眼点 ··· 130

　(1)　売上高の推移 ··· 130

　(2)　経常利益 ·· 130

　(3)　収益構造 ·· 130

　(4)　従業員1人当り売上高、利益額 ······························ 131

　3　比率による分析 ·· 131

　(1)　構成比率法 ·· 131

　(2)　指数法（趨勢法） ·· 131

　(3)　関係比率法 ·· 131

第4章　企業体質の検討

第1節　収益性の検討 ··· 136

　1　収益性検討の前提 ·· 136

　2　実質利益の検討 ·· 137

　(1)　実質利益の概念 ·· 137

　(2)　修正項目 ·· 138

　3　利益増減の検討 ·· 139

　(1)　利益増減分析の意義 ·· 139

　(2)　損益分岐点分析 ·· 145

第2節　安全性の検討 ··· 153

　1　安全性分析の着眼点と分析手法 ··································· 153

14　目　　次

2　長期の安全性の検討 ……………………………………………… 155

（1）　自己資本比率（自己資本÷総資本）………………………… 155

（2）　固定比率（固定資産÷自己資本）…………………………… 155

（3）　固定長期適合率（固定資産÷（自己資本＋固定負債））……… 156

3　実態バランスシート ………………………………………………… 156

（1）　実質純資産 …………………………………………………… 156

（2）　実態バランスシートの作成 ………………………………… 159

4　赤字・債務超過 …………………………………………………… 161

5　短期の安全性の検討 ……………………………………………… 162

（1）　流動比率（流動資産÷流動負債）…………………………… 162

（2）　当座比率（当座資産÷流動負債）…………………………… 163

（3）　売上債権回転期間（売上債権｛受取手形（含む割引手形・裏書譲渡
手形）＋売掛金｝÷平均月商）………………………………… 163

（4）　棚卸資産回転期間（棚卸資産÷平均月商）………………… 164

（5）　支払債務回転期間（支払債務（支払手形＋買掛金）÷平均月商）…… 164

（6）　収支ずれ（売上債権回転期間＋棚卸資産回転期間－支払債務回転期
間）………………………………………………………………… 165

（7）　借入金回転期間（（総借入金＋社債）÷平均月商）………… 166

6　借入金の多寡の検討 ……………………………………………… 166

（1）　有利子負債依存度（有利子負債÷総資産）………………… 166

（2）　債務償還年数 ………………………………………………… 167

第3節　資金繰り表の分析 ……………………………………………… 169

1　資金繰り表の分析とは何か ……………………………………… 169

2　収支の個別的検討 ………………………………………………… 169

（1）　前・翌月繰越金 ……………………………………………… 169

（2）　経常収入 ……………………………………………………… 171

（3）　経常支出 ……………………………………………………… 171

（4）　経常収支尻 …………………………………………………… 172

（5）　経常外収支 …………………………………………………… 172

(6) 財務収支 ………………………………………………………………… 173

3 資金繰り表における留意点 ……………………………………… 174

(1) 資金繰り表の対象期間 …………………………………………… 174

(2) 全体の収支バランス ……………………………………………… 174

(3) 決済・回収条件との対比 ………………………………………… 174

(4) 実績との対比 ……………………………………………………… 174

(5) 季節性の考慮 ……………………………………………………… 175

4 資金繰り表の活用 ………………………………………………… 175

第4節 資金運用表 ……………………………………………………… 176

1 資金運用表の機能と役割 ………………………………………… 176

2 資金運用表のつくり方 …………………………………………… 176

(1) 一般的なつくり方 ………………………………………………… 176

(2) 資金運用表のまとめ方 …………………………………………… 180

3 資金運用表の見方 ………………………………………………… 182

(1) 基礎収支 …………………………………………………………… 182

(2) 運転収支 …………………………………………………………… 183

(3) 財務収支 …………………………………………………………… 183

(4) 見方の具体例 ……………………………………………………… 183

第5節 成長性の検討 ………………………………………………… 185

1 実体面からの見方 ………………………………………………… 185

(1) 人的要素の見方 …………………………………………………… 185

(2) 物的要素の見方 …………………………………………………… 186

(3) 経営活動の見方 …………………………………………………… 187

(4) 業界動向の見方 …………………………………………………… 189

2 期間比較による成長性の見方 …………………………………… 190

(1) 売上および利益の増減比較 ……………………………………… 190

(2) 期間比較を行う場合の注意点 …………………………………… 191

(3) 利益増減分析 ……………………………………………………… 191

第6節 粉飾決算の見分け方 …………………………………………… 193

1	粉飾決算	193
2	粉飾決算が行われる背景と類型	194
(1)	安定利益・安定配当の要請	194
(2)	倒産回避の要請	194
(3)	企業会計における解釈の弾力性	195
3	粉飾の方法	195
(1)	粉飾の仕組みと企業のねらい	195
(2)	粉飾の方法と諸段階	196
4	粉飾の見分け方	202
(1)	一般的な留意点	202
(2)	取引状況・内部資料からのチェック	203
(3)	決算分析上のポイント	204
(4)	外部資料・情報の利用	206

第5章 資金使途の把握

第1節	**資金使途把握の重要性**	208
1	資金使途の確認	208
2	資金使途の検証	211
第2節	**経常運転資金貸出**	213
1	経常運転資金の算出方法	213
2	正常運転資金	214
3	経常運転資金貸出	216
4	短期継続融資	220
第3節	**増加運転資金**	224
1	増加運転資金の発生要因	224
2	増加運転資金の金額の把握	224
3	増加運転資金貸出	226

第4節　長期運転資金 ··· 228

　1　長期運転資金とは何か ··· 228

　2　長期運転資金貸出の検討 ··· 228

第5節　決算資金 ··· 230

　1　決算資金とは何か ··· 230

　2　決算資金貸出の検討 ··· 230

　　(1)　金額の妥当性のチェック ······································· 230

　　(2)　前期との差異 ··· 231

　　(3)　返済方法 ··· 231

　　(4)　取上げ方法 ··· 231

第6節　賞与資金 ··· 232

　1　賞与資金とは何か ··· 232

　2　賞与資金貸出の検討 ··· 232

　　(1)　金額の妥当性のチェック ······································· 232

　　(2)　銀行分担シェア ··· 233

　　(3)　返済方法 ··· 233

　　(4)　取上げ方法 ··· 233

第7節　季節資金 ··· 234

　1　季節資金とは何か ··· 234

　2　季節資金の具体例 ··· 234

　3　季節資金貸出の検討 ··· 235

　　(1)　仕入・販売計画の妥当性のチェック ····························· 235

　　(2)　販売計画どおりにいかない場合 ································· 235

　　(3)　取上げ方法 ··· 235

　　(4)　返済方法 ··· 235

第8節　赤字資金 ··· 237

　1　赤字資金とは何か ··· 237

　2　赤字経営 ··· 237

　3　赤字資金対応貸出の検討 ··· 238

18　目　　次

第9節　工事立替資金 ·· 239

　　1　工事立替資金とは何か ·· 239

　　2　工事立替資金貸出の特徴 ··· 239

　　3　工事立替資金貸出の検討 ··· 240

　　　(1)　申出内容のチェック ··· 240

　　　(2)　返済方法 ·· 240

第10節　設備資金 ·· 241

　　1　設備資金とは何か ·· 241

　　2　計画の検討 ·· 241

　　　(1)　設備投資計画 ·· 242

　　　(2)　資金計画 ·· 243

　　3　設備資金貸出の検討 ··· 243

　　　(1)　設備投資後の予想貸借対照表の作成 ·· 243

　　　(2)　収益性の見地からの検討 ··· 245

　　　(3)　設備資金貸出の取上げ方 ··· 246

　　4　事後管理 ··· 247

第11節　その他（資金使途が問えない貸出） ··· 248

　　1　肩代わり資金 ··· 248

　　2　折返し資金 ·· 250

　　3　売込み案件 ·· 252

第6章　債権保全

第1節　貸出業務と担保 ··· 256

　　1　概　　説 ··· 256

　　　(1)　銀　行　法 ··· 256

　　　(2)　担保・保証に過度に依存しない融資 ·· 257

　　　(3)　中小企業向け貸出金担保の内訳 ··· 257

目　次　19

2	貸出債権と租税債権との関係	258
3	相殺の担保的効力	259
4	担保の一般的要件	260
5	担保徴求時の留意点	260
(1)	確認事項	260
(2)	成立要件と対抗要件	261
6	担保権の種類と効力	262
(1)	質　権	262
(2)	抵　当　権	262
(3)	譲渡担保権	263
(4)	付　従　性	263
7	担保の評価	264

第2節　担　　保 265

1	預金担保	265
2	代金債権担保	266
(1)	正式担保	266
(2)	代理受領	266
(3)	振込指定	266
3	商品担保	266
4	株式担保	267
5	不動産担保	267
(1)	物件の調査	267
(2)	抵当権と根抵当権	268
(3)	累積式根抵当と共同根抵当	268
6	動産担保	269
7	知的所有権担保	270

第3節　保　　証 271

1	概　　説	271
2	保証徴求時の留意点	272

⑴　個　　　人 ……………………………………………………… 272

　　⑵　法　　　人 ……………………………………………………… 272

　　3　保証の種類 ……………………………………………………… 272

　　⑴　普通保証と連帯保証 …………………………………………… 272

　　⑵　個別債務保証と根保証 ………………………………………… 273

　　4　「経営者保証に関するガイドライン」…………………………… 274

　　5　信用保証協会保証 ……………………………………………… 275

　　⑴　信用保証協会法 ………………………………………………… 276

　　⑵　信用保証協会保証の法律的性質 ……………………………… 276

　　⑶　信用保証制度 …………………………………………………… 278

　　⑷　信用保証協会保証付貸出（マル保貸出）…………………… 280

第7章　債　権　管　理

第1節　債権管理の意義 ……………………………………………… 284

第2節　資金使途の確認 ……………………………………………… 285

　　1　資金使途の確認が必要である理由 …………………………… 285

　　2　資金使途の確認方法 …………………………………………… 285

　　⑴　経常運転資金 …………………………………………………… 286

　　⑵　増加運転資金 …………………………………………………… 286

　　⑶　長期運転資金 …………………………………………………… 286

　　⑷　決算資金 ………………………………………………………… 286

　　⑸　賞与資金 ………………………………………………………… 286

　　⑹　季節資金 ………………………………………………………… 286

　　⑺　工事立替資金 …………………………………………………… 287

　　⑻　設備資金 ………………………………………………………… 287

　　⑼　肩代わり資金 …………………………………………………… 287

第3節　資金使途等の約定違反 ……………………………………… 288

第4節 動態管理 ··· 290

  1　月商ヒアリング ··· 290

  2　他行借入残高のヒアリング ····································· 292

  3　預金の動向 ··· 292

    (1)　定期預金の解約 ··· 293

    (2)　当座預金照合表 ··· 293

  4　会社訪問頻度表 ··· 293

  5　不動産担保管理 ··· 293

  6　経営体制等の変化 ·· 294

第5節 業況悪化時の対応 ·· 295

  1　倒産予知の重要性 ·· 295

  2　倒産経路と兆候の発生 ··· 296

    (1)　企業が倒産する事態に至る経路 ···················· 296

    (2)　外部情報 ··· 296

  3　自店取引にみる兆候 ·· 297

  4　倒産の前兆を感知した後の対策 ···························· 299

    (1)　すぐにすべきこと ··· 299

    (2)　引当強化に際しての留意点 ······························ 300

第8章　稟議制度

第1節 貸出審査の決定権限と稟議制度 ································· 304

  1　裁量貸出と稟議貸出 ·· 304

  2　支店における貸出審査 ··· 305

  3　本部における貸出審査 ··· 306

第2節 稟議書作成の留意点 ·· 308

  1　借入申出内容の確認 ·· 308

  2　借入申出内容を聴取するときのポイント ············ 308

⑴	申出内容を正確に把握する	308
⑵	不足点・問題点を整理する	309
⑶	不足点・問題点を解決する	309
⑷	スケジュールを明確にする	309
⑸	嫌がられることをしない	309

3 稟議書作成にかかわる担当者の心構え …………………………… 310

⑴	スケジュールを想定する	310
⑵	貸出先をよく知る	310
⑶	人間関係を築く	310
⑷	謙虚・真摯な態度	310
⑸	報 連 相	310
⑹	借入申出内容を正しく理解する	311
⑺	査定書・稟議書の作成	311
⑻	政策判断	311

終 章　王道を歩む

1 イソップ寓話「3人のレンガ職人」………………………………… 314

2 イソップ寓話「ウサギとカメ」…………………………………… 315

3 「戦艦大和ノ最期」………………………………………………… 318

4 松下幸之助「人をいかに育てるか」……………………………… 319

5 貸出業務の信質 …………………………………………………… 320

序　章

現実を直視する

1　貸出業務の実態

　貸出審査の本論に入る前に、現行の貸出業務の問題点について述べておきたい。あらかじめ問題点を認識しておくことは重要だからである。現実を直視し、現在行われている貸出業務の仕方・考え方は正しいだろうか、問題点はどこにあるだろうか……と、各々の立場であらためて考えてほしい。

　本書を手にした貸出業務に携わる人（担当者から支店長まで）は、実際に貸出業務を行っていて何か違和感を覚えることはないだろうか。目にみえる出来事だけではなく、目にはみえないが心のどこかに引っ掛かることも含めてである。「こんなことをやっていて銀行員として恥ずかしくないか」「これは正しいことだろうか」「自分がやっていることは貸出先の経営に役立っているだろうか」と、貸出業務に携わる自分に少しでも不審を抱かせる何かがあれば、本章をまずじっくり読み、自らを省みて、考えてほしい。

　あなたが病気にかかったとき、診察・手術する担当医師が新米だったら、あなたはどう思うだろうか。知識・経験が浅く、信用・信頼するに足らない未熟な医師に診察・手術を委ねることに不安を感じるのではないだろうか。同様に、貸出業務において、あなたは貸出先の経営者からそのように思われない担当者でなくてはならない。そのために、現行の貸出業務の問題点を認識し、そのうえで基礎知識をしっかり身につけ、貸出先から信頼される担当者にならなければならない。

　本章では、筆者が現行の貸出業務に関して問題だと思うことをあげる。本章を読んであなたはどのように思うか。これを問題だと認識するか否かが本書の出発点である。

2　貸出業務のコモディティ化

　コモディティとは、もともとは「商品」を指す言葉である。そして、コモディティ化とは、商品の生産に格別特殊な技術が必要とされないため、競争商品間の差別化特性（機能、品質、ブランド力など）が失われ、価格が主たる判断基準になることをいう。

> **寄り道**
>
> 『日本の銀行　進化への競争戦略』（安田隆二著、東洋経済新報社、2006年）
>
> 　金融は国の経済の基本です。健全な銀行があってこそ、安定的な経済を維持できるのです。また、情報産業としての銀行が持つ融資先情報や市場情報は、国の経済情報の根幹をなすものです。
>
> 　「官に指導してもらわないと、また間違うじゃないか」ですって？　病人は、治療が終わったら早く病院から退院させることが回復を早めるコツです。自力回復力が大事なのです。
>
> 　福沢諭吉が「お上へ諂う日本人の心的性癖は企業と国家の発展を阻害する」と批判したことをまた続けるのですか？
>
> 　くたばってたまるか。銀行は未来の国益を背負っているのです。グローバルで市場性が高い金融時代を戦い抜く「強い金融機関を復興させる」ことは国家的課題なのです。
>
> （同書22頁）

　現在行われている貸出業務は「お金を貸すという商品の販売」に陥っている。貸出業務に独自性や付加価値がないため、銀行は価格である金利を下げて買ってもらう（借りてもらう）ことに必死になっている。価格（金利）は、提供価値に比例するものといえる。他行より高い金利で貸す（借りてもらう）ためには、高い価値を提供する必要があるのに、それができていない。そのため価格競争（低金利競争）が行われている。貸出先からみた場合、情報・付加価値提供やサービスに差がなければ、金利が低い銀行から借りるのは当然のことである。貸出金（「お金」）はどの銀行で扱っても商品価値は同じである。付加価値である情報提供・サービス力などが勝っていれば顧客は少々金利が高くても借りるはずだが、そのような貸出業務はできていない。貸出業務は「お金を貸すという商品の販売」ではない。

　貸出業務がコモディティ化している貸出は低金利競争で獲得しているため、貸出業務から得る金利収入の伸びは期待できず、非金利収入を伸ばそうという発想から私募債や投資信託の販売で手数料収入を増やそうとしている。このことは、ストックビジネスである貸出業務を行っている銀行員にフ

ロービジネスも併せて行わせる発想であり、それは適切ではないと筆者は考える。言い換えれば、銀行は本業では儲からないので、本業以外のビジネスで儲けようという発想である。貸出担当者は、本業である貸出はお願いして借りてもらう販売員になり、本業以外の手数料稼ぎのため他業態の商品を売っている実態に、銀行員としての生き甲斐・やり甲斐を感じているだろうか。貸出業務は判断業務であり、貸出先の成長・発展に寄与し、本来、その成果は大きな喜びにつながる仕事である。

　ところが、貸出業務に必要な基礎知識も十分でない者に、他業態の商品知識を学ばせ、ノルマを課して販売させている。多くの銀行が、銀行内定者には入行前に、あるいは新入行員に対しては入行直後に証券外務員の資格をとらせている。銀行業務の基本である預金・貸出・為替の基礎知識を学び、業務経験させる前に、なぜ証券外務員の資格取得を優先させるのか。証券外務員の資格をとらせる前に、貸出業務に必要な研修を行うべきと考える。銀行は二兎を追わせる前に、まずは貸出業務の基礎を身につけさせ、本業の貸出業務の立て直しを図ることが先決ではないだろうか。

　バブル時代、本業以外のビジネスに手を出して失敗した会社は数多い。貸出業務は銀行の本業中の本業、かつ資産の過半を占め、収益の大黒柱であり、銀行が経済社会から信頼を得る原点でもある。銀行は貸出業務で信用・信頼を取り戻さずしてよいのか。投信・保険販売で収入を多く得ても、銀行の信用・信頼には結び付かない。

　貸出先の経営者が最も重視しているのは借入金の金利水準ではない。低金利競争を期待しているわけではない。経営者の最大の関心事は企業の存続・発展であり、そのために必要な業績を上げるため、新商品の開発、新たなサービス展開、新規顧客開拓、後継者の育成・事業承継等のことを日々考えているはずである。ところが、銀行は決算書（貸借対照表・損益計算書）をみて、過去の業績をチェックして信用格付を行えば貸出先のことをわかったつもりでいる。銀行は、貸出先の過去の業績よりも経営者の関心事に目を向け、会社経営の将来に向けた経営に資する情報提供やアドバイスを行うことが重要な役割である。経営者にとって有用なアドバイス・魅力的提案を行う

> **寄り道** 『安売りするな「価値」を売れ！〔新版〕』（藤村正宏著、日本経済新聞出版社、2017年）
>
> 　　安売りしていては、誰も仕合わせ※になりません。それどころか、安売りのビジネスをしていると、楽しくないし、世の中が疲弊していきます。
>
> 　安売りせずに、「価値」を売りましょう。ビジネスの目的は、世の中をよくして、人々を仕合わせにすることなのですから。
>
> （同書9頁）
>
> ※　『広辞苑〔第5版〕』（新村出編、岩波書店、1998年）は「しあわせ［仕合せ］」を「……③（「幸せ」とも書く）幸福。好運。さいわい。また、運が向くこと……」と説明している。

ことができれば、貸出金利がいまより0.3〜0.5%高くても、借りてくれるはずである。

　「他行より0.3〜0.5%も高いと借りてくれませんよ」と反論する人には、「それは提供した情報やアドバイスが認めてくれるほどの内容・レベルではなかった」ことが原因だといいたい。認めてくれる付加価値の提供ができるようになるためには、まずは貸出先の事業内容や経営の問題点をどこまで知っているかが問われる。

3　貸出審査の意味

　日本経済が高度成長・安定成長していた時代における銀行は、資金余剰の家計部門から預金を集め、資金不足の法人部門へ貸出することで、経済社会で大きな役割を果たしてきた。しかし、バブル崩壊後、不良債権の処理を終え、法人部門も資金余剰になったいま、銀行の貸出業務は単にお金を貸すだけでは、経済社会における信頼・顧客ニーズに応えることができなくなっている。銀行の貸出業務は必要資金を貸すだけでなく、貸出先の事業経営に資する役割を果たすことが期待され、重要になっている。

　銀行経営の健全性の維持については、貸出資産の健全性が最も重要であることは論をまたない。それは過去のバブル期に生じた不良債権とその処理が大変だったことから学んだはずである。そして貸出審査が重要であることも

> **寄り道**
>
> 『現代の金融入門〔新版〕』（池尾和人著、ちくま新書、2010年）
>
> 　審査もなしに、ただお金を手渡すだけであるならば、誰にでもできることであって、わざわざ金融機関に頼むまでもないことである。自分のお金を金融機関に委託するのは、その金融機関が十分審査をして資金を利用させる相手を選択してくれると期待するからこそである。それゆえ、コスト・パフォーマンスの高い優れた審査能力をもっているかどうかが、金融機関の存在意義を決めるといえる。
>
> （同書26頁）

再認識したはずである。

　貸出審査という言葉には二つの意味がある。一つは企業審査、もう一つは個別貸出案件の審査（案件審査）である。個別貸出案件の審査は企業審査に包摂されると考えてよい。企業審査では人・物・金の3要素から貸出先の安全性・将来性・成長性等を見極める。そのうえで、その会社の資金需要案件（借入申出内容）の採用の諾否を見極めるのが貸出審査である。実際、個別貸出案件を審査するとき、同時に企業審査を行う。

　バブル期は営業重視の政策が優先されたため、法人部門制のもとで審査部門が営業部門に取り込まれ、審査機能を十分に発揮できなかった。そのことによって不良債権貸出につながったことから、バブル後は審査部門の独立性確保が謳われた。現在、稟議となる貸出案件については本部（審査部あるいは融資部）の審査担当ラインが稟議内容をチェックする体制で審査が行われている。

　審査部・融資部が企業審査を行う際、それが部長決裁権限内であっても、本件後貸出金額が大きくなる場合（たとえば10億円以上になるとき）や、業界や新産業の動向について調べる必要があるときは、調査部門の意見を聴取・参考にするというダブルチェック体制を組むことも、審査体制の機能強化につながる。また、特定の業種（たとえば医療法人、学校法人、宗教法人等）は業種ごとに審査する体制も検討に値する。

　一方、支店長の権限内で行われる貸出（裁量貸出・専決貸出といわれてい

る）では、業績考課における数値目標を達成するため営業面を強く意識するか（貸出増強のアクセルをふかせるか）、審査もしっかり行うか（リスク管理のブレーキを効かせるか）は、支店長の最終判断による。そして、その支店長の判断が支店経営方針として示されると、支店内の貸出担当ラインの行動は当然、支店長方針にのっとって行われることになる。支店の業績評価は本部から与えられた目標数値の達成度で判定されることが多いため、往々にして、支店長は業績追求（目標達成）を優先させる経営を行うこととなり、貸出業務にも営業推進力を働かせる傾向がみられる。その結果、支店長権限で行われる貸出は審査より営業（実績数値）重視の行動になってくる。かつてバブル期に法人部門制をとっていたときと同じように。

　貸出業務の成果を正当に評価するためには、数値に表れる定量判定だけでなく、貸出案件の取込み、諸条件等の交渉、諾否の判断を下すまでのプロセスの質的内容も重要であるが、その判定基準・評価尺度をもっていないのが実情である。また、貸出実行後から期限に回収するまでの債権管理および債権保全対応も重要であるが、数値に表れない質的評価は行われていないケースが多い。

　「貸出審査」は、企業経営・事業内容に対する理解度、収益性・成長性の見方、資産内容・担保余力・キャッシュフロー・債務償還能力等の見極めをしっかり行う仕事である。その見極め方法・努力・正確性等を数値で表し評価することはむずかしい。「貸出審査」は貸出業務における重要なリスク判断を正確に行うことであるが、それについては評価されていないのが実態である。業績評価は残高増加目標・収益目標の数値の達成度で判定されるため、信用保証協会の保証が得られれば貸すという、実質審査しない貸出でも数値が伸びれば評価される。

　また、業績考課は半年ごと（上期・下期）に行われるので、期末近くというタイミングをねらって、期末日の残高だけを高くするための貸出が行われることがある。具体的には、いわゆる「お願いベース」による、期末日の残高アップねらいの超短期（期末日を挟んだ1週間の両建て）で行われる貸出である。また、リスクがあることを承知しながらも数値優先で実行する貸出

もあるようだ。その魂胆は、翌期初めの業績考課判定が終わった後に要注意債権になっても、あるいは倒産しても、今期の業績考課の数値に寄与させることを優先するねらいのために行うもので、本来、行ってはならない貸出だ。

　貸出業務の遂行には、貸出先・借入申出に対する信用リスク判断が重要なポイントであるにもかかわらず、数値目標達成が目的化した行動になっていないだろうか。

　貸出先を担当する者は、貸出先の非常勤役員の立場（パートナー）の意識をもって貸出先の経営に関心をもつべきである。銀行が貸出先の事業経営に資するためにできる具体的なこととは、たとえば財務内容の問題点を指摘し改善策をともに考える、資本政策についての提言、仕入先・販売先等の紹介、営業面の協力、金融市場動向（金利・株価・為替等）の見通し、海外進出・業界動向等の情報提供、経営活動に影響する行政・法律の解説、事業承継・M&Aのアドバイス、人材派遣などが考えられる。

　「貸出審査」に関して「情報の非対称性」について語られることがある。債権者と債務者の関係であることから、債務者である貸出先はよからぬ情報を債権者である銀行に出したがらず、隠そうとする。銀行はそれを聞き出すことが困難であることを「情報の非対称性」という。

（寄り道）　『銀行経営戦略論──日本の銀行を甦らせる逆転の経営思想』（本島康史著、日本経済新聞社、2003年）

　　金融取引においては資金が貸し手から借り手に移転される以前に、情報が借り手から貸し手に移転されることが求められるのである。それでは、この情報の非対称性をどうすれば克服できるのだろうか。そこで登場するのが「情報生産」という解決策である。これは情報不足の貸し手が、資金を提供する前に「審査」という活動を行い、リスクを判断するうえで十分な情報を獲得するとともに、資金を提供したあとにも、「監視・回収」という活動を行うことで情報の非対称性を埋める方法である。

（同書29頁）

しかし、銀行がパートナーの意識をもって貸出先と真摯に向き合うことによって、貸出先が銀行を準内部的立場として認識してくれれば情報は対称化され、銀行は単に資金調達するだけの存在ではなくなる。銀行はそのような機能を包括的に発揮できる主体となり得るはずである。銀行には貸出先の経営にかかわる問題点や課題を発見し、解決に貢献する努力が必要であり、求められている。貸出先の発展によって銀行も発展し、貸出業務を通じて銀行は経済社会から信頼を取り戻すことができる。

　『地銀改革史——回転ドアで見た金融自由化、金融庁、そして将来』（遠藤俊英ほか著、日本経済新聞出版、2023年）に以下の記載がある。

　事業者が銀行に列をなし、リレーションシップボローイングを行っていた時代である。その時代のエピソードが、我が国を代表するホンダの50年史に掲載されている。

　「藤澤（藤澤武夫常務取締役）はメーンバンクの三菱銀行に初めて支援を要請した。同じく『松明は自分の手で』にそのいきさつも書かれている。『銀行に対しては、私は何でもしゃべった。いっさい隠しごとをせず悪い問題も全部銀行に言った。（中略）すべてを知っていれば銀行も正確な判断ができるわけですよ。（後略）』この時三菱銀行は当時の鈴木時太京橋支店長、川原福三常務の英断で、Hondaを全面的にバックアップしてくれたのである。『この手術に絶大な後援をしてくれた三菱銀行は、本田技研が存続する限り永久に忘れてはならない。とくに一身を投げ打って自分の信ずるところを重役に積極的に説明し、周囲の困難があったにもかかわらず、終始一貫、所信を通し努力して下さった鈴木時太支店長の名を、みなさんは忘れないでほしい』と藤澤は翌1955年1月発行のホンダ社報12号に書いている」

（同書457頁）

　前記エピソードは、本田技研が創業して数年後に二輪車事業の展開で経営危機に陥ったときの話である。「ホンダ7年史」に藤澤氏は次のように寄稿

している。

> 　事業などしない方が遥かにましだ。こんなことを考え、潰れないですます解決方法を毎日悩んだ私は、４月頃に半月ばかりで一貫目ほどやせた。
>
> 　毎晩寝汗もかいたし、夜中にビックリして飛び起きたこともあつた。
> （略）
>
> 　社会のジャーナリストと金融関係筋が本田技研はあぶない、危険だという悪評で溢れているときに、然もこの手術をしなければならないのだから、その方にも万全の注意を必要とする状態にあつた。
>
> 　この手術に絶大な後援をしてくれた三菱銀行は、本田技研が存続する限り永久に忘れてはならない。

　ホンダの成功譚は古き時代の一幕にすぎないのかもしれない。しかし、銀行の役割が問われているいま、銀行員として知っておくべき話であろうと考え、紹介する。

　「銀行取引約定書」には「報告および調査」という条文がある。貸出先は決算書を定期的に提出することのほかに、銀行から財産・経営・業況について請求があれば報告・調査に必要な便益に提供すること、請求がなくても重大な変化が生じたとき、または生じるおそれがあるときは遅滞なく報告することが定められている。貸出担当者の多くはこの条文の存在を知らないようだ。

　銀行は年１回の決算書をコンピュータで分析して、自己査定・信用格付をすれば貸出先のことを知ったつもりになっている。しかし、過去の成績表である決算書からだけでは、貸出先の将来性・発展性や、経済金融・技術革新・業界動向等の変化によるリスクを論じることはできない。まして、コンピュータで分析しているのは決算書の表面的な数値で、必ずしも企業の実態を表しているとはいえない。実質利益・実態バランスシートについて検討することなく、粉飾の可能性がある表面的な数値をコンピュータに「丸投げ」

をして、そのアウトプット資料（お化粧した貸借対照表と損益計算書）の数値の分析に頼っていてよいのだろうか。「貸出審査」でみるべきものは、真の姿の決算書でなければならない。しかし、決算書をそこまで読める銀行員は少なくなっている。

あなた（支店長・役席者・担当者）は、粉飾の可能性をチェックしているだろうか。実質利益の算出・実態バランスシートの検討ができるだろうか。会社経営について経営者の相談相手になることができるだろうか。

ひと頃の審査部は、リスクを発見し、リスク内容・リスク対応によって当

> **寄り道**　『銀行経営戦略論──日本の銀行を甦らせる逆転の経営思想』（前掲・8頁）
>
> 　　昔、銀行員がバンカーと呼ばれていた時代には、顧客企業のことは隅から隅まで熟知していた。したがって情報生産の品質はきわめて高く、積極的に経営者に助言を行うことで能動的にリスク管理していた。企業の経営者に対し、投資を思いとどまらせたり、逆に思い切った事業展開を提案するという指南役を担っていた。しかし、いまの銀行員の多くは、残念ながらこうした役割を担っていない。単に顧客に財務諸表をもらいに行くだけで、10分か15分間だけ話をして帰ってくる。顧客の事業に対する理解が低下しただけでなく、顧客に「言われれば動くが、言われないと動かない」受け身の存在になってしまった人が多い。「いまの若手行員の多くは企業を見る目がない」という声は至るところで耳にする。
>
> （同書37頁）
>
> 　銀行事業の営業現場における情報生産が崩壊した理由は、銀行員が仕事をサボっているからではない。遊びすぎて頭が退化したわけでもない。むしろ逆に仕事の量が多すぎて疲弊してしまった点に原因が求められる。
>
> （同書38頁）
>
> 　銀行の情報生産機能が低下した一つの原因として、真の銀行家が不足している点が挙げられる。高い情報生産機能をもつ銀行員に対し畏敬の念を示す「バンカー」という表現は今や死語になりつつある。「リスクを取る意識と能力をもった銀行員が、昔に比べると減少してしまった」と多くの人が嘆いている。
>
> （同書176頁）

序章　現実を直視する　11

該貸出案件を否認することが、経営の健全性を確保することにつながるという意識があった。それは、借入需要が貸出供給を上回る時代であったという事情があったためと考えられる。

　しかし、いまは借入需要が貸出供給を下回る時代になったことを意識するならば、リスク発見だけに終わらず、リスクテイクする方法までを考える審査部に変身することが求められている。リスクを発見してブレーキを踏むだけの審査部ではなく、ブレーキを踏む役割は残しながら、いったん踏んだブレーキから足を離せる工夫までを考える審査部へ変身する必要がある。なぜなら、少ない借入需要をいかに取り上げられるかという知恵比べがこれからの銀行間の競争力の差になるからである。資金需要があるにもかかわらずリスクがあるからという理由で否決するのでは「審査力がある」とはいえない時代になった。

　重要なことは、どのような条件であれば貸出ができるかという見解、つまり「一段上の審査力」が問われるということである。それは、貸出先の事業経営にかかわる資金繰りに関するソリューション（問題解決力）とリスクテイクのノウハウである。もちろん、それでもリスクテイクできない案件、成長性がみえない企業の場合は、目標数値のための貸出は避けるべきである。資金使途を偽って貸す行為は許されない。

　いま、銀行には貸すか貸さないかという諾否の結論を出すだけではなく、いかにすれば貸せるかというリスクテイクを含めた判断力も必要になっている。

4　融資、貸出という言葉

　バブル期において、多くの銀行は融資営業と審査を同一部門に置いていた。部門長は、審査部所見（ブレーキ）より量的拡大・収益増強の競争や目標達成のため融資営業（アクセル）を優先した。その結果、ブレーキが効かない融資営業は多額の不良債権をつくってしまった。その反省もあり、バブル崩壊後、融資営業と審査は分離すべきといわれたが、現在多くの銀行で、稟議貸出の個別案件審査は「融資」という名が付く「融資部」で行われてい

る。「審査部」という名称は少なくなっている。

　『広辞苑〔第5版〕』（新村出編、岩波書店、1998年）では「ゆうし〔融資〕」は「資金を融通すること」と、「かしだし〔貸出し〕」は「銀行などが、貸付のために金銭を支出すること」と、「しんさ〔審査〕」は「詳しく調べて適否や優劣などを決めること」と説明されている。

　バブル期を経験してきた筆者には、「融資審査」という言葉は、個別貸出案件の融資（資金を融通すること）をするためというニュアンスが強く聞こえ、企業審査（信用調査）によって企業の問題点をみるという意味が薄いように感じる。

　真の意味の「貸出審査」には、個別貸出案件の可否判断を行うだけではなく、当該企業を審査する過程で貸出先の経営上の問題点を察知し、その解決策を見つける役目もある。貸出先の問題点を把握したうえでその解決策を考えることが審査であり、貸出業務のリスク管理にもつながる。

　バブル経済期以前、「融資」という言葉はほとんど使われていなかったように思う。1970〜1980年代に発行された貸付業務に関する書籍[※]を複数みても「融資」という言葉はなく、「貸付」「貸出」という言葉が使われている。

※　『新銀行実務講座(5)貸付整理』（堀内仁編、有斐閣、1967年）
　　『貸付実務講座(2)貸付実行』（今井勇編、銀行研修社、1971年）
　　『新銀行実務法律講座(3)貸付』（遠藤浩・大西武士編、銀行研修社、1972年）
　　『貸付演習講座──運転資金』（今井勇編、銀行研修社、1974年）
　　『銀行実務総合講座(2)法人貸出』（松本崇ほか編、金融財政事情研究会、1980年）
　　『新銀行取引全書(1)貸出取引と信用調査』（椿寿夫＝石井真司編、草文社、1981年）
　　『新銀行実務総合講座(2)法人貸出』（松本崇ほか著、金融財政事情研究会、1987年）
　　『銀行行動の経済分析──預金・貸出と金融自由化』（今喜典著、東洋経済新報社、1987年）

　本書では「貸出」という言葉を用いる。「融資」という言葉は「銀行法」には載っていない。銀行法2条（定義）および10条（業務範囲）の条文には「資金の貸付け又は手形の割引」という言葉で記されている。「資金の貸付け」は金銭消費貸借契約に基づき、手形貸付・証書貸付・当座貸越の勘定科目で資金の融通を図ることを指し、「手形の割引」は、法的には手形の売買と解され、割引手形という勘定科目により資金の融通を図ることを指す。どちらも「資金の融通」という意味では同じであることから、「貸付け」と

序章　現実を直視する　13

> **寄り道**
>
> 『銀行貸出取引の研究』（山本則文著、ストーク、2006年）
>
> 　貸出、貸付は、勘定科目の用語として用いられ、用語の意義、用途は多様で、重複もある。ゆえに、本稿では、銀行と必要資金を調達している企業との取引関係を全体的に把握する用語として、「貸出」取引を用い、前後の文脈によって、「貸付」・「貸金」・「融資」・「与信」をも用いる。
>
> （同書38頁）

「手形の割引」の両者を包含した業務を「貸出」という言葉で表している。

　また、銀行の貸借対照表は、全国銀行協会が作成した「銀行業における決算経理要領について」に記載方法が定められているが、その記載要領では「貸出金」という言葉が使われ、その内訳として割引手形・手形貸付・証書貸付・当座貸越と区分けされ表記されている。「融資金」とはいわない。

　本書では「貸出」という言葉を用いるが、金融行政では「事業性評価に基づく融資」等で「融資」という言葉を使っていることから「融資」という言葉も出てくる。なお、前後の文脈によって「融資」「貸付」という用語が出るが、「貸出」と同じ意味で使用する。

5　コンプライアンス

　コンプライアンスは「法令等の遵守」と訳すことはだれもが知っている。そこで、研修の場で「あなたが貸出業務を遂行するうえで遵守している法令等は何ですか。その名前を書き出してください」と問うと、ほとんどの貸出担当者は答えに詰まってしまう。「コンプライアンスは重要」「法令等の遵守」というスローガンを掲げているのに、その具体的内容について答えられないのが実態である。

　貸出業務は、経済的行為であると同時に法律的行為であるにもかかわらず、貸出業務に携わる者は数値には関心が高いが、法律や規定には関心が低い。実務に直結する「銀行取引約定書」や、自行の「与信規程（クレジットポリシー）」「根抵当権設定契約書」等は読んだことがない者が多い。どれも耳学問のようだ。貸出先から、「銀行取引約定書」「根抵当権設定契約書」の

内容や条文について質問されても答えられない担当者が、内容・条文を説明できないのに貸出先に署名捺印を求めている。それは許されることであろうか。あたかも白地手形に印を押してくださいというのと同じことではないか。まさに無免許で車を運転しているのと同じ状況で、その担当者のみならず銀行の信用を落とす行為といえる。

「与信規程」には「資金使途を確認する」「当座貸越の極度設定は正常先に限る」「極度額は正常運転資金範囲内」という規定があるのに、資金使途を確認しない、あるいは資金使途をあいまいのまま取り上げたり、要注意先に対して正常運転資金より大きな極度額を設定したりしている事例をみる。このような稟議書が承認されている貸出業務を「法令等を遵守している」といえるのだろうか。

貸出業務におけるコンプライアンスを論じるとき、業法である「銀行法」に触れておきたい。「銀行法」の全文を読む必要はないが、貸出業務に携わる者は同法1条1項の目的規定については正しく理解しておく必要がある。

同法1条1項には「この法律は、銀行の公共性にかんがみ、信用を維持し、預金者等の保護を確保するとともに金融の円滑を図るため、銀行の業務の健全かつ適切な運営を期し、もつて国民経済の健全な発展に寄与することを目的とする」と記されている。

この規定について、『詳解銀行法〔全訂版〕』（小山嘉昭著、金融財政事情研究会、2012年）は次のように解説している。

> 銀行法はこの条文で、銀行業務の公共性からみて、その追求すべき目的として、信用秩序の維持、預金者の保護、金融の円滑、の三点をあげている。そこに公共性の要素があることは否定できない。
>
> 信用の根本は、「預けた金、貸し付けた金は必ず返済される。また、返済されなければならない」という確信ないし信頼そのものにほかならない。これが信用という言葉の源である。
>
> 銀行法の法理は法の運用・解釈等にあたり、常に「信用」ないし「信頼」の原点に立ち返ることを求めている。一般の人々の間で金融機関に

対し「信頼するに足る」ないし「信頼できる」という感覚が常に培われている状態でなければならない。

　銀行等の金融機関が預金を貸付により運用したところ、貸付先が倒産し銀行が貸付元本を回収できないこととなれば、預金の満期日になっても預金者に元利金を返済するための原資がその限りで存在しないという事態になる。（中略）銀行法は銀行の経営基盤を確立し、銀行の資産内容の健全性を確保し、銀行の健全経営を通じて預金者保護を図るという立法目的に基づいて制定されている。

　金融は、生き物の血液のように有機的かつ円滑に機能している。（中略）銀行法は銀行が資金仲介機能を通じて各経済主体の間に立って、「金融の円滑」に資する法的枠組みを提供しているのである。

（同書54～57頁）

　貸出業務を遂行するに際し、コンプライアンスの原点となる「銀行法」に記された目的規定を理解することは重要である。そこには、経済社会・貸出先から「信頼するに足る」ないし「信頼できる」状態で運営されなければならない、そして預金者保護を図るために貸付元本の回収ができる健全な経営を目指す必要性について明記されている。このことを完全に理解し、貫徹することが大事である。

　貸出業務に携わる者がコンプライアンスを口にするとき、この目的規定の前記解釈をしっかりと頭に叩き込んでおく必要がある。

　また、法令だけでなく、「法令等の遵守」の「等」についても遵守しなければならない。最も大事なのは自行が定める「与信規程」「貸付事務規定」であり、これは完全に理解し、絶対・完璧に遵守する必要がある。

　そして、見逃しがちなのが倫理・行動面である。全国銀行協会は「行動憲章」を定めている。各行もそれぞれに「倫理・行動基準」あるいは「企業行動規範」をつくっている。この遵守もコンプライアンスの重要事項である。貸出業務に携わる者は、遵守すべき法令等の原文を読み、理解し、完璧に遵守し実践しなければならない。これは個々人に任せることではなく、必要な

法令等のリストまたは読むべき箇所をまとめた研修資料を作成することが望ましい。

　前記のほか、一般法理の適用についても知っておくべきである。それは、貸出業務における資金使途やその結果が社会通念に照らして不正義、不公正な結果を招くことになると、信義則（民法1条2項）、権利の濫用（同条3項）の法理が適用されることになる。いわゆる「貸し手責任」が問われる。

寄り道　「（日本銀行仮訳）銀行のコンプライアンス機能（2003年10月）」（バーゼル銀行監督委員会）

　コンプライアンス機能の目的は、銀行によるコンプライアンス・リスクの管理を支援することであり、ここで、コンプライアンス・リスクとは、適用されるすべての法律、規制、行動規範、適切な実務基準（総称して「法律、規則および基準」）を遵守しなかった結果として銀行が被るかもしれない法律上または規制上の処罰、金銭的損失あるいは評判上の損失として定義出来る。コンプライアンス・リスクは時として誠実性リスク（integrity risk）と呼ばれることもある。なぜなら、銀行の評判は、誠実性及び公正取引に関する諸原則の遵守と密接に関連しているからである。

（同文書の「はじめに」）

寄り道　『金融危機の教訓──行政と司法の役割分担と処方箋』（西村高等法律研究所編、商事法務、2009年）

　一律のやり方がないから何をやってもよいかというとそうではなくて、その場面に適したただ一つのやり方を的確に選択して実行してもらうことが必要なわけですね。

　それは法律では書けないのです。書こうとしたら全部禁止するしかない。そういう自己規律で金融に携わる者の倫理規範からして行うべきことを確実に行う。あるいは行ってはならないことは法律違反でなくても行わない。法律の義務付けの有無や禁止の有無と関係なくそうした判断ができるという、こういう状態を確保していくと市場の自由というのが確保できる。

（同書106頁・五味廣文・元金融庁長官の発言）

序章　現実を直視する　17

6　貸出判断

　筆者が貸出業務を担当したとき、上司から「貸出金の原資は預金であり、預金は元本保証商品であるため、貸出によって預金者の預金に迷惑をかけてはならない」と徹底的に叩き込まれ、「貸出業務の要諦は債権保全である」と習った。貸倒れはゼロでなければならない、実損を出してはならないという思想を刷り込まれた。当時、貸出案件については厳しい審査を行い、実行前の段階でリスクの極小化を図った。さらに、実行後に何が起こるかわからないので、担保や保証を確保し、万一の場合の回収方法を備えた。

　しかし、このような伝統的思想はいまの時代に適さなくなった。金額的に小口貸出と大口貸出があるとき、すべての貸出案件を同質に審査する時間的・人的余裕がなくなり、かつ経費節減要請も加わり、貸出判断の決定を簡便化する方法がとられた。

　その一つは「スコアリング貸出」である。貸出先（中小企業）の信用力をスコア（点数）化して貸出判断に用いる手法である。スピード審査が売りとなり、審査1件ごとの費用削減と審査時間を短縮化できることがメリットとされた。2000年代中頃には銀行貸出の5％程度がスコアリングを使った貸出になっていたと聞く。しかし、スコアリング貸出の損失が急増したことを背景に、現在では取扱停止の動きがみられる。

　また「コンピュータ審査」が導入され、決算書を持ち込めば一両日中に判定結果が出るとされたが、そこにはコンピュータ審査で「（貸出）可」との結論が出るように決算書を改ざんする業者が介在したり、粉飾した決算書が持ち込まれたりすることもあり、結果として不良債権を生み出すことになり、この取扱いも縮小・停止の動きになっている。

　貸出判断におけるこのような新たな思想と手法は、大数の法則による貸倒予想の範囲内であれば、金利を高く設定することで全体最適を得られればよいとの考えのもとに生み出されたものかもしれない。しかし、貸出業務を定型化した仕方には定性分析が欠けている。判断業務は非定型であり、貸出の諾否には諸条件を考えて判断するクリエイティブな思考が求められる。「ス

> **寄り道**
>
> 『地銀改革史——回転ドアで見た金融自由化、金融庁、そして将来』(遠藤俊英ほか著、日本経済新聞出版、2023年)
>
> 　リーマン・ショックが起きる直前の2008年4月。金融庁はリレバンの推奨項目から「スコアリング融資」をこっそり外した。(略)これによって多額の不良債権を生む金融機関が発生したからだ。信用金庫・信用組合を含めた07年3月末時点の同融資残高は2兆5000億円近くに積み上がり、前の年から2.2倍に急増していた。安易な貸し出し競争を招くような不具合も生み出すことになる。
>
> (同書136頁)

コアリング貸出」や「コンピュータ審査」などの動きは、貸出担当者のみならず銀行の審査能力の低下を招いたと思料される。

　貸出審査で最も重要視されるのは、当該貸出案件の回収確実性の見極めである。決裁権限者が回収可能性のない貸出であることを認識して当該貸出の実行を承認することは背任に当たる可能性がある。回収可能性は、ある・なしという問題ではなく、可能性・程度の問題といえる。回収の可能性が著しく低い場合は貸出を行わない、その可能性の程度によって高い金利の適用や担保保全措置を講じることになる。

　金融庁が「担保・保証に必要以上に依存しない」と謳っているが、それは回収の可能性の程度によって判断することであり、担保・保証をとることを一律に否定するものではない。貸出に際して、必要があれば担保・保証をとることは、銀行法で規定される「預金者等の保護」「銀行業務の健全かつ適切な運営」を行うことに通じる。

　筆者が約50年前に初めて貸出業務に携わるときに教えられた「貸出業務の要諦は債権保全である」とは、ただ担保を徴求することではない。第一に、資金使途を的確に把握し、債務償還能力（回収可能性）を確認したうえで、正しい手続で貸出を実行する。実行後、返済期限までの間、動態的債権管理を行い、業況が悪化した場合は焦付きの回避がすべてに優先することを認識することが重要だという意味である。

本書における「貸出審査」は、スコアリングやコンピュータによる「審査のようなもの」ではなく、伝統的な貸出審査の手法を中心にして解説する。従来型の用語等の説明と表面的総論にとどまらず、実践の場でこの審査手法が有効であることの意義や実際に利用する考え方についても触れる。単なる知識だけでなく、なぜそれが重要なのか、なぜその考え方をとるのか等について、現場の実態をふまえたうえで論理的説明に心がけたいと考えている。

　貸出担当者は「志は高く、腰は低く、心は熱く、頭は冷静に」と自らを戒め、誠実に貸出先と向き合い、全能力をもって貸出判断を行うべきである。

7　金融行政の影響

　近年の金融行政において「事業性評価」「短期継続融資」という言葉が出てきたが、筆者の経験に照らし合わせれば、これは新しい考え方ではない。筆者が初めて貸出業務を担当することになった50年前に教えられたことで、バブル期以前の貸出業務では当然に行っていたことである。

　「短期継続融資」という言葉は金融庁が命名した新語[1]だが、これは手形貸付の書替継続のことを指す。そもそも、金融検査マニュアルができる前、経常運転資金貸出は手形貸付で取り上げ、手形期日到来時に手形の書替継続をする手法が一般的慣行であった。手形書替の法的性格については、法律の専門家・大学教授等によって金融法務の書籍[2]で解説され、数十年にわたって銀行で行われてきた。

[1]　『地銀改革史——回転ドアで見た金融自由化、金融庁、そして将来』205頁（前掲・9頁）。
[2]　『新銀行実務講座(4)貸付』129頁（山田春編、有斐閣、1965年）
　　　『貸付実務講座(2)貸付実行』89頁（前掲・13頁）
　　　『新銀行実務法律講座(3)貸付』114頁（前掲・13頁）
　　　『銀行取引——銀行と取引先のための法律知識〔第6版〕』149頁（加藤一郎・吉原省三編、有斐閣、1991年）
　　　『金融法務読本〔第27版〕』221頁（川田悦男監修・著、金融財政事情研究会、2008年）
　　　『融資契約〔第2版〕』166頁（関沢正彦・中原利明編著、金融財政事情研究会、2008年）

　それが1997年7月に策定された「金融検査マニュアル」の債務者区分に関

する記述によって、銀行では「継続融資は不良債権に分類される」と受け止められた。その後、「金融検査マニュアル別冊［中小企業融資編］」において「書き換え継続中の手形貸付に係る貸出条件緩和債権の取り扱いについて」が示されたが、銀行は手形貸付の書替継続は貸出条件緩和債権（元本返済猶予債権）とみなされると考え、約弁（約定弁済）付長期貸出に移行していった。そのような動きが実際に行われるようになったが、金融法務において手形貸付の書替継続が貸出条件緩和債権（元本返済猶予債権）に該当する（あるいは該当しない）という論考・解説の本は見当たらない。

　経常運転資金を約弁付長期貸出で取り上げることで、中小企業にとっては約弁による返済負担が生じ、資金繰りが困難になる弊害が生じた。その声は大きくなり、当局も「「短期継続融資」で対応することは何ら問題なく、妥当な融資形態の一つであると認められる」と考え方を変更した。これは従前に行っていた手形貸付の書替継続を認めるもので、単名手形の書替継続が復活することを意味する。

　『地銀改革史――回転ドアで見た金融自由化、金融庁、そして将来』（前掲・9頁）で遠藤俊英・元金融庁長官は次のように述べている。

　2002年「金融検査マニュアル別冊［中小企業融資編］」に（中略）運転資金に該当しない部分は不良債権に認定する解釈が示されていた。不良債権処理を加速させる過程で、地域金融機関の場合は単コロがターゲットにされていた。（中略）

　単コロを「短期継続融資」と命名し、それを復活させるプロジェクトが始まった。（中略）形式上定められた返済期限の1年後、銀行の担当者が債務者企業を訪問し、財務内容や業績、業務内容に問題がなければ、借り換えを認めていた。（中略）そんな融資慣行がバブル崩壊前には当たり前だったが、検査マニュアルによって絶滅しかけていた。代わりに広がった長期融資は毎月一定の元本返済を求める契約で、金利に元本の約定弁済が上乗せされるため、返済原資の工面に苦労することになる。危機が起きるたびに資金繰り問題が浮上する構造がこうしてできあ

がっていたことを初めて知った。（中略）

　不良債権問題に厳格に対応していた時代のマニュアルの事例と厳しい行政姿勢をそのまま引きずってきたことが、中小企業にとって大切な金融取引慣行を変質させてしまった。いまや金融機関の職員は「単コロ」という言葉さえ知らず、ノウハウも教えてもらっていない世代に交代してしまった。

　2015年1月、過去の取り扱いを改める検査マニュアルの改訂に踏み切った。正常運転資金について「『短期継続融資』は金融機関の目利き力発揮の一手法となり得る」。この文章を追加した。

　金融庁がいかに地域金融の実態に無知であるかを痛切に感じたエピソードだった。

（同書205〜206頁）

同書には次のような記述もある。

　金融検査マニュアルは目的も手段も問題を孕んでいた。
（同書93頁）
　手段としての別の問題点は、容赦のない金融検査にあった。（中略）目的も手段も問題のあった金融検査マニュアルが引き起こした弊害は書き始めるときりがないが、代表的なものを列挙してみる。
　　・リスク回避を前面に出した思考停止
　　・不可能性[※1]から目をそらす自己欺瞞
　　・金融庁へ物申さないことによる当事者意識の低下
（同書95頁）
　金融庁が「無謬性の原則[※2]」に罹患し、検査局が銀行業界にある種の全体主義を招いていたのは間違いない。
（同書98頁）
※1　「不可能性」とは実行や達成ができないことをいう。

※2 「無謬性の原則」とは「ある政策を成功させる責任を負った当事者の組織は、その政策が失敗したときのことを考えたり議論したりしてはならない」という信念のことをいう。

　そもそも、貸出審査にマニュアルは不要である。マニュアルは「同じレベルで業務を遂行し、一定の結果を出すための業務手順やルールを定めたもの」である。貸出実行の諾否を決める判断業務は定型的・一律的に行われるものではない。要注意先でも、破綻懸念先でも、リスクテイク手段を考え、引当状況（担保範囲内）を勘案し、また銀行と貸出先との永年にわたる取引の歴史を勘案して政策的に判断することもあり得る。銀行は、貸出先のいまの業況が悪い場合でも、実現可能な再建計画を基に「雨の日でも傘を差し出す」ことはある。銀行が個々の貸出案件について判断することについて、マニュアルを根拠にして行政が良し悪しをいえるのだろうか。

　銀行法１条２項には次のように記されている。「この法律の運用に当たっては、銀行の業務の運営についての自主的な努力を尊重するよう配慮しなければならない」。個別貸出案件について銀行が下した判断に行政がどこまで立ち入ることが許されるのかという問題がある。

　この条文規定について、『詳解銀行法〔全訂版〕』（前掲・15頁）では次のように記されている。

　この条文は短いものの、きわめて重要な意義をもつ。ある意味で銀行法運用の神髄をなす。

　銀行が私企業である以上、銀行の行動原理が私企業性に基づくこともまた当然の理といわなければならない。
（同書59頁）

　第二項で、法律の運用に当たっては、政府は銀行の自主的努力を尊重すべきことを宣言し、銀行の公共性と私企業性との調和を図ることを目指している。
（同書60頁）

序章　現実を直視する　23

金融検査マニュアルの存在は、銀行経営にとってナローパス（隘路）だったのだろうか。「歴史は繰り返さない、ただ韻を踏むのみ」という言葉がある。金融検査マニュアルが廃止されたからといって、銀行が再び不良債権をつくるような貸出を行うことはない（と信じる）が、似たような事態が起こる可能性はある。そのために銀行は歴史から学んだことを貸出業務に活かさなければならない。

　貸出審査におけるリスク管理とリスクテイクは当局による規制の有無にかかわらず銀行が自ら行うものである。その基礎となるのは、貸出業務に対す

> **寄り道**
> 『日本型銀行経営の罪──金融危機の本質は何か』（吉田和男著、東洋経済新報社、1994年）
> 　銀行法の第1条2項は「この法律の運用に当たっては、銀行の業務の運営についての自主的な努力を尊重するよう配慮しなければならない」と、行政目的の達成のため介入は最小限にすべきことが規定されている。行政は、銀行法の趣旨からしても企業としての金融機関に自己努力を促すようなものでなければならない。
> （同書177頁）

> **寄り道**
> 『金融庁2.0』（上杉素直・玉木淳著、日本経済新聞出版社、2019年）
> 　2018年12月13日の午後、金融庁長官の遠藤俊英は京都大学吉田キャンパスで国家公務員を志す大学院生を相手に金融庁発足の経緯を解説していた。（中略）
> 　「金融庁が検査で横串を入れたことで透明性を確保でき、2000年代半ば、不良債権問題を解決できた」。金融庁は消防隊のような役割を果たした。（中略）
> 　「しかし」と遠藤は続ける。「金融庁はその後、新しい役割を見いだせなかった。」検査は重箱の隅を突き、終わってしまった過去のことばかり追及する。健全性という形式ばかりを重視し、厳しくチェックし続けた。「その結果が経済の活力をそいでいた。我々は反省し、行政のやり方を変えなければいけない」
> （同書216～217頁）

24　序章　現実を直視する

る経営姿勢であり、担当者の育成である。真に顧客満足となる貸出業務を行うためには、無免許でスピード違反しているような数値競争の貸出を自ら取り締まる必要がある。

　銀行は、経済社会における自らの役割は何か、貸出業務の使命は何か……を真剣に考える必要がある。そのためには貸出先と真摯に向き合い、信頼関係を築き、共通の歴史を踏む韻を見つける努力を行わなければならない。

第1章
総　　論

第1節 貸出業務の基本原則

　銀行は私企業であり営利を目的とする。銀行は信用経済社会の中心に位置し、その業務運営の適否は信用秩序の維持と重大な関係がある。銀行の貸出業務に支障が生じると、預金の払戻しに困難をきたし、連鎖的に信用秩序が破壊され、甚大な社会的影響を招くことは、バブル崩壊による不良債権処理の経験をもって銀行は知っている。銀行は何より健全経営が強く要求されている。

　過去のバブル期を顧み、健全経営を志向するとき、貸出業務における安全性と収益性が重要であることは自明である。また貸出業務においては貸出先の育成と成長をもたらすことが銀行の使命であるとの認識も必要である。さらに銀行の貸出業務は国民経済に与える影響が大きいことから、貸出業務は国民経済の健全な発展に寄与するか否かも考慮する必要がある。

　銀行の貸出業務の原則について、『詳解銀行法〔全訂版〕』（前掲・15頁）では次のように記されている。

　銀行が貸付を行うにあたって、一般に五つの原則があると言い習わされてきた。いわば、金融界における貸付にあたっての鉄則のようなものであり、銀行が貸し付けるにあたって確保されなければならない審査要件でもあるわけであるが、それは、安全性、流動性、収益性、公共性、成長性、の五項目をいう。

　五つの項目はいずれも互いに関連性をもつ。これらの項目それぞれについて最大の成果を上げることを目指しつつ、その間で最適な調和を見出していくことが銀行経営の要諦であろう。

28　第1章　総　　論

（同書134〜135頁）

　実際の貸出業務遂行に際してこのすべての原則を満足させなければならないというわけではない。安全性と収益性とは金利面で対立することがある。長期貸出の場合では、安全性（期間）、収益性（金利）、流動性（期限の利益）の面で相反関係になり得る。したがって、それぞれの項目について優先順位をもって合理的判断を行い、最適な調和を意識することが求められる。

　このように貸出業務の基本原則は、そのとらえ方によっては、銀行の貸出業務のあり方やその執行方法にかかわる重要な問題である。そして、貸出案件の審査ではつねにこの5項目を意識することが必要であり、これが貸出業務の出発点となる。以下、その五つの原則について説明する。

1　安全性の原則

　貸出業務の安全性とは、貸出金が確実に回収されるものでなければならないということである。貸出金の焦付き（返済遅延・回収不能）は銀行の収益がマイナスとなる。収益がマイナスになるどころか、貸出債権の不良化が銀行経営の根幹を揺るがす事態になることはバブル期の経験から学んでいるはずである。したがって安全性の原則は貸出業務の基本原則のなかでも最も重要な原則といわなければならない。

　個々の貸出案件とは別に、銀行が行う貸出業務における安全性の原則には次のような点を考慮する必要がある。

寄り道　『いまさら聞けない融資の常識50考』（高橋俊樹著、金融財政事情研究会、2006年）

　　あくまでも融資判断の基本は安全性の重視であって、見せかけの収益獲得優先ではない。まして、業績考課上の得点稼ぎであってはならない。「安全第一」（Safety First）は、常に融資判断の鉄則なのである。
（同書7頁）

(1) 貸出先の返済能力および返済意思

貸出を実行すれば貸出先は期日に返済する債務を負い、債務の履行には法的強制力を使うこともできるが、根本は貸出先の返済意思が重要である。この返済意思は結局のところ貸出先の誠意の問題であることから、貸出先の企業資質と代表者（経営者）の評価が審査のポイントとなる。

(2) 担保および保証

返済能力が十分でない場合、あるいは返済能力が十分にある場合でも、不測の事態に備えて担保・保証を徴することは安全性確保のためには重要である。

金融庁は、銀行に対して担保・保証に必要以上に依存しない貸出業務を促しているが、担保・保証を徴さない貸出を勧めているのではない。「必要以上に依存しない」ということは「必要であれば依存する」ことがあるという意味であり、銀行法1条（目的）に記されている「預金者等の保護」のため、貸出金の安全性を確保するために担保・保証の徴求は重要である。

(3) 貸出金の分散

貸出金を、地域別・業種別・貸出先別などの観点から適度に分散させることで貸出資産の危険性は低くなる。特に同一の貸出先または同一企業集団に対して過大な貸出を行うことは、貸出金の回収が困難になった場合、銀行には貸出先・同企業集団と運命をともにするリスクが生じる可能性がある。同一の貸出先または同一企業集団に対して過大な金額の貸出を行うことは厳に慎まなければならない。

(4) 貸出期間

貸出金の安全性の見地から、貸出期間は短期のほうが望ましい。そのようにいわれる理由は二つある。一つは、企業は生き物であり、いまは健康な経営状態であっても、3年先・5年先に貸出先が健康な状態であるかどうかはわからないため、期間の長さはリスクに比例する。

もう一つは、貸出期間は「期限の利益」を与えることを意味する。「期限の利益」とは、銀行は貸出期限の期日が到来するまで、債務の履行（借入金の返済）を請求できない。貸出先に業績悪化の兆候がみられるようになった

とき、債権保全の対策が後手に回る可能性がある。したがって、貸出業務におけるリスクは期間に比例するといえる。

2　流動性の原則

　流動性の原則には二つの側面がある。

　一つは、銀行経営における流動性の原則といえるものである。貸出は預金を原資として行われ、貸借対照表では預金は負債として、貸出金は資産として計上される。預金はいつでも払戻しに応じなければならないが（流動性が大きい）、貸出金は期限の利益を与えているため期日前に返済を求めることは困難である（流動性が小さい）。よって、預金の引出しに対応するため、現金化可能の資金準備をする意味で長期貸出に集中することは避けたい。預金（資金調達）と貸出（資産運用）との期間構成が同じという状態であれば、短期の預金流出に短期の貸出資産で対応できる。そこで、そのバランスを図るため、資産・負債総合管理手法（Asset Liability Management：ALM）などコンピュータで流動性管理を行っている。ところが、形態別貸出構成をみると、全貸出のうち87％（2020年度末）を証書貸付（長期貸出）が占めている現状はALMによる流動性管理に問題がないかとの懸念もある。

　日銀調査統計局によると国内銀行の2023年度末貸出金・預金の期間別残高は以下のとおり。

残存期間	貸出金	預金
1年以下	23％	96％
1年超	77％	4％

　調達（預金）と運用（貸出）の期間のミスマッチが明らかである。経営における流動性リスク管理について影響が懸念される。

　もう一つは、貸出金の流動性である。貸出金が企業活動に有効に活用されているか（流動性をもっているか）、資金が固定化していないかというチェックが重要である。貸出金は事業活動に投入され、売上を増やし、利益を生む

ことで、銀行は利息収入を得、貸出金の回収が可能となる。要するに、貸出金は企業活動において流動的に稼働し、回収に至るものであることをつねに確認しなければならない。これは資金使途の実態把握につながる。

3　収益性の原則

　銀行は私企業であり、存続するためには収益確保が重要であることは論をまたない。しかし、貸出業務にはつねに回収不能リスクがあり、不良債権の増大は銀行の経営破綻につながり、国民経済に大きな影響を与えることは、バブル崩壊後に経験ずみである。そこで銀行は自己資本の充実を図ることが重要である。そのために収益をあげ資本の充実を図ることは、単に銀行の利益という以上に重要なことである。

　銀行の自己資本比率は、銀行の健全性を示す指標として用いられ、その水準が高いほど銀行経営が健全であることを示し、その水準が低くなると健全性の度合いが減じられることとなり、銀行経営にも望ましくない影響を与える。国際的な業務を営む銀行の場合の自己資本比率は8％以上、海外に拠点をもたず、国内に限って業務を行う銀行の場合は4％以上という「自己資本比率規制」があり、これを維持することがBIS（国際決済銀行）によって義務づけられている。

　銀行が収益性を高めるためには、貸出業務において適用利率（貸出金利）を高くするか、貸出金のボリュームを増加させることが必要である。貸出金利については、日本銀行が発表した2023年3月の貸出約定金利は長短あわせた総合で0.777％（除く当座貸越）と低く、現状では金利を大きく引き上げることによって収益の増大を図ることは困難である。したがって貸出金の量的拡大が求められる。

　収益性の原則で重要なのは、短期的成果でとらえるのではなく、長期的な収益性の問題としてとらえるべきことである。いやしくも量的拡大を目的とすることで、安全性を無視した貸出に走ることは許されない。また、低い貸出金利を提示して、金利競争で勝つことが量的拡大を図るとの考えは望ましくない。銀行の決算書をみると、貸借対照表の貸出金残高は前期比増加して

いるが、損益計算書の貸出金利息はそれほど増加していないという現象が起こっていることがある。要するに、コスト・パフォーマンスが悪い（低採算貸出が行われている）実態がうかがえる。

貸出業務では、貸出先の経営に資する情報提供やアドバイス等の付加価値競争で勝ち、それに見合う貸出金利で貸出を行い、貸出金利息（収益）を得ることが、長期的な収益性の原則といえる。

貸出審査における収益性の検討とは、貸出先がどれだけの利益をあげる能力をもっているかということ、そのような収益力をもっている原因はどこにあるのかということを明らかにすることである。実際にそれを明らかにすることはむずかしい。貸借対照表、損益計算書、製造原価報告書の分析は不可欠であるがそれは金額表示であり、経営活動の実体であるモノの動きでとらえていない。貸出先の収益力の把握にはさまざまな方法があり、あらゆる手法を駆使して実態に接近する努力が必要である。

4　成長性の原則

貸出業務の成長性とは、貸出金の供給によって貸出先の事業発展（成長と発展）に寄与すること、そして銀行自身が健全な資金運用（貸出金の増加）によって業容拡大と経営基盤の安定性に発展をもたらすことである。

戦後の日本経済の目覚ましい成長要因として、銀行の貸出業務（間接金融）が果たした役割は大きかった。貸出業務が個々の企業の成長を支えてきたといっても過言ではない。企業の成長とともに銀行も成長してきたといえる。

筆者が初めて貸出業務に携わった1970年代、上司から、「銀行の貸出業務は第二のソニー、ホンダを発掘・育成する仕事だ」といわれた記憶がある。ソニー・ホンダとは比べようもないが、銀行主導で中小企業が成長する手助けを行い、株式公開へ導いた事例は多い。しかし、バブル期に行った銀行の貸出業務は、成長性の原則を意識することなく、また安全性の原則を忘れて貸出の量的拡大と収益極大化に走り、結果不良債権を増やして、経済社会へ悪影響と不信感を残した。

バブル期の貸出を反省し、真っ当な貸出業務を行う際、あらためて成長性の原則を意識しなければならない。それは貸出先の成長に結び付く貸出業務であり、事業発展に資する貸出でなければならない。銀行の数値競争や収益拡大を目的とするだけの貸出業務であってはならない。経済社会の変化が激しいなか、貸出先の事業で取り扱っている商品・製品の将来性・競争力、そして、業種動向・業界内地位、地域内風評・評価なども総合的に検討する必要がある。新産業や新技術等の勃興、産業構造の変化、グローバル化によって企業経営を取り囲む環境は厳しい。企業の目的は収益の極大化ではなく、適正利潤を得て存続し、成長することである。銀行が貸出先の成長・発展に資することになれば、反射的作用として銀行の成長・発展が促進される。貸出先の成長・発展が銀行の成長・発展と健全性につながる。

現在、経済産業界において企業の消長にとっていままでになかった要因が出てきている。企業が健全な財務状態であっても経済社会・産業構造の変化とスピードに乗り遅れ、取り残されることは、企業の存在基盤の低下につながる。したがって、経済社会と産業構造の変化と発展予測は企業の成長性をみるときに重要になっている。

新興企業の勃興や成長産業に対して行う銀行貸出は、当該企業の成長に資するだけでなく、地域経済の発展、国民経済の成長、産業構造の変化に大きな役割を果たすことになる。

5 公共性の原則

銀行は株式会社組織の私企業として経営されている。利潤をあげ、競争を行うなど、自由な営業活動を具現できる。一方、高い公共性を有するといわれる。

そのゆえんについては、銀行が担う信用媒介・信用創造・決済の機能が経済社会に不可欠であることにより認知されていると考える。こうした銀行の公共的役割は「銀行法」という業法の存在からも確認できる。

銀行法1条（目的）には「銀行の業務の公共性にかんがみ」との言葉がある。この条文における「公共性にかんがみ」は、「信用の維持、預金者等の

保護、金融の円滑化」を図る役割があることを指し、「健全な運営」は経済社会における公的存在として認識される行動が期待されていると解釈される。

　一方、同法1条2項には、「この法律の運用に当たっては、銀行の業務の運営についての自主的な努力を尊重するよう配慮しなければならない」とある。

　この条文について、『詳解銀行法〔全訂版〕』（前掲・15頁）は、次のように解説している。

　法律の運用にあたっては、政府は銀行の自主的努力を尊重すべきことを宣言し、銀行の公共性と私企業性との調和を図ることを目指している。銀行法の運用にあたって、銀行行政に高度の技術性と時代の流れの行く末を見通す先見性が要請されるのは、まさに一見矛盾する二つの要請、すなわち公共性と私企業性とをいかに調整し、止揚（アウフヘーベン）していくかが常に問われているからにほかならない。

（同書59〜60頁）

　金融庁設置法3条（任務）には「我が国の金融の機能の安定を確保し、預金者（略）の保護を図るとともに、金融の円滑を図ることを任務とする」と記されている。この任務を達成するため同法4条（所掌事務）で銀行に対する検査・監督を行うと記されている。

　銀行は私企業ではあるが、自らの収益極大化だけを目的とする存在であってはならない。銀行の運営は信用秩序の維持に重大な影響を与える。銀行の貸出業務を遂行するための資金調達の中心は預金の受入れであるから、銀行が預金者の利益を守る社会的責任を負い、その行動に節度を要求されることは当然である。銀行の公共性ということは、本来は預金者の保護ということにほかならない。銀行の主たる債権者は預金者である。預金者の利益を保護することは、国民の財産を守ることでもある。

　この意味の公共性を実現するためには、安全性・流動性・収益性・成長性

の原則を守った貸出業務を行い、健全な銀行経営を行わなければならない。反社会的勢力との関連が疑われる企業との取引、社会正義や公序良俗に抵触する案件、不要資金や投機・奢侈に使われる貸出は慎むべきであるといわれているのも、銀行の公共性が着目されていることにほかならない。そして、貸出担当者・決裁権限者には、公正な論理と道徳心と倫理観が求められている。

第 2 節 貸出金の分類

　貸出金の分類方法はいくつかある。「資金使途別分類」と「勘定科目別分類」について、かつては関連性があった。短期運転資金は短期借入（割引手形・手形貸付）で調達、長期設備資金は長期借入（証書貸付）で調達するのが「資金繰りの大原則」といわれていた。経常運転資金は手形貸付、設備資金は証書貸付で取り上げるのが一般的であった。そしてそれには理由があった。

　現在では、短期の経常運転資金を長期の証書貸付で行い、長期の運転資金を当座貸越（極度）で行っているケースをみる。そこには「資金使途別分類」と「勘定科目別分類」の間に関連性はみられない。

　貸出金を形態別勘定科目別にみると、かつて短期貸出の主役だった割引手形と手形貸付のウェイトは激減している。法人企業の借入金の大半が長期借

図表１－１　形態別勘定科目別貸出金の割合の推移　　（単位：％）

	割引手形	手形貸付	証書貸付	当座貸越
1970年度末	28.7	50.5	19.9	0.9
1980年度末	17.7	38.8	41.7	1.8
1990年度末	5.4	24.2	57.2	13.2
2000年度末	2.4	15.4	64.3	17.8
2010年度末	0.5	4.7	81.8	12.9
2020年度末	0.2	2.5	87.1	10.2

（出所）　『10訂版　図説わが国の銀行』（全国銀行協会企画部金融調査室編、財経詳報社、2017年）および全国銀行協会ホームページ「全国銀行財務諸表分析」の「全国銀行総合財務諸表（業態別)」より筆者作成。

入（証書貸付）になっている事実に驚く（図表1－1）。

貸出金の過半が証書貸付（長期貸出）になっている形態別構造は異様なゆがみに思える。貸出業務の形態別構造がこのような構造でよいのだろうか。証書貸付が80％を超えていることで筆者は二つのことを考える。

一つは、貸出期間とリスクとの関係である。貸出業務の要諦は債権保全という考え方に立つとき、期間の長さはリスクに比例するという前提があり、短期の運転資金は、割引手形・手形貸付・当座貸越のそれぞれの法律的性質をふまえ、個別貸出案件の資金使途に応じて取上げ方を決めていた。短期の経常運転資金を証書貸付（約弁付長期貸出）で取り上げることからは、貸出期間とリスクが比例するというかつての銀行の考え方はうかがえない。

もう一つは、貸出金の原資である預金の調達期間とのバランスである。貸出金の期間と預金の期間とがミスマッチになっていないか。期間3～5年の定期性預金が80％以上もある銀行はおそらくないだろう。ALM運営に問題は生じないだろうか。

本節では、「資金使途別分類」「勘定科目別分類」の説明だけではなく、貸出業務を行ううえで、それぞれの形態別貸出の法律上の性質と実務上の観点からの意味もふまえて両分類の関係性についても述べる。

1　資金使途別分類

貸出金の資金使途別分類は大きく「設備資金」「運転資金」に分けられる。使途別分類と貸出期間との関係は次のとおり。

①　設備資金：長期貸出（証書貸付）で対応する。

②　運転資金：設備資金以外を運転資金と総称し、使途によって短期運転資金、長期運転資金がある。

　ⓐ　短期運転資金：経常運転資金・季節資金・決算賞与資金・工事立替資金等。

　ⓑ　長期運転資金：子会社・関連会社に対する長期貸付金や出資目的の資金調達、入居保証金・営業権の買取りなどの資金調達、社債償還に利用する目的の資金調達、不渡手形の買戻し等、不良債権の処

理に必要な資金調達、地方公共団体向け貸出。

　経常運転資金を証書貸付で対応する場合、稟議書に資金使途を「長期運転資金」と書いているケースをみるが、それは誤りである。経常運転資金は長期運転資金ではない。経常運転資金を長期運転資金と称している実体は「経常運転資金の長期貸出」である。

　経常運転資金（所要運転資金）は、決算期の貸借対照表から「売上債権＋棚卸資産－支払債務」という計算式で算出する。決算書は1年ごとに作成されるので、経常運転資金としての金額の有効期間は次の決算期までの1年間である。

　具体的に説明する。2023年3月期決算書の貸借対照表から算出した経常運転資金の金額が5,000万円とする。翌年の2024年3月期決算書で算出する経常運転資金の金額は5,000万円とは限らない。2023年度中に売上が増加し、あるいは収支尻が拡大すれば増加運転資金が発生するし、売上が減少すれば減少運転資金が発生する。しかるに、2023年3月時点で算出した経常運転資金5,000万円の金額をもって貸出期間3～5年の約弁付証書貸付で対応する手法は理に適わない。売上が減少し、翌年度の経常運転資金は4,000万円、翌々年度のそれは3,000万円になると仮定した場合、5,000万円の貸出を5年間許容する貸出は正しいとはいえない。すなわち、1年ごとに変化する経常運転資金に対して期間3～5年の期限の利益を与えることの是非、また必要金額を支える経常運転資金に約弁を付けることによるキャッシュフローの問題（資金不足の発生）、約弁という返済資金を折返し貸出で5,000円まで埋めることの是非等々について、どのように考えているのだろうか。

2　勘定科目別分類

　個別貸出案件について、その取上げ方法（どの勘定科目を使って貸出を行うか）は、資金使途・期間・返済方法等に加え、銀行側からみた安全性・収益性を勘案し、貸出先と合意したうえで最も適切な取上げ方にすることが重要である。しかし、現状をみると、そのような思考過程を踏むことなく、貸出先からいわれたとおりに対応する、あるいは前任者が行っていた方法を踏

襲する……というように、貸出形態を何にすることが適切かと自ら考える貸出担当者はほとんどいない。そして、金融庁が、手形貸付の期限到来時に書替継続する従来の慣行を貸出条件緩和債権に該当するといわれ、唯々諾々と従った結果、前記のとおり、証書貸付が大半を占めるようになった事実をみるとき、銀行は貸出の形態別勘定科目の意味をないがしろにしている意識はなかったのか、貸出の取上げ方を自ら考えなかったのか、どのような判断が行われたのか筆者は疑問に思う。

　全国銀行協会が定める「銀行業における決算経理要領」の「勘定科目の説明」によると、「貸出金」は「割引手形・手形貸付・証書貸付・当座貸越」に分類することになっているので、ここでは「割引手形・手形貸付・証書貸付・当座貸越」の順に説明するが、その法的性格を記すだけではなく、銀行の実務面の論理についても付け加えて説明する。

(1)　割引手形（商手割引）

　事業者が商品の販売やサービスを提供すると代金債権が発生し、手形で支払われる。手形の受取人である事業者が手形の期日前に資金を必要とするとき、銀行に手形の買取りを依頼する。銀行は期日未到来の商業手形を、額面金額から期日までの金利相当額（割引料）を差し引いた金額で買い取り、「割引手形」として取り扱う。割引手形は、かつては手形貸付とともに、銀行の最も基本的な貸出形態であった。筆者が初めて貸出業務を担当した1974年当時は、新規に貸出取引を開始するときは割引手形から始めることが一般的であると教えられた。

　新規の貸出取引を開始するとき割引手形から開始することが望ましいという理由は次のとおりである。

　　　○　貸出先の実態把握が十分にできていない状態で取引開始。
　　　○　商業手形は商取引の裏付けがあり、満期日には手形交換により自動決済され、回収でき、期間も短い。
　　　○　割引手形の法的性格は売買であることから、割引後は貸出先（割引依頼人）と銀行との関係は終了する。つまり、割引依頼人からの返済は予定されていない。

○　銀行取引約定書に基づき割引依頼人への買戻請求ができる。

　『10訂版　図説わが国の銀行』（全国銀行協会企画部金融調査室編、財経詳報社、2017年）および全国銀行協会ホームページ「全国銀行財務諸表分析」で形態別貸出金の推移をみると全貸出金（住宅ローン・消費者ローンを含む）における割引手形のシェア推移は、1970年度末28.7％、1980年度末17.7％、1990年度末5.4％、2000年度末2.4％、2010年度末0.5％、2020年度末0.2％と激減している（図表1−1）。

　割引手形が減少してきた理由には手形取引が少なくなってきた背景がある。特に建設業、製造業の支払手形が30年前に比べ4分の1に減っている。財務省「法人企業統計調査」によれば支払手形の発行残高は1990年度の約107兆円をピークに減少し、2019年は25兆円程度になっている。さらに、経済産業省は「2026年を目処に約束手形の利用を廃止する」と発表している。

　約束手形を廃止する理由は主に二つある。一つは手形を受け取る側の資金繰り負担を軽減するねらいがある。経済産業省のアンケートによると、手形が振り出されてから資金を受け取るまでの期間はおよそ100日に対し、現金振込みの場合の期間（売掛金）がおよそ50日なので、単純比較で2倍の時間がかかっている。もう一つの理由は、コストとリスクの問題がある。約束手形は紙でつくられ、印刷や郵送、保管にコストがかかりリスクもある。社会全体で年間2,400億円のコストが発生していることが明らかになっている。政府はこうした状況をふまえ、約束手形の歴史的使命は終わったと考えたようだ。

　約束手形が廃止されることで割引手形の現物による貸出形態が縮小する一方、電子記録債権（たとえば「でんさい」）の割引利用（たとえば「でんさい割引」）が増えることになるかについて現時点ではわからない。でんさい割引は現行の割引手形に比べて早期に現金化しやすく、分割で現金化することが可能であるといわれ、2026年の約束手形廃止に伴い利用が拡大していくとの見方もあるようだが、普及率がどれほどアップするかはわからない。

　ここでは、現行の割引手形が貸出業務において安全だといわれてきた理由を述べる。

第2節　貸出金の分類　41

割引手形は振出人（支払人）および受取人（割引依頼人）の双方の信用を引当とすることで、手形上の債務者が2名以上存在する。商取引の裏付けがあって振り出された手形であり、割引期間（手形サイト）も短いことから、決済の確実性は高いとみられ、貸出取引のなかでは安全性が高い。

　しかし、銀行は手形を割り引いた後、貸出先に対して手形上の債権を有するのみで、手形が不渡りになり、割引依頼人の信用が悪化した場合、債権保全面で弱い。そこで、銀行取引約定書によって、割り引いた手形が不渡りになった場合、割引依頼人に対して当該割引手形を買い戻す請求ができると定めている。割引電子記録債権も同様に買戻請求できると銀行取引約定書は定めているケースが多い。

　このように、割引手形は手形上の債権と買戻請求権が併用できるという特徴があり、貸出形態として債権保全面で安全性が高い好ましい手法といえる。

　割引手形の法的性格については、売買か消費貸借かが法廷で争われ、京都地裁による1957（昭和32）年12月11日の判決で「売買」とされ、控訴審で大阪高裁も1962（昭和37）年2月28日の判決で「売買」説を支持した。その後、全国銀行協会連合会は1962（昭和37）年8月6日に「銀行取引約定書ひな型」を制定し、割引手形の法的性格は手形の売買として買戻し等の約定を定めた経緯がある。割引手形は手形の売買であることにより、貸出先は貸借対照表の借入金には割引手形の残高は計上せず、欄外に記載している。

(2)　手形貸付

a　一般的な手形貸付

　手形貸付は、貸出先が銀行を受取人とする約束手形を差し入れて行う貸出である。手形貸付はかつて貸出の主役であったが、近年はそのシェアが大きく落ちている。『10訂版　図説わが国の銀行』（前掲・41頁）および全国銀行協会ホームページ「全国銀行財務諸表分析」で形態別貸出金の推移をみると、全貸出金（住宅ローン・消費者ローンを含む）における手形貸付のシェア推移は1970年度末50.5％、1980年度末38.8％、1990年度末24.2％、2000年度末15.4％、2010年度末4.7％、2020年度末2.5％と激減している（図表1－

1）。手形貸付と割引手形の激減は、証書貸付と当座貸越の増加にとってかわられたかたちだ。

2026年に約束手形が廃止された場合、銀行に差し入れる約束手形がどうなるのか、約束手形のかわりに電子記録債権を使うのか、手形貸付は当座貸越に代替されるのか、手形貸付の将来はどうなるのかわからない。

そうした約束手形廃止後の手形貸付のイメージが不透明であることを前提に、現行の手形貸付について説明する。

手形貸付では、貸出先が銀行を受取人として、銀行宛てに約束手形を振り出す。手形上の署名者は貸出先1人であることから、銀行宛てに差し入れる約束手形のことを「単名手形」という。また、「単名」といえば手形貸付を指す代名詞としても使われ、手形貸付のことを単名貸出ともいう。

手形貸付は短期の運転資金の貸出として使われる。手形期間は資金使途に応じて決める。経常運転資金は通常6カ月ないし1年、季節資金・決算賞与資金は通常は6カ月、工事立替資金は工事請負契約書の支払期限までとなる。

経常運転資金貸出は期間6カ月ないし1年の手形貸付で行い、返済方法は期限一括返済と決めるが、手形期日に手形を書替継続するのが一般的である。手形の書替とは、支払延期のために新手形を振り出すことをいう。この場合、旧手形と新手形とでは手形債権は別個のものになる。前述したとおり、書替する手形金額は旧手形と同額とは限らない。手形の期限が到来し、

寄り道　「手形・小切手機能の全面的な電子化に向けた自主行動計画〜約束手形等の利用の廃止等に向けた自主行動計画〜（2023年11月15日改定）」（手形・小切手機能の「全面的な電子化」に関する検討会）

　金融機関が提供するサービスには、手形担保貸付や預金小切手等、約束手形等の存在を前提にした金融サービスが存在する。そのため、全面的な電子化を見据え、各金融機関は、当該サービスの廃止や代替サービス（でんさい担保貸付、でんさい割引等）の提供を検討することも考えられる。

（同文書17頁）

書替継続する際、銀行は貸出先の業績動向をチェックする。業績悪化の懸念があったり、売上減収により減少運転資金が発生したりしている場合は減額継続となる。業績の悪化が懸念される場合は、手形期間を6カ月、3カ月と短くして、業況チェックを細かく行う。

　短期運転資金を許容するとき、手形貸付が広く使われてきた理由は次のとおり。

① 金銭消費貸借契約上の債権のほかに手形債権も取得できるので、債権の行使が確実にできる。

② 手形期間を2〜3カ月と短くすることで、書替のつど、貸出先の業績をチェックできる。

③ 利息の前取りができる（証書貸付は後取り）。

④ 印紙税が有利である（貸出金1億円の場合の印紙税額は、手形貸付は2万円、証書貸付は6万円である。同じく1,000万円の場合は、手形貸付は2,000円、証書貸付は1万円である）。

⑤ 手形金額は貸出先の当座預金から引き落とせるため、回収・取立てが簡単にできる。

　現在、経常運転資金貸出を証書貸付や当座貸越で取り上げているケースを多くみるが、それぞれの貸出形態の法的特徴やリスク管理の視点も確認して決めているだろうか。貸出先からいわれたから、あるいは以前からこの手法で貸しているからという理由で取り上げるのは考えていないことと同義である。それでよいのだろうか。経常運転資金は、手形債権、貸付債権の二つを併せ持つという法的特徴があり、債権保全上・リスク管理の観点からも優れている手形貸付で取り上げるほうが望ましいといえる。

b　商業手形担保貸出（商担手貸）

　割引手形にするには商業手形の金額が少ない場合、複数（多数）の商業手形を裏書譲渡のかたちで担保差入証とともに担保に供し、その合計金額範囲内に見合ったかたちで行う手形貸付を「商業手形担保貸出（商担手貸)」という。手形は割引手形のかわりに担保として供されているので、つねに小口商業手形の金額で回収を図ることができる。この商業手形担保貸出の法的性

格は、割引手形が手形の売買とするのと異なり、金銭消費貸借となる。

(3) 証書貸付

　証書貸付は、貸出先から借用証書を差し入れてもらう貸出のことである。証書貸付の法律的性質は、手形貸付と同様、金銭消費貸借契約である。

　金銭消費貸借契約証書（借用証書）には、貸出実行日・貸出金額・返済期日のほか、資金使途・利率・返済方法なども記載する。金銭消費貸借契約証書はあらかじめ銀行が作成している書式を用いるが、制定様式の証書では対応できない特約事項がある場合は、個別の契約証書を作成することもある。利息は後取りで、3〜6カ月の一定期間ごとに支払われることが多い。

　近年、貸出における証書貸付のウェイトが高くなっている。『10訂版　図説わが国の銀行』（前掲・41頁）および全国銀行協会ホームページ「全国銀行財務諸表分析」で形態別貸出金の推移をみると、全貸出金（住宅ローン・消費者ローンを含む）における証書貸付のシェア推移は1970年度末19.9％、1980年度末41.7％、1990年度末57.2％、2000年度末64.3％、2010年度末81.8％、2020年度末87.1％と激増している（図表1−1）。

　この要因は、住宅ローンの増加、1990年代は資金不足に陥った公共部門の地方自治体向け貸出の増加、そして2000年代になって、金融検査マニュアルによって経常運転資金貸出における手形貸付の書替継続が条件緩和債権とみなされたことで、約弁付証書貸付に切り替える対応を行ったことによると考えられる。

　証書貸付は、本来は設備資金や長期運転資金など、貸出期間が長期にわたる資金使途のため物的担保を伴うことが多い。また返済方法は分割返済とするのが一般的である。

　証書貸付で重要なことは、返済期限までの債権管理を怠らないことである。そのポイントは三つある。それは資金使途の確認と業績のチェック、そして担保管理である。

　設備投資目的のはずが運転資金に流用されたり、当初説明していた設備とは異なる内容であったりすることがあるので、実行後の資金使途の確認が必要である。貸借対照表をみて、設備資金借入が固定負債（長期借入金）の増

第2節　貸出金の分類　45

加に、そしてそれに見合う金額が固定資産（建物・機械・土地等）に正しく計上されているかのチェックも必要である。

金銭消費貸借契約証書（借用証書）に記載した当初予定の資金使途と異なった目的での資金流用が判明した場合、たとえば工場の増築資金として貸したのに増築されていなかったり、新しい機械の購入資金として貸したのに購入金額が設備資金貸出金額の半額だったりするケースがある。そのような事実が判明した場合、回収に懸念がなければ注意喚起ないし話合いで収めることもあるが、債権保全上問題が生じる場合は銀行取引約定書に基づき期限の利益を失わせて回収を図る必要が出てくる。

その根拠は、銀行取引約定書や証書貸付の金銭消費貸借契約証書にある、「取引約定に違反したとき」はいっさいの期限の利益を失い、ただちに債務を弁済する旨の定めにある。そのため、証書貸付の金銭消費貸借契約証書も条文をしっかり読んで、理解しておかなければならない。契約書の条文を読まない、条文について説明できないのに、署名捺印をもらう行為は厳に避けなければならない。恥ずかしい行為であることだけでなく、担当者のみならず銀行の信用・信頼を落とすことになる。

なお、汎用の金銭消費貸借契約証書を利用し、契約書文言を捨て印で訂正する場合、捨て印の濫用が銀行に不利な結果をもたらした裁判例があるため注意が必要である。

担保管理は、自行の貸出規定に基づき適正に評価を行い、手続も規定どおり正確に行うことが重要である。また、現地・現物の確認を必ず行う必要がある。貸出業務におけるリスクは期間に比例するため、貸出期間が長い証書貸付における債権管理は非常に重要である。貸しっ放しは絶対にしてはならない。

(4)　当座貸越

『10訂版　図説わが国の銀行』（前掲・41頁）および全国銀行協会ホームページ「全国銀行財務諸表分析」で形態別貸出金の推移をみると、全貸出金（住宅ローン・消費者ローンを含む）における当座貸越のシェア推移は1970年度末0.9％、1980年度末1.8％、1990年度末13.2％、2000年度末17.8％、

2010年度末12.9％、2020年度末10.2％と、2000年度末をピークに低下傾向にあるが、残高が減っているわけではない（図表１－１）。貸出全体が増加しているため構成比が低くなっている。ちなみに2020年度末の残高は62兆3,172億円で10.2％、2022年度は69兆2,893億円で10.4％である。

　当座貸越には「一般当貸（従来型預金当座貸越）」と「専用当貸（融資当座貸越）」との２種類があり、昨今は法人向けの「専用当貸」が全体の大半を占めていると思われる。

　一般当貸は、当座勘定をもつ貸出先が当座預金残高を超えて振り出した手形や小切手の支払資金を銀行があらかじめ決められた限度額まで立替払いすることによって成立する貸出である。当座預金取引がある貸出先と、あらかじめ貸越契約を結び、貸出先が当座預金残高を超えて小切手、手形を振り出しても、銀行は契約限度（極度）までは支払う（貸出をする）義務がある。

　専用当貸は、当座預金の口座をもっていなくとも極度額の範囲内で繰り返し借入、返済が可能の貸出形態である。貸出先にとっては、決算賞与資金・納税資金・季節資金等の短期資金調達の場面においての利用は便利だが、銀行にとっては資金使途の審査も行わず、極度額の限度いっぱいまで借りっ放しになるリスクがある。

　「専用当貸」は、1990年代から2000年頃までは手形貸付に代替する手段として利用が拡大したが、2008年のリーマンショック後に不良債権化したことで利用が下火になったといわれている。

　当座貸越の法律的性格については諸説あるが、当座貸越契約は金銭消費貸借の予約、貸越の実行自体は金銭消費貸借とする見方が一般的である。当座貸越が他の貸出と異なる点は、当座貸越契約を締結すると、銀行は極度額までの貸出義務を負うことになり、極度内の貸出を拒絶すると、銀行は債務不履行により損害賠償の請求をされ得る（民法415条「債務不履行による損害賠償」の要件）。

　また、契約上、銀行側に相当の理由があるとき、極度額の減額、解約ができるとの特約があるが、それが認められるのは、合理的・客観的事由が社会通念上やむをえない場合（たとえば債務超過に陥った、第１回不渡りの発

第２節　貸出金の分類　47

生、延滞の発生）等に限られる。銀行が「業績に不安がある」「取引メリットがない」「取引相手としてふさわしくない」という理由をもって一方的に極度額の減額、解約をすることは、銀行の権利の濫用、また信義則に反すると解され、極度額の減額、解約は認められないことがある。

　当座貸越約定書には期限の定めがあるもの、ないものがある。当座貸越取引の終了は期限の到来、解約が事由になるが、期限の定めがない場合は銀行からの解約事由を原因とする意思表示をする必要がある。また、期限の定めがある場合も自動更新条項がある。銀行が強制解約する場合は、前述のとおり、慎重に行うことが必要である。

　企業は生き物であり、いつ何が起こるかわからないことを考え、また解約・減額に困難があることを知れば、不相応な極度額で安易に当座貸越契約を締結するべきではないことがわかるだろう。

第 **3** 節 銀行取引約定書

　貸出業務の研修において、貸出担当者は銀行取引約定書についての理解が
いまひとつであることを強く感じる。銀行と貸出先との間で行われる貸出業
務に適用される基本ルールが定められたものであるのに、読んだことがな
い、条文を理解できていない、説明できない担当者が多い。銀行取引約定書
の内容を知らずに行う貸出業務は無免許（学科試験未済）で車の運転をして
いるようなものだ。

　銀行取引約定書の適用は貸出取引に限られ、預金取引には及ばない。手形
貸付や割引手形の取引は銀行取引約定書だけで十分だが、当座貸越・支払承
諾・証書貸付は別個の約定書で補完する必要がある。

　既存の貸出先は、貸出取引開始時に銀行取引約定書を交わしているため、
貸出担当者が銀行取引約定書をみる機会は新規の貸出が発生するときとなる
ことから、銀行取引約定書の内容は集合研修等で学ぶ必要がある。

　なお、2026年に約束手形が廃止されることで、銀行取引約定書の条文は見
直さなければならないが、本節では現時点の銀行取引約定書について解説す
る。

1　貸出取引と法令

　銀行取引の規制を直接の目的とする法律はないが、銀行取引のなかでも貸
出業務は多くの法律と関係している。現在、貸出取引は銀行取引約定書とい
う約款に多くを依拠しているが、関係する法令についても知る必要がある。

(1)　民 商 法

a　民　　法

　民法は貸出取引のさまざまな分野で密接に関係してくる。民法第 2 編の物

第 3 節　銀行取引約定書　49

権法の各種規定は担保設定に適用される。貸出先との債権債務関係には民法第3編の債権法の適用がある。貸付は金銭消費貸借であり、総則の「信義誠実条項」「権利濫用条項」も取引の一般規定として機能する。

しかし、これらは貸出取引に民法規範が関係する限りにおいて民法の問題になるのであって、貸出取引についての固有の規範になっているものではない。

b 商　　法

貸出取引は商行為である。しかし、民法と同様に貸出取引に関係を有する限りにおいて商法の問題となるにとどまり、商行為としての金銭消費貸借ないし貸出取引を規定していない。貸出取引についての固有の規範を示すものではない。

c 民商法の限界

民商法は、必要に応じて適用・準用され、議論の集積もあるが、貸出取引における義務に関する問題提起に対しては限界がある。

(2)　銀 行 法

銀行法は行政法規であり、民事取引の法ではない。銀行法は私法取引に直接的な効果を発生させない。

2　銀行取引約定書の制定経緯

銀行が事業法人と貸出取引を行うと、銀行は貸出先に対して債権をもつことになり、債権者として民法、商法等の法律の保護を受ける。一方、貸出先は債務の履行を義務とすることになる。しかし、法律の規定は一般的・抽象的であり、実際には権利の内容について具体的な取決めが必要である。銀行は貸出取引において貸出先との間に法的争いが生じては困るので、約定書の作成が必要となる。

1950年代後半まで、銀行はそれぞれ独自に約定書を作成して貸出取引を行っていた。貸出先にとっては数行と取引すると異なった約定書があり何かと不都合が生じていた。

1957（昭和32）年12月11日に京都地裁において判決が下された不渡手形の

回収問題で三菱銀行は敗訴し、大阪高裁に控訴するも1962（昭和37）年2月28日の判決でまた敗訴したことで、約定書の不備が痛感され、全国銀行協会連合会が基本約定書のひな型を作成することになった。全国銀行協会連合会の法規小委員会で検討され、1962（昭和37）年8月6日に「銀行取引約定書ひな型」が発表された。この「銀行取引約定書ひな型」を参考に、各業態でそれぞれ「信用金庫取引約定書」「信用組合取引約定書」が制定された。

　どの銀行も、ひな型とほとんど同じ内容の取引約定書で貸出取引が行われていることに対し、公正取引委員会から銀行間の横並びを助長するおそれがあると指摘され、その指摘をふまえ、全国銀行協会は「各銀行の自己責任に基づく創意工夫の発揮」とすべく、2000（平成12）年4月18日に、今後はひな型の公表を行わないことにした。その結果、各行は銀行取引約定書については独自の判断と責任に基づいて改訂していくこととなった。したがって、2026年に約束手形廃止に伴い改訂される新銀行取引約定書について全国銀行協会はひな型を作成しない。そのため、各行が独自で対応する必要がある。

3　新規貸出取引開始前に銀行取引約定書を徴求する理由

　銀行取引約定書は貸出取引の基本約定書である。貸出取引を始める前に、銀行と貸出先は必ず銀行取引約定書への署名捺印をして、相互保管する。銀行取引約定書へ署名捺印をしたからといって銀行と貸出先との間に債権債務関係は生じないが、その後に発生する貸出取引においては、逐一細かい内容を契約しなくても、この銀行取引約定書の規定に従ってその内容が定まる。

　かつて、銀行取引約定書は貸出先が署名捺印をして銀行へ差し入れる方式をとっていたが、銀行（債権者）と貸出先（債務者）とは対等の立場で契約するべきという考えから、2000（平成12）年のひな型廃止と同時に双方署名方式に改められた。銀行取引約定書は継続取引に関する契約書であり、印紙税法の7号文書に該当する。印紙税は貸出金額にかかわらず一律4,000円で、2通作成して双方が1通ずつ保管するので、銀行と貸出先が各々4,000円を負担する。

　銀行取引約定書は、新規に貸出取引を開始する前に必ず徴求する必要があ

る。理由は、割引手形の買戻条項の存在にある。割引手形の法律的性質は売買であることは前述した。手形の振出人の資金不足により不渡りになった場合、銀行はこの買戻条項によって割引依頼人である貸出先に当該手形を買い戻してもらうことで損失を免れることができる。

　現銀行取引約定書ができる前、すなわち手形の買戻条項がなかった時代、すべての銀行は割引手形が不渡りになった場合、割引依頼人の預金と相殺して不渡金額の回収を図っていた。それについて三菱銀行京都支店の顧客から訴えがあり、前記のとおり第一審の京都地裁、控訴審の大阪高裁で三菱銀行は敗訴した。すなわち割引手形の法的性質は売買であり、銀行が手形の売買後に預金との相殺で不渡手形金額を回収することは認められないとの判決が下された。そこで、不渡りになっても相殺されないことに目をつけた悪意ある者によって融通手形による割引が増えることを懸念して、銀行取引約定書に買戻条項が設けられたのである。したがって、銀行取引約定書を交わす前に割り引いた手形が不渡りになると銀行は回収ができないリスクがあるため、貸出取引開始前に必ず銀行取引約定書を徴することにしている。

4　銀行取引約定書と説明責任

　銀行取引約定書は、貸出先と銀行との貸出取引全般に関する内容を定めた基本的な契約書である。本来は当事者同士が対等な立場で話し合って内容を決めるべきだが、銀行は多数の貸出取引先それぞれと相談するわけにはいかない。そこで、銀行取引約定書は銀行があらかじめ定型化した契約内容を定め、貸出先の理解を得たうえで署名捺印をしてもらうかたちになっている。

　そうした事情もあり、条文の解釈については三つの原則がある。

- ①　「作成者不利の原則」が働き、銀行に不利に、貸出先に有利に解釈されることがある。
- ②　「制限的解釈の原則」で、必要な限度を超えて解釈してはならない。
- ③　「合理的解釈の原則」で、銀行の権利を確保または責任逃れにつながる条文の効果は合理的範囲に制限するというものである。

　銀行取引約定書の締結に際して、貸出担当者は条文を読まず、貸出先に条

文の説明をせず、事務方が鉛筆で○印を付したところに捺印を求めている
ケースがある。署名捺印により権限を有する人の意思を確認することは大前
提だが、それのみですませ条文の説明をしなかったことで後日、クレームを
受ける懸念がある。学説によると、銀行取引約定書の拘束力の根拠は商慣習
にあるので、貸出先が個々の条文の意味を知らなかったとしても銀行取引約
定書の条文に拘束されると解され、判例も同じ趣旨を述べている。

　銀行取引約定書は典型的な普通取引約款であり、預金規定・保険約款・宿
泊約款・宅配便運送約款等と同じ性質のものである。銀行取引約定書は貸出
取引に画一的に適用され、貸出先は銀行取引約定書の内容を包括的に承認せ
ざるを得ない契約である。したがって、銀行は銀行取引約定書について貸出
先に説明する義務はない。しかし、貸出担当者として条文の意味を問われて
答えられないのでは著しく信用を欠くことになるので、実務上は重要な条文
について説明できるほどに理解しておく必要がある。

5　銀行取引約定書の主な内容

　現在使用されている銀行取引約定書は全国銀行協会連合会が1962（昭和
37）年に作成した「ひな型」がベースになっている。信用金庫・信用組合
は、銀行と業務の範囲が多少異なっている。たとえば信用金庫取引約定書・
信用組合取引約定書には、銀行取引約定書の「支払承諾」の言葉の記載はな
く「債務保証」と記載され、また外国為替という言葉の記載もない。

　また、銀行取引約定書ひな型は2000（平成12）年をもって公表が中止され
ており、各行が独自に作成しているが、ここでは1962（昭和37）年8月6日
に全国銀行協会連合会が作成した「銀行取引約定書ひな型」の条文をもとに
主な内容を説明する。

　　①　適用範囲等（1条・2条）：この約定書がすべての貸出取引と手形
　　　債権について適用されることを定めている。2条では手形貸付の場
　　　合、手形債権または貸金債権のうち、そのどちらを行使してもよいこ
　　　とを定めている。
　　②　担保に関する定め（4条）：債権保全の必要がある場合、いつでも

第3節　銀行取引約定書　53

追加担保を差し入れる義務があること、担保は特定の債権ではなく、すべての債権を共通に担保すること、担保物の処分は法定手続によることなく、銀行が任意に行うことができること等を定めている。

③　期限の利益喪失条項（5条）：取引先が借入債務について期限の利益を失う場合の定めで、当然喪失と請求喪失する場合について定めている。

④　手形割引に関する条項（6条）：割引手形が不渡りになったとき、または不渡りとなる可能性が生じたとき、貸出先は手形を買戻ししなければならないことを定めている。

⑤　差引計算に関する条項（7条・8条・9条）：貸出金の期限到来、期限の利益喪失、割引手形の買戻債務の発生等により、銀行が貸出先に対し債権を行使できる状態になったときは、銀行は預金等の期限にかかわらずいつでも相殺、または貸出先の預金を払戻しして貸出金の回収にあてることができることを定めている。

⑥　逆相殺に関する条項（7条の2・9条の2）：貸出先は借入金の返済期限が到来していなくても、預金等の債権の期限が来れば逆相殺できることを定めている。

⑦　届出事項の変更（11条）：銀行への届出事項に変更があったときはただちに書面により届ける義務がある。届けの義務違反によって銀行からの通知ができなくても通常到達すべきときに到達したものとみなすことを定めている。

⑧　報告および調査（12条）：財産、経営、業況について銀行から請求があったらただちに報告・調査に応じる、また銀行から請求がなくても重大な変化が生じたらただちに報告することを定めている。

なお、その後、「反社会的勢力の排除」の条文が追加されている。

6　事例研究：民法ベース取引と銀取ベース取引との比較

次の事例で、銀行取引約定書を徴求した場合（銀取ベース取引）と徴求しなかった場合（民法ベース取引）とで、債権保全面にどのような違いがある

かを確認しよう。

〈事例〉

X社は8月末に2回目の不渡りを出し、手形交換所から取引停止処分となった。同時点における与信・引当状況は次のとおり。

（貸出）① 手形貸付：300万円、手形期日10月末、信用貸（無担保融資）。

② 割引手形：200万円、手形期日9月末、決済見込み不明。

（預金）③ 定期預金：300万円。

(1) 手形の期限にかかわらず定期預金と相殺できるか

a 民法ベース取引

民法137条に、債務者が破産の宣告を受けたときなど一定の場合には期限の利益は主張できないという規定はあるが、手形交換所の取引停止処分はこれに該当しないため、銀行は期限まで定期預金との相殺はできない。

b 銀取ベース取引

銀行取引約定書（ひな型5条）の「期限の利益の喪失」条文があり、取引停止処分を受けたX社はただちに期限の利益を喪失するため、銀行は定期預金と相殺できる。

(2) ただちに割引手形の買戻しを請求できるか

a 民法ベース取引

満期日前に遡求権が発生するのは手形の主債務者が破産または支払停止となった場合など（手形法43条）で、X社のこのケースは該当せず、銀行はただちに買戻請求することはできない。

b 銀取ベース取引

銀行取引約定書（ひな型6条）の「割引手形の買戻し」条文があり、X社が取引停止処分を受けた時点で買戻請求権が発生し、銀行はただちに買戻しを請求できる。

第3節 銀行取引約定書 55

(3)　増担保を要求できるか

a　民法ベース取引

　X社が同意しない場合には法的には強制できない。

b　銀取ベース取引

　銀行取引約定書（ひな型4条）の「担保」条文で、債権保全を必要とする相当の事由があるときは追加担保を差し入れる義務があるとの規定があり、取引停止処分はこの事由に該当するので、X社に増担保を要求できる。

(4)　比較結果

　このように銀行取引約定書は、貸出先の業況が悪化したときには非常に大きな力を発揮する。

第2章

貸出先の実態把握

第 1 節　実態把握の意義

　貸出先の実態把握は、単に不良貸出の防止という消極的側面ではなく、優良企業の発掘・育成を図ることによって貸出資産の質的向上を図り、銀行の発展・繁栄に貢献するという積極的側面があることを認識する必要がある。銀行にとって貸出先の健全性は決定的に重要な問題であり、実態把握によって貸出先の良否を判断することはきわめて重要である。

　貸出先が、何をどこでどのようにしてモノをつくっているのか、どのように販売しているのか、その製品・商品の特徴・強み・弱みは何か、経営者のいちばんの関心事・心配事は何か……などを知らず、財務分析だけで信用格付を行い、その結果をもって貸出先を知ったつもりになって貸出判断をしていないだろうか。

　貸出業務は、信用格付や取引条件の検討だけにとらわれることなく、つねに貸出先の実態を把握する意欲を持ち続けなければならない。ポイントは貸出先の現在・将来をみることであり、関連する業界動向等々にも不断の関心をもたなければならない。貸出先の企業内容を正しくとらえるという実態把握を行い、これを個別案件の貸出審査に活かすことは貸出担当者の最大の責務である。

1　実態把握の目的

　貸出先の実態把握を行う主たる目的は、案件の貸出審査における諾否の判断をするための参考資料を提供することにある。貸出先の現状の体質・体力を見極め、問題点を把握し、将来性等を見極め、案件審査の判断を妥当なものに導く参考資料とすることにある。

　「企業の何をみるのか」という問いに対しては、人・物・金の3要素から

みることが重要であるという回答になる。金融庁がいう「目利き力」とは、貸出審査において顧客の技術力や販売力などの定性面の勘案を含め、貸出先の事業価値を適切に見極めるための能力という意味である。

　実態把握は、「人」の面からは経営者と経営手腕を、「物」の面からは何をつくり何を販売しているか、その製品・商品の競争力と将来性はいかほどか等を、「金」の面からは財務内容と資金繰りの実体をみることといえる。

　企業は発展段階（創業・成長・発展・成熟・衰退）に応じて、人・物・金の３要素のバランスが変わる。たとえば人材不足であるにもかかわらず新規事業や新商品開発を分不相応に手広く手がけたり、資金計画を考えずに過大な設備投資あるいは無理な仕入・販売を行ったりすることは賢明とはいえない。資金が潤沢にあっても製品・商品がよくなければ売上は伸びない。また、よい製品・商品であっても、新技術・新商品の出現によって市場競争に勝てなくなる。商品にも寿命がある。

　すなわち、財務分析だけで貸出先のことがわかるものではない。財務分析だけで企業の価値、全貌を知ることにはならない。財務分析は過去の実績として示された数値であり、決算書はその背景となった経営活動の結果である。企業の将来性にかかわる技術や業界動向、組織運営・労務管理等の経営力は決算書からは読み取れない。企業の価値には金額的に評価できない要素があり、企業の実態把握には実体面の調査・分析が必要となる。

　企業のあらゆる面を洗いざらい詳細に調査することは望ましい姿勢といえるが、現実的には費やす時間には限りがある。問題点の所在をあらかじめ推測し、調査のポイントを認識し、優先することが重要である。枝葉末節な事柄は省略してもかまわない。

2　実態把握と個別貸出審査との関係

　実態把握は、貸出先の取引方針を決める基盤に据えるものであるが、これは個別案件の貸出審査の決定と必ずしも同じではない。貸出審査は、実態把握の結果として独立したものと認識し、そこから得た情報を基礎に置いたうえで、個別貸出案件の諾否や条件等の判断を行うべきである。

要するに、実態把握と貸出審査は峻別するべきである。貸出審査において
は取引の歴史や、時宜に応じて政策的配慮が必要になることもあり得るが、
実態把握において政策的配慮を加えることは好ましくない。実態把握は厳正
に、冷静かつ慎重に、詳細に行うべきである。

　また、実態把握が企業の解剖・分解にとどまってしまっては意味が少な
い。分析した内容・要素を基にして貸出先の価値判断を行い、その結果を出
発点として健全な方向に向かわせるための指針を考え出すことに実態把握の
本来の意義がある。

　中小企業の場合、実態把握を行った結果、問題点がまったくないという企
業は存在しない。どんな企業でも多かれ少なかれ経営上の問題点をはらんで
いる。したがって、実態把握で貸出先に問題点・欠点があるからといって貸
出取引を行わないという安易な消極的態度をとるべきではない。

　かつての審査（融資）部には、数ある貸出案件のなかから回収確実なもの
を承認し、リスクがある企業からの借入申出は否認することが、経営の健全
性を確保することにつながるという意識があった。それは借入需要が貸出供
給を上回っていた時代の発想で、資金循環分析で法人部門が資金余剰になっ
たいま、貸出審査のありようは変わってしかるべきである。いまは、実態把
握でリスクを発見したらブレーキを踏む（貸出案件の否認する）だけではな
く、ブレーキを踏む意識をもちながらも、ブレーキから足を離す工夫をする
こと（リスクテイクの可能性を考えること）までが重要になっている。具体
的な資金需要があるとき、リスクがあるからという理由で否認するのでは
「審査力がある」とはいえない時代になっている。

　重要なことは、実態把握によって、企業の将来性を見通し、どのような条
件であればその資金需要に応えられるかを考えることが「一段上の審査力
（他行との違い）」をみせる場面になる。それが、貸出先の事業経営に寄り添
い、資金繰りに関するソリューション（問題解決力）とリスクテイクのノウ
ハウである。そのためには、貸出先の実態把握がきわめて重要である。

60　第2章　貸出先の実態把握

第2節 | 実態把握の進め方

1 実態把握の方法

(1) 資　料

　実態把握を行うための資料は、貸出先に提出を求めるものと、貸出先以外からの情報とがある。実態把握を行う際、貸出先に協力を依頼することによりいかほどか負担をかけることになる。貸出先の迷惑を顧みず、多くの資料を要求し、説明時間を長くとるようなことは厳に慎むべきである。ただし、貸出先が負担を言い訳にして協力しない姿勢は好ましくない。

　貸出先に資料を求める場合は、銀行取引約定書（ひな型12条には「財産、経営、業況等について銀行から請求があったときは、直ちに報告し、また調査に必要な便益を提供する」という規定がある）を根拠に理解を求め依頼することが望ましい。

　たとえば「部門別（あるいは商品別）売上高・受注高」「販売先別売上高実績」「仕入先別仕入高実績」「資金繰り表（実績と予想）」「銀行別借入残高」等を求めることになる。

　貸出先以外からは、まずは貸出先のホームページ、そして貸出先名をインターネットで検索した結果（口コミや関連記事等）からも情報が得られる。インターネットでは同業界に関する情報、官公庁の各種統計も参考になる。

　さらに、金融財政事情研究会が発行する『第15次業種別審査事典』には「業種の理解」「業界の動向」「業務内容・特性」「業種分析のポイント」「財務諸表の見方」「経営支援の勘所」「関連法規制・制度融資等」「業界団体」が掲載されており、同書の活用は有効と思料される。

(2)　ヒアリング

　資料を読むだけ、数値をみるだけではわからないことがあるので、疑問点や数値の背景・事情をヒアリングすることは重要である。ヒアリングはきわめて重要な意味をもつ。そして、ヒアリングの際は必ずメモをとり、聴取した内容については必ず記録に残し、情報を共有し、伝え継ぐことも重要である。

　ヒアリングは、相手の選択、質問の仕方によって成否が決まる。また、ヒアリング内容に疑義がある場合は、他の相手・複数の人から聞き取り、裏付けをとる必要がある場合もある。

　ヒアリングは漫然と行うものではない。ヒアリングする前に、あらかじめ問題意識と予備知識をもって臨むことが大事である。

　以下にヒアリングする主要ポイントをあげる。

　　①　沿革のなかで特筆すべき事項。創業時、成長時の苦労話や成功のきっかけとなった出来事等。

　　②　自行との取引開始事情、過去における銀行取引上のトラブル、または感謝された出来事。

　　③　人・物・金の3要素で特徴的に自慢できる点、経営上の問題意識。

　　④　業界内（全国・地域内）における技術面・販売面の競争力（強み・弱み）。

　　⑤　資本、営業、経営者の関係の確認、同族会社の場合は同族の関係性（親子、兄弟、親族等）。

　　⑥　株主構成と経営の実権者。後継者の有無等。

　　⑦　役員氏名と略歴、特に銀行・他社からの転入者がいる場合は、その者の転入事情。

　　⑧　経営者が考えている会社の現況と将来。売上・収益目標、設備計画、新規事業、上場目標等。

　　⑨　経営者が考えている財務・経理の心配事・問題点。

　　⑩　従業員に関する労務問題の有無。

　なお、貸出先以外の会社や人から情報をとることは慎重を期するべきであ

62　第2章　貸出先の実態把握

る。同業他社、仕入先、販売先、外注先、あるいは従業員や地域内他社から
貸出先・経営者の評判等を聞くことは、ヒアリングの事実が筒抜けになる場
合がある。貸出先に知られて感情的問題が発生しないよう配慮が必要であ
る。

(3)　実地調査

「百聞は一見に如かず」という言葉がある。この言葉は、漢の皇帝が、将
軍・趙充国に敵軍と戦うために必要な兵力を尋ねたとき、趙将軍は「聞いた
だけではわからないので自分が実際に戦いの場に行って、みてから作戦を立
てる」と返したことから出たという。実態把握における実地調査はまさにこ
の言葉がそのまま当てはまる。

資料で、工場の広さは1,000㎡と知るだけではなく、実際に工場に行き広
さを実感することが重要である。店舗が三つあるといっても、どのような場
所にあるかは行ってみなければわからない。本社・経理部門に顔を出すだけ
ではなく、製造業では工場、非製造業では店舗などを実地に見学することは
重要である。最近、担保物件の評価は別組織で行う銀行が多いが、貸出担当
者は必ず実際に担保物件をみておかなくてはならない。

実地調査や工場見学に慣れていない者は、現場の雰囲気に圧倒されいたず
らに感心したり、貸出先の長所のみの説明を聞いて鵜呑みにしたりする傾向
があるが、注意が必要である。

製造業には「現場主義」という価値観があり、「三現主義」という言葉を
使う。「現場」「現物」「現実」を「三現」といい、問題が発生したら現場に
行って、現物をみて、現実的に考えて解決を図るという思想で、まさに貸出
業務にも取り入れるべき必要な考え方である。

実地調査で現地・現場に行くと、机に座っていてもイメージできない何か
特別のものを感じる。それは実際に現地・現場に行かなければわからない。
たとえば現地・現場に行くのにどのくらいの時間がかかったか、交通の便は
どうだったか。その場の空気、その会社の匂いを感じ、音を聞き、そこで働
く人たちの熱気や雰囲気を肌で感じ、その人たちと会話をすることで得られ
る親しさや緊張感がある。本社・工場・営業所等は固定資産の数値をみるだ

第2節　実態把握の進め方　63

けではなく、行くことで立地はもとより、建物の大きさ、古さ、働いている人たちの顔、忙しさ・慌ただしさ、あるいは静けさ、勤務態度などをみて感じることができる。人や機械等の動きから伝わる活気など肌身で感じることが重要である。また、工場内、本社内の壁面に貼られているスローガンや標語、予定表等をみて思うこと、知ることもある。

決算書に表れる数値は、このような現地・現場の動きの結果であり、数値という表面的な分析では得られない事実が現地・現場にはある。「百聞は一見に如かず」という言葉は「説明を何度聞くより実際に自分の目で見て事実を確認するほうが確かである」という意味であり、前記「三現主義」で行動することが重要となる。

2　実態把握を行う際の心構え

貸出案件の諾否の最終決定するのは場所長（支店長・営業部長）ないし本部の部長・役員の権限であるが、貸出先と常時接触を保ち、銀行の耳目として活動するのは現場にいる担当者である。この耳目の働きいかんが貸出判断に大きな影響を与えることになる。耳目として最も大切なことは貸出先の動きを正しくキャッチし、これを上席に伝えることにある。たとえば貸借対照表で支払手形・買掛金の数値が大きいとき、支払能力が乏しいとみるか、仕入先から信用があるためとみるか、どちらとみるかについて担当者の意見は重要である。

そうはいっても実態を正確に把握し、情報と意見を的確に報告する任務は「言うは易く行うは難し」である。上司の指導のもと、試行錯誤と経験を重ね、いくつかの障害を克服する経験をすることで、実態把握のレベルアップが図られる。

その際の心構えを確認しておきたい。金を貸す立場から貸出先に対して高圧的、見下す態度は許されない。逆に、丁重の度がすぎて卑屈になり、聞くべきことを聞かないようでは怠慢となる。慇懃のうちにも毅然たる意志をもって、目的のためには執拗なアプローチを試みてほしい。また、ヒアリングにしても実地調査にしても、必ず予備知識をもって臨むことが重要であ

る。そして、漠然と説明を聞くだけでなく、わからないことは質問し、聞いたことは必ずその場でメモをとることが大事である。

　わからないこと、疑問に思うことを質問するとき、通り一遍の回答で満足してはならない。「これ以上突っ込んで聴くことは失礼だ」とおもんぱかったり、理解できない自分が恥ずかしいからと思って理解できないまま質問を終わらせたりすることは感心しない。財務面でも実体面でも疑問に思ったことは「なぜ」を5回繰り返すと数値や事実の背景について真の要因を突き止めることができる。これは実態把握を行う心構えとして重要である（第3章第4節参照）。

3　グループの内容把握

　中小企業でも子会社・関連会社をもち、海外進出に伴って海外に子会社・関連会社をもつことは珍しくはない。貸出先の実態把握に際しては、貸出先単体の分析を行うとともにグループ全体の実態把握も重要である。

　グループ間で損失をしわ寄せする、利益を隠すなどの利益操作を行っているケースもあるため、グループ全体（含む海外の子会社・関連会社）の実態把握を行う必要がある。

(1)　実体面の見方

実体面では次の3点について確認する。

- ①　グループの概要を把握する。
    - ○　親会社からの出資比率・役員派遣、子会社への出資比率・役員派遣。
    - ○　事業内容の関係性。
- ②　グループ企業の関係性を把握する。
    - ○　仕入、生産、外注加工、販売、資産管理等の位置づけ。
    - ○　人、物、金の流れ、金の流れは、貸付金だけでなく債務保証の有無も確認する。
- ③　子会社・関連会社としている理由。
    - ○　本社内の一部門とせず、子会社・関連会社にした理由を把握す

る。

○ 海外にある子会社・関連会社であっても、必要に応じて海外出張して実態把握することも考える。

自行と取引がない、あるいは取引場所（支店）が異なっている場合も、主管店がグループ全体を管理することが重要である。

(2) 財務内容の見方

貸出先に親会社がある場合、当行取引の有無にかかわらず、親会社の決算書は極力徴収する。貸出先が親会社の場合、子会社・関連会社の決算書は当行との貸出取引の有無にかかわらず極力徴収する。

グループで財務内容をみるポイントは、収益面と安全性の検討である。

① 収益面の検討

○ 子会社、関連会社の売上と利益の推移をみて、売上・収益が悪い子会社、関連会社はないか。売上・収益が悪い理由は何か。

○ 利益操作がないか。子会社へ押込み販売はないか。子会社宛販売価格は妥当か。

② 安全性の検討

○ 安全性は、まず貸出先単体で判断する。

○ 貸出先に親会社がある場合、親会社の貸出先への債務保証の有無を把握する。

○ 貸出先が親会社の場合、子会社、関連会社への貸付金ならびに債務保証の有無を把握する。

○ 貸出先の安全性が優れていても、子会社や関連会社の業績悪化は資金繰りに大きく悪影響を与える。

○ 親会社に財務的余裕があっても、子会社、関連会社に対して債務保証していなければ、債務弁済の義務は負わない。親会社が子会社、関連会社を切り捨てるケースはある。

第3節 取引先概要表

　どの銀行でも、貸出先の企業概要をＡ４判１枚などに要約した取引先概要表（取引先要項）が作成されている。しかし、取引先概要表は何のために作成しているのか、その必要性・重要性を理解していない担当者は意外に多い。コンピュータによる自動作成に頼り、アウトプットされた取引先概要表をしっかりと読むことなく、記載内容のチェックも行わず、形式的にファイリングしているだけという姿勢の担当者が多いように見受けられる。

　貸出審査において取引先概要表は重要な役割がある。

1　取引先概要表の重要性

　貸出先を担当することになったとき、担当者・課長・支店長がその貸出先がどのような会社であるか知るために最初にみるのが取引先概要表である。また、貸出先を訪問する際、頭に入れておくポイントを再確認するためにみる基礎資料でもある。さらに、審査（融資）部に稟議する場合、本部の審査担当ラインは案件審査する前に当該企業の概要・イメージを得るための資料として取引先概要表をみる。

　貸出審査は財務諸表の数値の分析だけではない。数値に表れない定性情報はこの取引先概要表に記される。貸出先の沿革、経営者の経歴、役員・株主構成、業種、取扱商品、主な仕入先・販売先、関連会社等が記載される。

　取引先概要表の重要性は次の３点にある。

　　①　貸出先の最新の企業内容を一覧できる。

　　　　そのためには必ず年１回更新し、内容に変更がある場合は修正し最新情報に書き替える。

　　②　過去情報の蓄積と記載内容の共有化を図ることができる。

当行との取引経緯（業績悪化時・バブル期の対応、担保・事務上の
トラブル等）を記録する。

しかしながら、取引先概要表に過去の主要経緯を書く欄を設けてい
る銀行はほとんどない。これでは担当者が変更になったとき、貸出先
との過去の出来事の引継ぎができない。貸出先からみると過去情報を
伝えていない銀行に不信感を抱くことになりかねない。特に貸出取引
を開始したときの事実・背景（きっかけ・理由・当時の支店長・担当
者名）は必ず記録に残しておく。

③　記載内容から新たな取引に結び付ける情報を読み取る。

営業材料の発掘、あるいは新たな情報・付加価値提供の切り口を見
出す（後記3で具体的見方・利用方法を述べる）。

取引先概要表は単なる企業概要を記載した資料ではなく、また貸出審査時
だけに利用するものではない。記載内容を深読みして、貸出先との長期かつ
継続的取引の維持、経営上の問題点の把握、取引深耕を図るための材料発掘
等に不断に活用すべきものである。

ところが、取引先概要表を十分に使いこなせていないばかりか、記載内容
に間違いがあっても気づかない・放置しているケースがある。筆者が研修講
師を務めたいくつかの銀行でみて問題視したケースをあげる。担当する貸出
先の取引先概要表を見直してほしい。

○　創業年月日が設立年月日より早い。

○　貸出取引開始日が銀行取引開始日より早い。貸出取引開始日が設立
年月日より早い。

○　業種が正しくない、あるいはあいまい（その他製造業、その他卸売
業）で具体的事業内容がわからない。

○　従業員数が正しくない。従業員の定義がわかっていない。

○　資本金の金額が貸借対照表の数値と異なる。

○　株主構成の持ち株シェアの合計が100％超、あるいは100％未満に
なっている。

このような間違いがあるということは、担当者だけの問題ではなく、貸出

審査の決裁権限をもつ支店長や本部審査担当者も取引先概要表を真剣にみていない、あるいは軽視しているといわざるを得ない。重要な資料であるにもかかわらず表面的・形式的につくるだけですませていては、真っ当な貸出業務はできない。取引先概要表を軽視し活用していないことは、貸出業務の本質を見失うことにつながる。

2 記載項目の読み方

取引先概要表をより深く読むためのポイントを以下に述べる。

(1) 会 社 名

会社名（商号）の由来を知ることは創業者の考え方や夢を知ることであり、貸出先に商号の由来を尋ねることは深耕のよいきっかけの話題となる。

ちなみに資生堂の「資生」は「易経」の言葉、参天製薬の「参天」は「漢書」の言葉、積水化学の「積水」は「孫子」の言葉である。ミノルタは「実る田」のカタカナ表記、ロッテは『若きウェルテルの悩み』のヒロインの名前、フマキラーは「FRY（蠅）＋MOSQUITO（蚊）＋KILLER（殺し屋）」、ダスキンは「ごみ（ダスト）＋雑巾の巾（キン）」、キヤノンは「観音様→Canon」等、さまざまな由来がある。会社名（商号）の由来を尋ねることは、会社の沿革を知ることにつながり、経営者から喜ばれる話題である。その由来は必ず取引先概要表に記載する。

(2) 代表者名

姓名は正しい漢字表記とする。たとえば「沢」か「澤」か、「広」か「廣」か、「崎」か「﨑」か、「国」か「國」か、「浜」か「濱」か、「島」か「嶋」か、「寿」か「壽」か、「徳」か「德」か、「隆」か「隆」か、「真」か「眞」か、「慎」か「愼」か、「斉藤」か「斎藤」か「齋藤」か、「渡辺」か「渡邊」か「渡邉」かなど、確認をしておく必要がある。文書送付の宛先は必ず正しい漢字、特に、いわゆる旧字の場合は注意が必要である。

(3) 従業員数

従業員数を適当な概数で書いていることが多いが、従業員数は大事なポイントである。

第3節 取引先概要表 69

某銀行の研修で次のような事例をみたことがある。資本金１億円以上の卸売業の会社で、直近３年間の売上は好調に増収傾向（100億円台）である一方、従業員数は過去３年間100人で増減なしとの記載だったのである。

　卸売業の場合、中小企業の定義は「資本金１億円以下・従業員数100人以下のどちらかが該当することである。この会社の資本金は１億円以上であるため、中小企業であるためには従業員数が100人以下でなければならない。一方で100億円以上の売上があり増収傾向の会社の従業員数が100人で３年間不変というのはいかにも不自然である。筆者が思うに、従業員数が100人を超えると中小企業の定義から外れ信用保証協会や制度融資の対象外になるため、実際は100人以上の従業員がいるにもかかわらず、あえて100人にしているのではなかろうか。それを銀行は承知しているだろうか。銀行にとっては、貸出金のうち、中小企業向け貸出シェアを気にしている面もあるから、把握はしていたのかもしれない。

　そもそも貸出担当者は従業員数に関心がないばかりか、従業員の定義を知らない。従業員には、役員、役員の家族、臨時の使用人は含まない。ただし、パート、アルバイトと名目は臨時の使用人であっても事業経営上必要不可欠な人員は従業員として数える。中小企業基本法上の「常時使用する従業員」とは労働基準法20条に基づく「予め解雇の予告を必要とする者」と解している。親会社からの出向者や人材派遣会社からの派遣労働者については、国税庁は雇用関係や勤務実態を確認して判定するとの見解を示している。

　補足的に、従業員数について次の知識を知っておくと貸出先へのアドバイス（付加価値提供の材料）につながる。法定16業種（製造業・土木建築業・鉱業・電気ガス事業・運送業・貨物積みおろし業・清掃業・物品販売業・金融保険業・保管賃貸業・媒介周旋業・集金案内広告業・教育研究調査業・医療業・通信報道業・社会福祉事業および更生保護事業）を業とする個人事業の場合、従業員数が５人以上になると社会保険に加入する義務が生じる。また、常時雇用する従業員数が10人以上になると就業規則を作成し、労働基準監督署へ届ける義務が生じる。さらに50人以上になると衛生管理者および産業医を選任する義務が生じる。こういう知識を貸出先にアドバイスすること

は有効である。

　従業員数の変化（人数の増減）には関心をもつことが重要である。従業員数が大きく変わる要因が業績がよいためなのか、悪化してリストラによるものなのか。賞与や給与総額へも影響するので、取引先概要表を更新する際は必ず期末日現在の従業員数を正確にヒアリングすることが必要になる。取引先概要表に記載された従業員数は、「法人事業概況説明書」の「期末従業員等の状況」「会社事業概況書（統括表）」の「従業員数」の数と一致していることを確認すべきである。

⑷　株主構成

　中小企業のほとんどは同族会社といえる。同族会社は同族経営だが、同族経営の会社は必ずしも同族会社ではない。同族会社は法人税法上の区分で、同族経営は一般に血縁関係者や親族が中心になって経営する状態という。ちなみに、法人税法における同族会社とは、株主等と特殊な関係にある個人や法人を一つのグループとして、三つのグループが所有する株式・出資金の合計額が、発行済株式数または出資金額の50％以上に相当する会社をいう。

　同族で苗字が同じ株主・役員が居る場合は、代表者を中心にした続柄を明示していくとわかりやすい。

⑸　関係会社

　「子会社」「関連会社」「関係会社」にはそれぞれ定義があるが、定義を知らず、区別することなく記載しているケースが多い。

　それぞれの言葉の定義について本書では詳細に述べることはしない。「財務諸表等の用語、様式及び作成方法に関する規則」（昭和38年大蔵省令第59号）、『事例に学ぶ貸出先実態把握の勘所──「取引先概要表」の作成と財務・実体面の動態把握』75頁（拙著、金融財政事情研究会、2008年）を参照されたい。

⑹　主要仕入先・主要販売先

　事業経営上、重要な項目だが、毎年の更新時に見直しているだろうか。

　この項目のポイントは次のとおり。

　　○　大口仕入先、大口販売先との取引がなくなっていないか。

○　新たな仕入先・販売先が加わっていないか。

○　主要仕入先、主要販売先の上位数社の総仕入額、総販売額に占める
　　シェアに大きな変化はないか。

○　主要仕入先、主要販売先の信用状態はどうか。

(7)　基本姿勢

　重要なことは、取引先概要表の記載項目の定義を正しく知ること、そして
正確な情報を記入することである。取引先概要表は、支店内、審査（融資）
部で共有する企業情報であり、貸出審査に必要な重要資料であることをしっ
かり認識して活用すべきである。

3　取引先概要表の利用方法

　貸出先と長期・継続的取引を維持・深耕するため、取引先概要表の記載項
目から次のような話題・情報を導き、銀行としてアドバイス・情報提供に努
めることも肝要である。また、記載項目のヒアリングで実態把握を進めるこ
とも重要である。

①　資本金：増資計画はないか。

②　業種：業界動向、規制緩和、関連法令等に変化はないか。SDGsへ
　　の取組状況はどうなっているか。

③　所在地：（登記事項証明書（登記簿謄本）から）権利関係、担保設
　　定の内容はどうなっているか。（時価から）含み資産金額はどうなっ
　　ているか。

④　取扱商品：主力商品の市場評価、競合商品、将来性、価格動向はど
　　うなっているか。

⑤　株主：事業承継、相続対策はどうなっているか。

⑥　従業員数：従業員の定着率はどうか。人出不足問題、社宅・独身寮
　　等の福利厚生ニーズは発生しているか。従業員取引（給振、カード、
　　提携ローン等）はどうか。労務問題を抱えていないか。

⑦　工場・事業所：含み資産はあるか。設備投資計画（建替え、新設、
　　増設、リニューアル、移転）はどうなっているか。

72　第2章　貸出先の実態把握

⑧　経営者（代表者）：次節（経営者）で詳しく述べる。

⑨　主要役員：銀行から受け入れる可能性はあるか。

⑩　主要仕入先・販売先：自行取引はあるか。近隣店舗へ新規取引紹介可能性、信用照会必要性はあるか。

⑪　取引銀行：現状の銀行取引構成はどうなっているか。シェアアップの可能性はあるか、主力行に不満はないか。

⑫　沿革：事業内容、資本金、経営者、株主構成の変遷はどうなっているか。

⑬　貿易：外国為替の持込みはあるか。海外進出の可能性はあるか。

⑭　関連会社：実態はどうなっているか。資金貸借関係はあるか。

4　主要取引経緯

前記1②で、当行との取引経緯を記録することの重要性について述べた。銀行として引き継いでいくべき過去の出来事を記録している銀行はほとんどないのではないか。

銀行は数年ごとに支店長も担当者もかわるが、貸出先は同じ場所で事業を継続し、代表者も永年務めている。代表者は、10年前、20年前に当行との間で起こったことを覚えているのに、銀行はそれを知らないうえ、書面資料がなく、引継ぎもなしでよいのだろうか。特に貸出先にとって嫌な過去の出来事、貸出先が不快に思ったことを「知りません」というのでは信頼感を欠くことになる。

銀行は、貸出先との主要な取引経緯を記録しておくべきである。特に重要なことは次の4点であろう。

①　貸出取引を開始したときの経緯（きっかけ・理由・当時の支店長・担当者名）

②　取引拡大あるいは縮小した背景と事情

③　貸出先の沿革にかかわった当行関与の記録：取引先や不動産等の紹介、海外進出サポート、周年行事や冠婚葬祭への出席者名、接待（場所・メンバー）

第3節　取引先概要表　73

④　貸出取引で特筆すべき出来事：取引条件・担保・事務上のトラブル、当行との人間関係（ウマがあった人、あわなかった人）

取引先概要表の次頁（次葉）に、主要経緯を記録する欄を設けることで、過去情報の共有を図ることができる。

第 4 節　経　営　者

中小企業の貸出判断での最大のチェックポイントは経営者である。

1　経営者概要表の作成

取引先概要表には経営者（代表者）の氏名、略歴が記載されているが、それ以上に詳しい情報は記されていない。中小企業の経営・業績は、経営者の能力・性格・意志と密接な関係がある。

「企業は人なり」「人をみて貸せ」という言葉があるほど、中小企業の経営には経営者次第であるという面があることは否めない。したがって、経営者について多くの情報を得ることは重要である。

それらの課題をクリアするために「経営者概要表」を作成することを勧める。そのイメージは図表2−1のとおり。

経営者概要表をつくる趣旨は、経営者をよく知ることで貸出取引を円滑に進めるねらいがある。経営者と面談するうえで人柄・性格等、気遣う点を知っておくことは重要である。

2　経営者の実像を知る

事業を営む経営者はさまざまである。筆者もいろいろな経営者と会い、さまざまな経験をしている。人を知るということは本当にむずかしい。経営者を知るということは人柄と性格を知るだけではない。会社経営のマネジメント能力と経営に必要な知識を学ぶ向上心と理解力、事業展開の実行力・先見性、従業員をとりまとめて働く意欲を引き出すリーダー性なども知る必要がある。その見極めはむずかしく、正しく把握できるかわからないが、つねに知る努力を続けることが必要であり、その経験を積むことは貸出業務を遂行

第4節　経　営　者　75

図表２－１　経営者概要表

経営者概要表			
氏名		生年月日： 主たる生育地：	
自宅住所電話	〒 　　　　　電話番号：		
会社名		役職名：　　　　　年収：	
会社住所電話	〒 　　　　　電話番号：		
最終学歴		資格	
職　歴		趣味	
会社以外役職		病歴	
所有不動産			
金融資産			
人柄・性格			
家　族	氏名	生年月日	備考（学校名・会社名・その他）
配偶者			
子			
子			
他			
自由記述 ［人間関係・人脈 好む・嫌う話題 政治・宗教 当行に対する感情］			
特記事項 （面談時に注意す るべきこと）			

76　第２章　貸出先の実態把握

するうえで重要かつ不可欠である。

　経営者概要表は、「経営者を評価する資料づくり」ではない。学歴や経歴で経営能力がわかるものではないが、その事実から経営者の人格形成につながる一端が垣間見えるならば、経営者を理解するためにさまざまな情報を知ることは重要であるということである。また、主たる生育地や学歴、資格・趣味、あるいは家族の備考欄から親交を深める話題をつかむことができる。

　前記は経営者の個人的属性からのアプローチで、それは経営者の実像を知る前段階といえる。より重要なことは、経営者の会社経営の考え方を知ることにある。経営者の考え方を知っておくことは、取引関係を維持し、継続発展させていくか否かを判断する重要なポイントとなる。

　その大事なポイントは二つある。一つは会社経営に対する基本的な考え方、もう一つは取引先と従業員に対する考え方である。会社経営の考え方は、将来に対する明確なビジョン・目標、そしてコンプライアンス意識、公私の区別等の倫理観、社会とのかかわり（SDGs等）であり、そして経営者は仕入先・販売先・関連業者等と従業員を大事にする経営を行っているかが大事なポイントとなる。中小企業の場合、経営者の考え方と品性が、その会社の信用と品性であるといえる。

　経営者の実像を知るうえで重要なこととして見逃してはならないのが経営者の健康問題である。心身ともに健康であれば問題はないが、過去に重い病歴がある、持病がある、現在、深刻な病気を抱えている等は、近い将来の会社経営に大きな影響を与える懸念材料になる。こうした情報はなかなか表に出てこないが、普段から信頼あるコミュニケーションを図り、この問題についての情報を得られる関係になるよう努めることが重要である。また、経営者の私生活から経営者の実像を知ることも重要である。経営者の自宅をみることも重要なポイントである。経営者の趣味、嗜好、家族構成は知っておいたほうがよい。趣味・嗜好にお金と時間を使いすぎていないか、家庭は円満か、夫婦・子供との関係は良好か、生活態度は派手でないか、政治家や有名人（プロスポーツ、芸能界等）との関係を自慢しないか。これらによって経営に専念できているか、経営に悪影響を及ぼしていないかを把握できる。こ

第4節　経営者　77

れらの情報は経営者概要表に記録し、行内で共有すべき事項である。

3　望ましい経営者

　経営者はさまざまである。どんな経営者がよいか悪いか、優れているか劣っているか、それを測る尺度をつくることはできない。どんな経営者であっても貸出先の代表者である限り、銀行は真摯に向き合わなければならない。アクが強い経営者、傲慢な経営者、ワンマン経営者、老齢経営者でも会社運営・事業経営が順調であれば、経営者としての手腕は認めざるを得ない。

　ただし、経営者の素行や無謀な振る舞いを耳にしたとき、貸出方針を見直すことが必要になる場面が出てくることがある。筆者が現役時代に実際に見聞きした実例を紹介する。セクハラ・パワハラをする、会社の金を公私混同して使う、交通違反のもみ消しを警察に依頼する、労務問題について政治家を使って労働基準監督署を抑える、宗教行為を会社行事にする、愛人に法人カードを渡し自由に使わせている……などである。

　こういう情報が社内・社外から聞こえてきて知った場合、貸出取引をどのように考えたらよいか。安全性や業況に問題がないにしても、主力・準主力・下位付合という立場を勘案し、銀行がケースバイケースで判断することであるが、筆者は漸次消極方針とするべきとの考え方をもつ。それは、銀行にとって重要なことは貸出残高の維持ではなく、経営者の人格・品性が低い貸出先との取引は銀行の信用を落とすことにつながりかねないという考え方による。特に地域経済において、そのような経営者の風評は知られており、当該会社と取引することはその経営者と親密になることと同義であり、銀行の信用にかかわると思うからである。異論もあるだろうが。

　以下、一般論として望ましい経営者像をあげる。ただし、これはあくまで一般論であって、どれも表には裏があるように、一つの出来事や事実から「これだ」と思い込むことは危険であることも注意喚起しておく。

　　　○　事業の拡大発展について中長期的展望をもっている。

　　　○　基本的かつ重要事項は自ら行うが、個別の事柄は組織・部下を信用

し、任せることができる。

○　知らないこと（技術・経理等）を学ぶ姿勢、向上心をもつ。

○　従業員に目配りし、育成を図る。

○　あらゆることに使命感と責任感をもつ。

○　傾聴姿勢をもつ。諫言を受け入れる度量をもつ。

　重要なことは、経営者とコミュニケーションを図り、親交を深めることである。経営者概要表はその基礎資料である。前記、一般論としてあげたことも、感覚・感情で判断するのではなく、具体的事実に基づいて判断することが重要である。その判断力を高めるためには、試行錯誤を重ねることが必要になる。

4　財務諸表と経営者

　経営者のなかには、決算書に詳しい経営者もいれば技術や営業に詳しいが決算書に詳しくない経営者もいる。決算書をしっかり説明できる経営者は財務の健全性に関心が強いが、一方で設備投資や思い切った販売戦略の行動を躊躇し、企業の拡大発展のチャンスを逃すことになりかねない心配もある。

　他方、決算書を自ら説明できず決算説明は経理部長に任せるが、売上と利益の数値だけに強い関心をもち、損益計算書をよくみせるために粉飾決算を指示する経営者がいる。このような経営者に対して銀行は、決算書は銀行借入のためだけにあるのではないことと、決算書は会社の問題点を把握するためにあることを教育する必要がある。

寄り道

『実務必携　企業審査ハンドブック』（久保田正純著、金融財政事情研究会、2014年）

　　企業の良し悪しは経営者と財務諸表をみればほとんど判断できる。財務諸表も経営者の力を反映するものであるから、企業とは経営者に尽きるといってよい。（中略）経営の意思決定に絶対的な正解はなく、しかも変化がきわめて早い状況下では、企業の進路を即断即決できる経営者の存在が不可欠である。

（同書55頁）

第 **5** 節 ｜ 事業活動

　貸出先の事業内容（何をつくっているか、何を売っているのか）を知らず
に貸出取引を行っている者はいないが、十分に知っているといえる担当者は
少ないと思われる。メーカーであれば原材料はどこから何を買い、どのよう
につくっているのか、それはどのような最終製品になっているのか。あるい
は部品として最終製品に不可欠なもので、その技術力はいかがか。販売業者
であれば、どこから仕入れ、どのようなルートで、取り扱っている商品は何
か、その商品の特徴や市場価格、あるいはサービスの内容、さらに市場シェ
アや競争力はいかがなものか〜等々を詳しく知っているか。
　取引先概要表の業種欄をみて、その会社の事業内容・取扱商品を具体的に
イメージできるように記されているか。

1　何をしている会社か

　取引先概要表には必ず業種を書く欄がある。筆者は研修の事例研究におい
て、業種名が的確ではない、あるいは適切とはいえない記載を数多くみてき
た。貸出先を担当することになったとき、担当者以外の者が取引先概要表に
記載されている業種をみて、事業内容を具体的にイメージできるかが問われ
ている。「製造業」「その他製造業」との記載を読み、何をつくっているかわ
かるだろうか。「卸売業」「その他卸売業」で、この会社はどんな商品を扱っ
ているのかわかるだろうか。
　業種コードはそれぞれの銀行に決まりがあると思われるが、根幹は総務省
が定める「日本標準産業分類」に準拠している。「日本標準産業分類」は産
業を大分類・中分類・小分類・細分類の４段階に分け、細分類には解説と具
体的事業内容が例示されている。業種欄に大分類・中分類を記入するだけで

80　第2章　貸出先の実態把握

は、具体的な事業内容・取扱商品を示せているとはいえない。業種は、細分類の内容例示に合致する業種名がわかりやすい。

以下、「日本標準産業分類」の分類項目名、説明および内容例示を抜粋して示す。

大分類Ｅ—製造業
中分類09—食料品製造業
小分類091—畜産食料品製造業
細分類　《細分類の説明・内容例示》➡
　0911　部分肉・冷凍肉製造業
　0912　肉加工品製造業
　0913　処理牛乳・乳飲料製造業
　0914　乳製品製造業

0911　部分肉・冷凍肉製造業
　～部分肉製造業・ブロック肉
　　製造業・冷凍食肉製造業
0912　肉加工品製造業
　～ハム製造業・ソーセージ製
　　造業・ベーコン製造業
0913　処理牛乳・乳飲料製造業
　～粉乳製造業・練乳製造業・
　　乳酸菌飲料製造業
0914　乳製品製造業
　～バター製造業・チーズ製造
　　業・アイスクリーム製造
　　業・発酵乳製造業

貸出先の業種について、前記の分類を基に小分類の「畜産食料品製造業」と取引先概要表に記入しても、ブロック肉かハムか練乳かバターか、具体的に何をつくっているかわからない。バター製造の会社である場合、細分類「乳製品製造業」取扱品目「バター製造」と書くことで、事業内容がわかる。

取引先概要表の業種欄は貸出先の事業の実態にあわせ、正確に記入する必要がある。コンピュータによる決算分析において経営指標となる数値を業界平均値と比較する場合、実態と異なる業種名を記入すると、結果的に判断のミスリードを招くことになる。

業種で注意すべきことは、業種が変わることがあるということである。たとえば、かつては町工場でプレス用金型をつくっていた「□□製作所」（大

第5節　事業活動　81

分類「製造業」、中分類「生産用機械器具製造業」、小分類「その他の生産用機械・同部品製造業」、細分類「金属用金型・同部分品・附属品製造業」）が、会社名はそのままで工場を閉鎖し、工場跡地にアパートを建て、現在はアパート経営（大分類「不動産・物品賃貸業」、中分類「不動産賃貸・管理業」、小分類「貸家業」）をしているというように、事業転換しているケースもある。あるいは会社名も変えて、酒屋がコンビニエンスストアに、書店が喫茶店に変わっているケースもある。社名や過去の事業に引きずられず、現在の売上で最も大きなシェアを占める事業をもって業種をみなければならない。

2　業種動向

　決算書の分析だけしていても会社の将来性はみえてこない。決算書は過去の実績であり、将来の発展性あるいは衰退していくかを見抜くことは困難である。貸出先の直近決算が増収増益でも、近い将来・遠い将来も同じ業種で会社が存続・発展するとは限らない。

　企業は生き物であり、人間と同じように成長サイクルがある。一般的に「創業期」「成長期」「成熟期」「衰退期」に分けられる。企業が存続するためには、それぞれの段階において経営者の手腕が問われるが、経営に影響を与えるのは経営手腕の問題だけではなく、事業を取り囲む状況・環境の変化も大きく影響する。その外的変化の制約要件はいろいろあるが（たとえば人手不足、技術革新、金融環境、国際競争等）、中小企業のそれは主として業種[※]の動向・変化が大きな要因となる。

※　「業界」は企業を産業で分類したもので、製造業・建設業・卸小売業等と区分される。
　　「業種」は企業を商材で分類したもので、食品・自動車・家電・住宅建築等と区分される。

　貸出審査を行うとき、貸出先が属する業種の動向を把握する必要がある。貸出先の生産計画、設備投資計画、販売計画等の事業計画の是非を判断するには、決算書からは読み取れない業種の需給動向や将来性を把握することが重要になる。

　この問題を考える際、次の5点に留意が必要である。

① 現時点で成長すると思われる業種や商品は、今後も成長し売れる商品であり続けるとは限らない。
② 今日の業界内協調が明日には競争になる可能性もある、逆に今日の過当競争が明日から業界内協調になることもあり得る。
③ 異業種から参入する企業との競合、また異業種へ進出することもあり得る。
④ 一定の社会条件のもとで起こった事象でも、別の地域、別の商品で同じようなことが起こるとは限らない。
⑤ 「成長業種＝成長企業」ではない。成長業種における不振企業もある。逆に、衰退業種における好調企業もある。

　このように、成長業種と企業の消長とは一致しない。すなわち、業種動向については、安易に普遍化してみるのではなく、弾力的・流動的にみなければならない。閉塞感が漂う日本経済のなか、またグローバル化し情報が氾濫するなかから、業種動向をみることは貸出審査を行ううえで重要である。業種の成長性は、報道や肌感覚でみえるが、貸出審査でより重要なのは、成長性がない衰退する業種の情報である。

　たとえば自動車産業についてみる。日本では2035年をもってガソリン車の販売が禁止されることが打ち出されている。ガソリン車がEV車（Electric Vehicle：電気自動車）に替わるということは、ガソリンエンジンに関連する部品が不要になり、ピストン、ピストンリング、インジェクター、スパークプラグ、クランクシャフト、オイルポンプ、ジェネレーターなどの部品を製造している業者、その下請業者は需要の減少に直面することになる。

　このことから、製造業のうち「中分類：輸送用機械器具製造業」「小分類：自動車・同附属品製造業」「細分類：自動車部分品・附属品製造業」に該当する業種の貸出先の業績動向や新規設備投資案件の審査は慎重にならざるを得なくなる。

　また、ガソリンが使われなくなると、製油所施設とその設備関連業者、輸送にかかわる鉄道タンク車、石油タンクローリー、そしてガソリンスタンドの経営に大きな影響を与える。EV車が主流になると、ガソリンスタンドの

数は減少必至だが、すべてなくなるとはいえない。EV車を満充電するのには時間がかかり（40〜60分）、ガソリンスタンドがEV充電スタンドになるかもしれないからだ。

　企業経営は、このように産業構造の変化、ニュービジネスの台頭など経済社会の潮流をふまえうまく流れに乗る場合と、逆流のなかで生きる道を模索する場合もある。貸出先の経営者は、自社の将来をどのように考えているか。経営者は財務内容の健全性だけではなく、事業を取り囲む業界動向にはつねに関心をもっている。貸出担当者は、経営者ほどに業種事情に詳しくはなく、知識もないだろうが、銀行は中小企業にはない情報収集力があり、同業他社情報など、経営者が気づかない業種情報を提供することができるはずである。経営に資する付加価値提供はここにもある。

　世の中は確実に変化している。そのスピードは速い。変化に乗り遅れると企業の存続は危うくなる。グローバル化が進み、生活スタイルが変化するなか、商品の変化、価格の変化、インターネット社会で物流や販売方法が変化している。「十年一昔」という言葉のとおり、10年前はもう昔と思えるようになり、まさに「昭和は遠くになりにけり」である。

　貸出審査において業種動向をみることは重要である。

寄り道

『経済と道徳』（渋沢栄一講述、日本経済道徳協会、1953年・非売品）

　　事業を営むにしても、自分の力だけで進むことは困難であって、必ず周囲の事情を察知して、よくこれに適応する様にしなければならぬ。殊に経済界の中心に立つものは、周囲の関連せる諸種の事態に依って振不振を来すのであるから、両々相扶けて進む様にしなければならぬのである。就中、銀行業の如きに至っては、銀行そのものの力によってのみ成績を挙げる事は困難であって、商工業が盛んになれば銀行業も盛んになり、商工業が不振となれば銀行業も亦不振となると云う関係がある。

（同書170頁）

第 **6** 節 「事業性評価に基づく融資等」

1 「事業性評価に基づく融資等」の意味

　金融庁は、「平成26事務年度金融モニタリング基本方針（監督・検査基本方針）（平成26年9月）」において重点施策として「事業性評価に基づく融資等」を掲げ、「金融機関は、財務データや担保・保証に必要以上に依存することなく、借り手企業の事業の内容や成長可能性などを適切に評価し（「事業性評価」）、融資や助言を行い、企業や産業の成長を支援していくこと」で、中小企業に対してきめ細かく対応し、円滑な資金供給等に努めることを求めた。

　「平成26事務年度金融モニタリング基本方針（平成26年9月）」から抜粋して引用。

Ⅱ　重点施策

2．事業性評価に基づく融資等

　　金融機関は、財務データや担保・保証に必要以上に依存することなく、借り手企業の事業の内容や成長可能性などを適切に評価し（「事業性評価」）、融資や助言を行い、企業や産業の成長を支援していくことが求められる。また、中小企業に対しては、引き続き、きめ細かく対応し、円滑な資金供給等に努めることが求められている。

Ⅴ　中小・地域金融機関に対する監督・検査

2－1　金融仲介機能の発揮

①　取引先企業の適切な評価、解決策の提案及び実行支援

　　地域金融機関は、必要に応じ、外部機関や外部専門家を活用しつ

つ、様々なライフステージにある企業の事業の内容や成長可能性など
を適切に評価（「事業性評価」）した上で、それを踏まえた解決策を検
討・提案し、必要な支援等を行っていくことが求められている。ま
た、こうした取組みは、取引先企業において問題が顕在化することを
待たずに前広かつ適切に行っていくことが重要である。

　同年9月14日の日本経済新聞は「事業性融資って何？　戸惑う銀行」とい
う見出しの記事で次のように報じている。「金融庁が9月半ばに今後1年間
の監督・検査方針として打ち出した「事業性評価に基づく融資」を巡り、銀
行業界に戸惑いが広がっている。事業性融資は企業が手がける事業の内容や
成長性を評価して貸し出す仕組み。だが具体的に何をどうすればいいか。銀
行マンには金融庁の「宿題」が難問に映るようだ」「金融庁の「宿題」に対
し、銀行界からは不安の声が漏れる。「それでは何を融資の評価基準にすれ
ばいいのか」。デフレ下で不良債権処理を長く経験してきた銀行マンは過去
の財務諸表を分析することが得意でも、将来の事業内容を評価する基準は十
分に持ち合わせていない」。

　事業性評価について『捨てられる銀行』（橋本卓典著、講談社、2016年）
では次のように書かれている。

　実は、事業性評価に近い概念はこれまでもあった。「目利き」「定性情
報分析」などがそれである。さらにいえば、不良債権の抜本的処理に突
入する1998年以前は、多くの地方銀行に、目利きを得意とする営業マン
が当たり前のようにいて、若手の営業担当に手ほどきをしながら先輩か
ら後輩へ熟練の技を伝承していたという。

（同書46頁）

　前記のとおり、事業性評価の考え方は以前からあった。これは新たな施策
ではない。そのことを知っている者がいない、あるいは少ないのは、現役の
貸出担当者のほとんどがバブル崩壊後に入行したこと、また知っていても後

86　第2章　貸出先の実態把握

輩・部下に教えてこなかったことが遠因である。そのことについて、同書では次のように書かれている。

> 　不良債権処理を急ぐ金融庁の検査の厳格化により、地域金融機関のこうした価値観は否定され、銀行内でもコストとみなされるようになり、次第に失われていった。
> （同書46頁）

　筆者は、金融庁がいう「事業性評価に基づく融資等」は「事業性評価」と「融資等」とのそれぞれに意味があると考える。「事業性評価」という言葉の説明、すなわち「貸出に際しては、財務データや担保・保証に必要以上に依存せず、事業内容や成長性などを適切に評価すること」、そして「融資等」は「事業性評価から得られた情報を基に融資や助言を行い、貸出先の成長を通して、地域経済を支援すること」で、ここの「助言」という言葉は「融資等」の「等」に相当し、それは貸出の実行以外に、貸出先の事業経営に資する付加価値情報の提供、経営上の問題点解決のアドバイス、事業経営への協力（取引先紹介、人材派遣等）などの意味があると考える。

　結局、「事業性評価に基づく融資等」は、銀行が貸出先の事業活動・会社経営のすべてを知ったうえで（実態把握を行ったうえで）、貸出の実行を含め、貸出先の企業発展あるいは再生に役立つことで、地域経済の活性化に資することと理解すべきである。

2　事業性評価融資

　筆者にとって、貸出に際して、財務データや担保・保証に必要以上に依存せず、事業内容や成長性などを適切に評価することは当り前のことであり、「何をいまさら」という印象をぬぐいきれない。

　筆者が貸出業務を担当することになった50年前、事業性評価という言葉はなかったが、筆者が勤めた銀行で配布された実務要領（内部向け冊子）には次のように書かれている。貸付教育用に58年前（1966（昭和41）年）に作成

されたものである。以下、少し長くなるが抜粋して引用する（下線、振り仮名は筆者による）。

　　企業の信用度について云々する場合に「利益率が何％ある」とか、「流動比率は何％以上なくてはいけない」とか「負債比率が高過ぎる」というようなことがいわれることがある。これらの尺度はそれ相当の意味があり、それが企業の現在の健康状態を示す一尺度であることは間違いないが、その一つだけを取上げてそれだけで企業の体質、生活能力を判断することは危険である。これらの尺度はどれをとってみても企業体の一面を、然もある一時点でとらえているに過ぎないし、それ一つで企業の健全性を測る唯一絶対的な尺度というものはあり得ないからである。例えば利益率が高くこの面で良好な企業であっても何時も健全な企業だと断定することは出来ない。利益率（収益性）がどんなに高くとも資金繰りの状態（流動性）が悪ければ決して安全な企業とはいえない。種々の尺度に示された結果を相互に関連づけて有機的に判断することが必要である。

　　次に、以上のようないわゆる財務分析によってわれわれは企業の収益性と流動性を測定することが出来、またこれが企業の信用度を調査する場合に極めて重要な方法であることもいうまでもないが、<u>財務分析が如何に技術的に優れ、明快な数値によって結論を示し得ても、これのみでは企業の評価を完成することはできない</u>。第一に財務分析は主として実績として示された資金の動きと収益の状態から企業の全貌把握に近づく方法であるが、財務諸表は飽くまでもその背景となった経営活動の結果であって、これを切離して考えることは出来ないからである。財務分析は経営活動を扱っていないのではなく、財務諸表にはその結果が鮮やかに反映されているのであるが、然し乍ら売上高の変動を齎した販売面のダイナミックな動き、コストの大宗を占める生産活動の生々しい動きは数字の背後にかくされ、且つ数字に表わされる迄に時間を要する問題もある。更に地味ではあるが企業の将来の運命を決する技術面の革新、組

織、労務管理の状況などについて財務諸表は間接的に物語るだけである。従って財務分析によって適確な判断を加えるためにはどうしてもこういった実体面の動向調査が必要となるのである。つまり財務分析によって明らかにされた結果はこれを齎した背景によって解釈することによって初めて正しい判断が可能となるのである。（中略）計数のみによって抽象的或いは皮相的な結論を出したのでは意義が少ないということを念頭に置いて頂きたい。第二に企業の価値としては金額的に評価できない要素があることである。例えば経営者の個人的手腕、企業系列、取引先関係、業種としての将来性などである。これらの点も結果的には財務分析によって評価されるのであるが、企業の現況とは切離して評価し、予測や対策を樹てるうえで加味しなければならない。ただこの点のみをメリットとして必要以上に高く評価することは危険であって、企業の目的が収益にある以上、最終的には財務分析によって価値判断がなされなければならない。

　要するに、企業調査とは企業の人的要素、物的要素、営業活動の状況を調査し、財務分析によってそれぞれの価値判断を行うとともに、これらの要素によって財務分析の結果を解釈し、企業の収益性、流動性を把握することである。（中略）

　多くの場合、調査の結果問題点が全くないという企業は存在しないのであろう。どんな企業でも多かれ少なかれ問題点を孕んでいるものである。従ってある欠陥があるからといって取引をしないという安易に消極的な態度をとることはナンセンスであり、石橋を叩く作業をするだけ浪費である。取引の基準として必要なことは欠陥を充分認識したうえで、その欠陥が是正する方向に向って努力され、且つ可能なものかどうか、その程度が寧ろ安定取引の基準である。判断業務の担当者が実力とカンを働かせて心血を傾注すべき場面である。現状では多くの欠陥を有していても、企業の側にその欠陥についての対策があって、それが可能であり銀行側でも必要なアクションをとりうる場合、そしてその効果が確実に期待できる見通しがある場合には、この点に関する限り積極的に考え

第6節　「事業性評価に基づく融資等」　89

て良い。（中略）

　企業の信用上の欠陥を補うものとして担保（保証を含む）がある。企業の信用度を調査して不足や欠陥が見出された場合、担保によってこれを補完し、与信を可能にすることができる。然し乍ら担保は信用上の欠陥が現実のものとなって貸出が回収不能になった場合の不測の損害を避けるものであって、担保処分をあらかじめ予定するようなものであってはならない。（中略）「これだけの担保があれば、いくら借りられるか？」という質問に銀行は応ずることはできない。それはなぜか。<u>銀行が金を貸すのは物に対して貸すのではなく、人なり企業なりの経営に対して有効な資金を貸すのである</u>。貸した金の流れが止まって了うような、従って物によってのみ返済されるようなケースは銀行の貸出として好ましくない。貸した金が物に投じられ、物が金に変り（然も貸した金よりも価値を増やして）その金で貸出金が返済になる。これが銀行の貸出金のたどる本来の流れであるべきである。

　いまから50年以上も前、コンピュータによる決算分析はなく、信用格付を行うこともなかった時代、貸出審査は財務分析だけではなく、定性分析を行うことは当り前で、リスクを知り、リスクテイクする貸出が行われていた。もちろん、担保・保証は必要に応じて徴していた。

　筆者が貸出業務に就いた1970年代前半、事業性評価という言葉はなかったが、実体的には事業性評価の思想と同様のことを行っていた。筆者からすれば、事業性評価という言葉が現れたとき、これを行うのは当り前だと思った。いまの銀行がこれを忘れているのは、バブル後の貸出業務が不良債権処理に追われ、決算書に基づく信用格付を行うことに目がいってしまったからかもしれない。

　筆者は、「事業性評価」という言葉に違和感を覚える。銀行が貸出先の事業性を評価するというのはどういうことだろうか。「評価」とは、『広辞苑〔第5版〕』（前掲・13頁）では「善悪・美醜・優劣などの価値を判じ定めること。特に高く価値を定めること」と説明されている。信用格付・自己査定

で行うランクを評価というのだろうか。「評価」という言葉は、対等の関係であるべき貸出先を銀行が「上から目線」でみているイメージにつながる。「事業性評価」が本来意味するところは、貸出先の事業の優劣や信用度をランクづけすることではない。貸出先の事業内容（実態把握・財務内容）を深く知り（長所・短所を知り）、また業種動向、将来性をよりよく知ることである。

3　「融資等」の意味

前記 1 で、「事業性評価に基づく融資等」の意味の二つ目として「事業性評価から得られた情報を基に融資や助言を行い、貸出先の成長を通して、地域経済を支援すること」と述べた。そして、ここの「助言」という言葉は「融資等」の「等」に相当すると考え、貸出実行以外にすべきこととして、付加価値情報の提供、経営上の問題点解決のアドバイス、事業経営への協力（取引先紹介、人材派遣等）などの意味があるという考え方を示した。これこそが貸出先のニーズや課題を見出してソリューション（解決策）を提供することである。そして、貸出先の成長に資することが地域経済の活性化等に貢献することになるとの考え方である。

「融資等」は、貸出先から具体的な借入申出に応じる貸出とは異なる。具体的な資金需要に基づく借入申出とは異なり、貸出先の事業内容をよく把握することで貸出先の事業経営に資する切り口を見出すことにつながる。実態把握によってわかった貸出先の長所・短所について、長所を活かし、伸ばし、貸出先の発展に資し、短所を指摘し、解決策をアドバイスし、ともに考えることで、貸出先の経営の立て直しや再生を図ることである。そこに新たな資金需要の発掘のチャンスがある。

銀行の貸出業務は、単に金を貸すだけでなく、このようなことを行うことで、貸出先と長期的・継続的な良好な関係を築くことである。そのためには、貸出業務に携わる者は、貸出実務の知識にかかわる勉強だけでなく、不断に幅広く（経済・金融・産業・社会・業界等々）勉強することが求められている。貸出業務は、低金利競争あるいはお願いベースで貸出増加目標金額

を達成するゲームではないことを知るべきである。

4 事業性評価シート

　事業性評価が注目され、多くの銀行は事業性評価の名前を冠した取組みに着手している。一見すると、どの銀行も事業性評価に精力的に取り組んでいるようにみえる。しかし、実態は「事業性評価」といいながら表面的な取組みにとどまっているように思う。むしろ筆者が研修講師として得た感覚は、本質的な取組みに至っている銀行は少ないと思われる。

　その表面的な取組みにみえるのが「事業性評価シート」である。表面的といわれると抵抗感を覚える銀行があると思われるが、筆者がそのように感じる理由として、定型的フォームの作成にとどまっていることがあげられる。定型的フォームを作成することが事業性評価の目的ではない。重要なことは「事業性評価シート」の作成ではなく、作成した後、その先に踏み出すことにある。

　そもそもいまのような貸出業務（低金利競争・増加目標達成）を行っている銀行が貸出先の経営実態を把握し、貸出先の事業経営に資する提案力を発揮することは、一朝一夕にできることではない。決算書が読めない、銀行取引約定書や諸契約書を読まず、貸出業務の基礎的知識が備わっていない担当者に貸出先の事業内容を評価することはできない。その実現をいますぐ要求することに無理がある。

　以下、筆者が「事業性評価シート」から受けた印象をあげる。

　　① 基本情報（属性）が取引先概要表と重複している。二つの資料に同じことを記入するのは無駄である。

　　② 事業内容が貸出先のホームページから丸写し（いわゆる「コピペ」）になっているケースが見受けられる。

　　③ 全社（あるいは稟議先）について作成義務を課すのは担当者にとって負担感が大きい。

　　④ 負担感の要素には「時間的負荷」もあるが「担当者の理解力不足」もある。

⑤　作成した後の行動についてフォローがなされていない。

　筆者は、銀行が貸出先の事業性を評価するというのはおこがましいし、評価できるとも思えない。貸出担当者が担当するさまざまな業種の貸出先数十社の事業性を評価できるのか疑問に思う。もともと「事業性評価シート」を作成する目的は、前記３で記した「融資等」の「等」を遂行する資料としての役割を期待してのことと思われる。その意味では、取引先概要表と似て非なるものを新たにつくるのではなく、取引先概要表の記載項目を深読みし、その延長として次頁（次葉）にでも経営課題を書き出し、その課題に対する銀行の行動および貸出先の反応・成果の記録を経緯として記す用紙を付け加えることで用は足りる。

　「事業性評価に基づく融資等」という言葉が出現したことで、多くの銀行は債務者法人の事業性を評価する仕組みを取り入れるために経営リソースを投下し、推進組織体制の整備構築を図り、「事業性評価シート」を作成し、現場（支店）にその具体的記入作成を指示している。そのトータルコスト・時間的負荷をかけた成果はいかばかりか。新たな資料づくりより、まずは貸出担当者の意識改革とレベルアップ（研修）と育成を行うべきと考える。

寄り道　『地銀改革史——回転ドアで見た金融自由化、金融庁、そして将来』（前掲・19頁）

　◆「事業性評価モニタリング」で分かったこと

　各金融機関が事業性評価をいかにとらえているか、そして事業性評価の実施のためにどのような態勢を構築しているのかをモニタリングで深堀りしたかった。この「事業性評価モニタリング」方針に対して、金融機関の反応は様々だった。

　普段実行している当然の仕事だと泰然自若な銀行もあれば、事業性評価シートなるチェックリストを急いで作ったり、特別の課室をしつらえるなど、明らかに形を整えるだけの銀行もあった。

（同書209頁）

第 **3** 章

決算書の確認・分析

第 1 節 | 決算書の基礎知識

　貸出審査の基本は決算書の分析である。貸出先の財務状況や経営成績を分析することは、収益力や財務内容の健全性等を検討することであり、貸出案件の取上げの諾否を判断する重要な作業である。

　しかしながら、実際の決算分析はコンピュータに頼り、担当者はその分析結果を待つだけになっていないか。その結果、多くの貸出担当者は決算書に関する知識が乏しく、自ら決算書を読み、問題点を把握する理解力を備えていない。そこで、貸借対照表の勘定科目の意味、損益計算書の見方の基本を知らない者のために、本書では決算書の分析の解説に入る前に、決算書の基礎知識について簡単に触れることから始める。

1　概　　説

　決算書と財務諸表、言葉は違うが実体は同じである。決算書または決算書類というのは、財務諸表と計算書類の通称。財務諸表は「金融商品取引法」で使う正式名称である。

	（一般的呼称）　決算書		
	財務諸表	計算書類	計算書類等
法律	金融商品取引法	会社法	税法（法人税）
対象	上場企業等	すべての会社	すべての会社

　それぞれで作成する書類は下記のとおり。

　　○　財務諸表：貸借対照表・損益計算書・キャッシュフロー計算書・株主資本等変動計算書・附属明細表

96　第3章　決算書の確認・分析

○　計算書類：貸借対照表・損益計算書・株主資本等変動計算書・個別注記表

○　計算書類等：貸借対照表・損益計算書・株主資本等変動計算書

　本書は中小企業向け貸出審査を対象にするので、決算書・決算分析という言葉を使い、貸借対照表と損益計算書について解説する。

2　中小企業の決算

　事業年度が終了したら決算を行わなければならない。決算とは、事業年度の経営実績（売上や利益）と事業年度末の財務状況（資産・借入の状況）を決算書にまとめる作業のことを指す。決算書は、「貸借対照表」「損益計算書」「株主資本等変動計算書」からなり、会社法で定められた様式で作成しなければならない。決算書の作成が終わったら、消費税や法人税を算出し、納税するための申告も行わなければならない。

　決算は、事業年度終了の翌日から３カ月以内に開催する定時株主総会で承認された後に確定する。会社の利益（「収益－費用」という業績の指標）には法人税が課税されるので、株主総会で決算書（利益）を確定させなければならない。法人税の申告書を税務署に提出する際、確定した決算書も提出する。ほとんどの会社は、法人税の申告期限が事業年度終了の翌日から「２カ月以内」であることから、この期限にあわせて決算書を作成し株主総会で承認し確定している。

　しかし、総議決権数のうち３分の２以上の議決権が社長１人に集中しているような中小企業の場合、株主総会を開催したことにして、株主総会自体も書面決議ですませている場合もある。

3　中小企業の決算書の特徴

　中小企業の多くに経理規程はないと思われる。棚卸の方法・評価に関する規定、決算に関する社内手続規定がない。中小企業の経営者は税理士に決算と税金の申告を任せている場合が多いのが実態である。

　会計監査は監査役が行うことになっているが、中小企業の監査役は親族で

ある場合が多く、社長と密接な関係があり、厳格な会計監査が行われているとはいえない。そのため、粉飾が行われても監視機能は働かないとみてよい。

　2005（平成17）年8月に、日本公認会計士協会・日本税理士連合会・日本商工会議所・企業会計基準員会の4団体が「中小企業の会計に関する指針」を公表した。この指針の適用対象となるのは資本金5億円未満の非上場会社で、該当する会社は決算書作成にあたりこの指針によることが推奨されているが、この指針は法的根拠をもたない。資本金5億円未満の中小企業がこの指針を適用するか否かは任意である。

　中小企業の決算書の透明性を確保するため、日本税理士会連合会および日本公認会計士協会は2006（平成18）年4月に「会計参与の行動指針」を発表した。これは、会社法（2006（平成18）年5月1日施行）において新たに創設された会計参与の実務の参考に資するため取りまとめた指針で、最新版は2024（令和6）年2月に最終改正されている。

　この会計参与とは、会社法で規定される役員で、会計に関する専門家（税理士・公認会計士）として取締役と共同して計算関係書類を作成するとともに、その計算関係書類を会社とは別に備え置き（自分の事務所等）、会社の株主・債権者の求めに応じて開示することなどを職務とする。会計参与は主に中小企業の計算関係書類の記載の正確さに対する信頼を高めるための制度で、取引先概要表の役員欄に会計参与がいる会社の決算書は信用度が高いとみることができる。

第 **2** 節 貸借対照表の基礎知識

1 貸借対照表の仕組みと役割

(1) 仕 組 み

貸借対照表は通常一覧に便利なように左右に分けて表示している。

借　方	貸　方
資　産	負　債
	純資産

　左側（借方）は、資産（金・物・権利）が表示される。
　右側（貸方）は、資産を取得するのに要したすべての調達資金を表示する。
　この調達資金内、買掛金や支配手形および借入金を総称して負債といい、自分の金に相当するものを以前は資本と呼んでいたがいまは純資産と名称が変更されている（後記2(4)参照）。

(2) 役　　割

a　財産状態の把握

　どのような財産（資産）をいくら有しているか、そしてその財産を支えるのにどのような負債や自己資本がいくらあるかという財産状態の把握ができる。

b　資金の運用、調達状況の把握

　資産の内訳は、資金がどのようなかたちでいくら運用されているか（使われているか）という資金の使途を示している。負債や純資産の内訳は、資金がどのようなかたちでいくら調達されているか（集められているか）という資金の源泉を示している。

　したがって、貸借対照表をみることで、資金がどのように使われている

か、必要な資金はどのようにして集められているのか、また資金の使い方や集め方に無駄や無理はないかという財政状態の健全性・良否を判断することができる。

2 貸借対照表の内容

貸借対照表の記載方法等は、「財務諸表等の用語、様式及び作成方法に関する規則」（昭和38年大蔵省令第59号）に定められている。

(1) 資産の内容

資産は「流動資産」「固定資産」「繰延資産」に分類される。

a 流動資産

流動資産と固定資産とを分けるのは「営業循環基準」と「1年基準」の二つがあり、「営業循環基準→1年基準」の順に当てはめる。すなわち、通常の営業活動（本業）によって生じる資産であるか否かで、「はい」は営業循環基準によって流動資産に区分、「いいえ」の場合は1年基準に照らし「決算日の翌日から決済されるまでの期間が1年以内か否か」で、1年以内であれば流動資産、1年超の場合は固定資産に区分される。

流動資産は「当座資産」「棚卸資産」「その他流動資産」の三つに分けられる。

① 当座資産：現金・預金・受取手形[※1]・電子記録債権・売掛金・有価証券[※2]など。

② 棚卸資産：製品・商品・半製品・仕掛品・原材料など～単に「在庫」とも呼ぶ。

③ その他流動資産：前渡金・仮払金・前払費用・未収入金・短期貸付金など。

[※1] 受取手形を割引または裏書譲渡した場合は受取手形の金額から控除して表示し、割引手形・裏書譲渡手形の金額は偶発債務として貸借対照表上の欄外に注記される。

[※2] 流動資産に計上する有価証券は、売買目的の有価証券及び事業年度の末日後1年以内に満期が到来する社債その他の債権（中小企業の会計に関する指針23）。

b　固定資産

固定資産は「有形固定資産」「無形固定資産」「投資その他の資産」に分類される（省令14条）。

① 　有形固定資産：建物[※1]・構築物・機械装置・車両運搬具・船舶・陸上運搬具（自動車等）・工具器具備品[※2]・土地・リース資産・建設仮勘定[※3]・その他[※4]。

② 　無形固定資産：のれん・特許権・借地権・商標権・実用新案権・意匠権・鉱業権・漁業権・入漁権・ソフトウエア・リース資産・公共施設等運営権・その他[※5]。

③ 　投資その他の資産[※6]：関係会社の株式・社債・出資金・長期貸付金・長期前払費用・繰延税金費用等。

※1　建物は、電気・給排水・冷暖房等の附属設備を含む。
※2　工具器具備品は、耐用年数1年以上のもの。
※3　建設仮勘定は、有形固定資産を建設するための支出および建設目的のために充当した材料等を一時的に計上する仮勘定。建設が終了し、その取得額が確定した段階でそれぞれ本勘定に振り替えられる。建設仮勘定は長期間そのままととどまることは考えられず、とどまっている場合は中身をよく調べる必要がある。粉飾に利用されるケースが多いので注意が必要。
※4　その他の有形資産で流動資産または投資たる資産に属しないもの。
※5　その他の無形資産で流動資産または投資たる資産に属しないもの。
※6　ゴルフ会員権は、預託金会員制の場合は「投資その他の資産」として、株主会員制の場合は「投資有価証券」「出資金」として資産計上する。

c　繰延資産

一般に、費用は発生した期に費用として損益計算書に計上されるが、研究費など長期的な効果が期待される支払いについて、その全額を当期の費用として落としてしまうと期ごとの損益に不均衡が生じる。そこで、支出した費用をその効果が及ぶ将来の期間に合理的に費用配分するために、経過的に貸借対照表に計上したものを繰延資産という。

商法では企業会計原則の考え方を受け入れ、債権者保護の観点から資産価値の乏しい物はできるだけ計上させず、繰延資産に計上できるものを以下の8種類に限定して早期償却を求めている。

これらの費用を繰延資産として処理するか、支出したときに一時の費用と

第2節　貸借対照表の基礎知識　101

して処理するかは、企業の選択に任されている。一般的には、収益力のある企業は繰延資産としての処理は行わず、一括費用として処理するケースが多い。収益力が弱い企業が繰延資産として処理する傾向がある。本来、当期に属すべき費用を繰り延べれば、それだけ利益を水増しすることができるので、繰延資産は粉飾の材料に使われることが多い。そのため、繰延資産をみる場合、計上が適切か、償却が正しく行われているかを入念にチェックする必要がある。

- ○　創立費：会社成立後 5 年以内に均等額以上償却
- ○　開業準備費：開業の後 5 年以内に均等額以上償却
- ○　試験研究費：支出の後 5 年以内に均等額以上償却
- ○　開発費：支出の後 5 年以内に均等額以上償却
- ○　新株発行費：新株発行後 3 年以内に均等額以上償却
- ○　社債発行費：社債発行後 3 年以内に均等額以上償却
- ○　社債発行差金：社債償還の期限内に均等額以上償却
- ○　建設利息：年 6 ％を超える配当をするごとに、その超過額と同額以上償却

(2)　資産の評価

貸借対照表に表示される各資産の金額は一定の評価によって計算された金額であり、資産の評価方法次第で利益額は違ってくる。資産を過大に評価すれば架空利益が計上され、過少評価すれば利益が過少表示される。したがって、企業の収益力の検討、資産・負債の在高を比較して財務状態を検討するときは、資産の評価方法をつねに考慮する必要がある。

資産の評価は原則として原価法（取得原価を基準とする）を適用する。ただし、棚卸資産、上場株式は低価法（取得原価と時価の低いほうの価額を基準とする）も認められている。

a　金銭債権（受取手形・売掛金・貸付金等）の評価

受取手形・売掛金・貸付金等の金銭債権は原則として債権金額で評価する。ただし、取立不能見込額がある場合は、これを控除した金額で記載する。

取立不能見込額は税法に準拠して行われ、全額回収不能になった場合は貸

倒損失（全額損金算入）処理を行う。また、債権額の一定割合を引当金として計上する貸倒引当金、回収がきわめて困難になった場合の債権償却特別勘定の二つの処理も認められている。

b　棚卸資産の評価
　(a)　評価方法
棚卸資産の評価方法は次のとおり定められている。
　　①　原価法が原則である（取得価額あるいは制作価額による評価）。
　　②　低価法の選択も認める（時価と取得価額とを比較し、いずれか低いほうにより評価）。
　　③　時価が著しく低く、かつ原価までの回復が認められない場合は必ず時価で評価する。

いったん採用された棚卸資産の評価の方法は、特別な事情がない限り継続して適用すべきものである。評価方法の変更は現評価方法を採用してから3年を経過していない場合、その変更が合併や分割に伴うものである等、特別な理由がある場合を除き（合理的理由がない場合）、変更は承認されない。

　(b)　算出方法
取得原価の算出方法としては税法上次の8種類が認められている。
　　①　実額による：個別法
　　②　算定による：先入先出法・後入先出法・総平均法・移動平均法・単純平均法・最終仕入原価法・売価還元法

棚卸資産の評価をどの方法で行っているかによって利益が違ってくるので、貸出先の評価方法を知り、棚卸資産に含み損益が内在するかどうかを検討する必要がある。

c　有価証券の評価
有価証券の評価は以下のとおり。
　　①　証券取引所上場有価証券（企業支配株式[※1]を除く）：原価法（総平均法または移動平均法）または低価法で評価する。ただし、時価が著しく下落した場合は、時価で評価[※2]しなければならない。
　　②　非上場有価証券および上場有価証券中の企業支配株式：原価法で評

価する。ただし、株式について実質価額が著しく低下したときは、相当の減額をしなければならない。また、社債その他の債権について取立不能のおそれがあるときは、取立不能見込額を控除しなければならない。

※1　発行済株式の25％以上を保有する株主が保有する株式を指す。
※2　この場合、貸借対照表では時価で計上するとともに、評価損を損益計算書の営業外費用に計上する。

d　有形固定資産の評価

　有形固定資産は、一般に時の経過・使用に伴い、次第にその価値を減じて、いずれ廃棄処分するようになる。したがって、その使用期間にわたって費用を分担させるのが合理的な考え方である。この価値の減少額を一定のルールにより算定し、使用期間全体に費用として配分（これを減価償却費という）することを減価償却という。減価償却することによって、有形固定資産の簿価はおよそ交換価値に近い価額を表すことになる。

　貸借対照表上の表示について、有形固定資産の減価償却累計額は原則として有形固定資産の項目ごとに控除形式で表示する。ただし、有形固定資産全体から一括して控除形式で表示する方法、または有形固定資産の各項目から直接控除して注記する方法によることもできる。

　なお、次の有形固定資産は減価償却の対象とならない。

　　○　減価しない固定資産：土地・書画骨董など。

　　○　建設中あるいは貯蔵中の有形固定資産。

　　○　取得価格が20万円未満のもの、または使用可能期間1年未満のものは、減価償却の対象資産であっても使用開始時に一時に損金として計上し、有形固定資産として計上しなくてもよい。

　法人税法の定める普通償却限度は一般的に「定額法」「定率法」のいずれかで算出される。

　　①　定額法：毎年一定額を償却する方法。

　　②　定率法：前期末償却後帳簿残高に一定率を乗じて償却する方法。定率法は定額法に比べて初期に多額の減価償却費を計上できる。初期に

104　第3章　決算書の確認・分析

多額の減価償却費を計上できることで法人税納付が後の期に繰り延べられ、金融的（資金繰り的）効果が大きい。

　法定耐用年数を経過した固定資産は、資産としての価値が税法上はなくなるが実物はまだ存在している。建物は耐用年数が過ぎても実物は残っており、改装、リフォームすればまだ使えるし、価値を認めてもらえれば売却もできる。車両や産業機械も耐用年数を経過していたとしても、メンテナンスをすれば使用できるし、中古品として再販し利益を得られる可能性もある。そうした事情をふまえて、以前は有形固定資産の残存価額は一律10％の価値が残ると定められていた。

　2007（平成19）年に制度改正が行われ、残存価額という言葉は残存簿価と名称が変更され、残存簿価1円になるまで減価償却ができるようになった。残存簿価1円とは、減価償却費が終わった後も事業用に供している減価償却費資産の存在を意味する。減価償却がすんだ残存簿価1円のものでも事業で使用している減価償却資産は除却できない。残存簿価1円は備忘価額であり、まだ事業で使用している事実を証明する意味がある。もちろん事業で使用しなくなれば適切なタイミングで除却できる。

e　無形固定資産の評価

　無形固定資産も有形固定資産と同様に取得価額で評価し、同時に原則として毎年相当額の償却を要する。ただし、税法では、借地権・地上権・永小作権・地役権は減価償却の対象外としている。本書ではそれぞれの減価償却方法の解説は省略する。

　貸借対照表上の表示について、無形固定資産の減価償却累計額は、無形固定資産の各項目から直接控除した残高で表示する。

　有形固定資産の償却方法と以下の点が異なる。

①　残存簿価はゼロである。

②　原則として定額法を適用する。

③　貸借対照表上の表示は償却累計額を控除した残額で記載し、かつ償却累計額の注記は不要である。

第2節　貸借対照表の基礎知識　105

⑶ 負債の内容

負債は「流動負債」「固定負債」に分類される。

a 流動負債

流動負債には、支払手形・電子記録債権に係る債務・買掛金・短期借入金・前受金・引当金[※1]・その他[※2]が属する。

[※1] 資産に係る引当金を除く。ただし、1年内に使用されないと認められるものを除く。
[※2] 通常の取引に関連して発生する未払金または預り金で一般の取引慣行として発生後短期間に支払われるもの。その他の負債で1年内に支払いまたは返済されると認められるもの。

b 固定負債

固定負債は、社債・長期借入金・リース債務・繰延税金負債・引当金[※]・資産除去債務などである。

[※] 引当金については「中小企業の会計に関する指針」に関する記載がある。同49は引当金の設定要件に関する記載である。①将来の特定の費用または損失であること、②発生が当期以前の事象に起因していること、③発生の可能性が高いこと、④金額を合理的に見積もることができることのすべての要件に該当するものは、引当金として計上しなければならず（前記要件に該当しなければ引当金を計上することはできず）、引当金のうち当期の負担に属する部分の金額は当期の費用または損失として計上しなければならない。同50は引当金の区分に関する記載である。賞与引当金等の法的債務（条件付債務）である引当金は、負債として計上しなければならず、修繕引当金等のように、法的債務ではないが将来の支出に備えるための引当金については、金額に重要性の高いものがあれば負債として計上することが必要である。

⑷ 純資産の内容

純資産は、貸借対照表の貸方（右側）の下に記載され、「資産－負債」の差額が「純資産」である。負債と純資産との違いは、負債は返済義務がある他人資本であり、純資産は返済義務がない自己資本であることである。

純資産は「株主資本」「株主資本以外」に区分される。さらに、「株主資本」は「資本金」「資本剰余金」「利益剰余金」「自己株式」に区分され、「株主資本以外」は「評価・換算差額等」「新株予約権」「非支配株主持分」に区分される。

これを図示すると次のとおり。

【純資産の部】			
資本金	株主資本	自己資本	純資産
資本剰余金			
利益剰余金			
自己株式			
評価・換算差額等	株主資本以外		
新株予約権			
非支配株主持分			

a 株主資本

(a) 資 本 金

資本金は、事業を円滑に行うために株主が出資した資金である。会社法では資本に関する3原則を定めている。

① 資本充実の原則：資本金の額に相当する財産が現実に会社に拠出されなければならない。

② 資本維持の原則：資本金の額に相当する財産が現実に会社に保有されていない場合には、剰余金の配当等をすることができない。

③ 資本不変の原則：会社は自由に資本金を減少することができない。

(b) 資本剰余金

資本剰余金は株式を発行して得た金額の2分の1以上は資本金に計上するが、資本金にならなかった金額で、資本準備金と資本剰余金（その他資本剰余金）に区分する。

資本剰余金（その他資本剰余金）には、自己株式処分差益、資本金減少差益、資本準備金減少差益、固定資産評価差益などが含まれる。

(c) 利益剰余金

利益剰余金は、株主資本から資本金・資本剰余金・自己株式を差し引いた金額で、利益準備金と利益剰余金（その他利益剰余金）とに区分される。企業が設立されてから現在まで得た儲けから、税金や配当を差し引いた利益の蓄積であり、企業の長期的な収益力がわかる。

○　利益準備金：会社法445条で定められた法定準備金。

○　利益剰余金（その他利益剰余金）には、任意積立金、繰越利益剰余金がある。

　利益準備金は企業の財産の過度な流出を防ぎ、債権者の権利を守る点にある。利益剰余金は、企業が計上した利益のうち、株主の配当を行わず内部に留保したものを指し「内部留保」と呼ばれる。

(d)　自己株式

　自己株式は、企業が発行する株式のうち自社で取得し、保有している株式の金額である。

　自社株式の取得とは、自社が発行して他の株主が保有していたものを買い戻す行為のことで、貸借対照表ではマイナスで計上され、「金庫株」と呼ばれる。自社株式を取得することは、実質的に発行数を減らす行為で、メリットとしては、財務指標の改善効果、企業組織再編への活用等があげられる。

b　株主資本以外

(a)　評価・換算差額等

　評価・換算差額等には、資産、負債および株主資本のいずれにも含まれなかった項目（新株予約権を除く）を計上する。ただし、企業の任意によって計上できるものではなく決まった項目のみが記載される。その会計基準は明確に定義されていないが、有価証券評価差額金、土地再評価差額金、為替換算調整勘定、繰延ヘッジ損益などが含まれる。

　繰延ヘッジ損益とは、先物取引やオプション取引といったデリバティブについてで期末時点に時価で評価し直した差額を翌期以降に繰り延べるものである。

(b)　新株予約権

　新株予約権は、企業が発行する株式の交付を受ける権利のことである。

　新株予約権証券の所有者は、新株予約権を行使して一定の行使価格を払い込むことで会社に新株を発行させる、または会社自身が保有する株式を取得することができ、資本金となる可能性があるが、行使されずに失効する可能性もあるので、仮勘定とみることができる。ただし、返済義務がある負債と

は性格が異なることから、純資産の部に計上する。

　自己資本比率を計算するとき、新株引受権は純資産合計から差し引く。

(c)　非支配株主持分（少数株主持分）

　非支配株主持分とは「連結子会社の資本のうち、支配会社である連結財務諸表作成会社（親会社）の持分に属しない部分」をいう。すなわち、ある企業グループの連結財務諸表を考えた場合、貸借対照表において親会社持分に帰属しない部分であり、少数株主（非支配株主）に帰属する部分である。たとえば親会社の持分が80％だったと仮定する。それはその会社の純資産に対して親会社は80％の持分を支配していることになる。逆にいえば、子会社の純資産の20％は親会社ではない少数株主に帰属していることになり、これを少数株主持分（非支配株主持分）という。要するに、非支配株主持分は子会社の資本のうち非支配株主に帰属する額で、「子会社の資本×非支配株主比率」で求められる。具体例で示すと、子会社の資本金100、資本剰余金200、利益剰余金300、親会社の子会社に対する持分比率80％とする場合、非支配株主持分は120（（100＋200＋300）×20％）となる。

第 **3** 節 ｜ 損益計算書の基礎知識

1　損益計算書の仕組みと役割

⑴　仕　組　み

　損益計算書は、1事業年度における企業の営業成績を記録した計算書類である。企業の利益がどのような経緯を経て生み出されたものであるかを示した明細書といえる。

　企業の営業活動は次の要素別に分けられる。

- ①　基本的営業活動
- ②　販売活動・管理活動
- ③　財務活動
- ④　期間外活動

　損益計算書は、企業損益の特徴を前記各営業活動別ならびに段階別に把握するため次のように構成されている。

1	売上高	基本的営業活動	営業損益	経常損益	正常な収益力の算定
2	売上原価				
	売上総利益				
3	販売費及び一般管理費	販売・管理活動			
	営業利益				
4	営業外収益	財務活動	営業外損益		
5	営業外費用				
	経常利益				
6	特別利益	経営外及び期間外活動	特別損益		例外
7	特別損失				
	当期利益				

110　第3章　決算書の確認・分析

⑵　役　　割

損益計算書をみることで、企業が事業年度（営業期間中）にどれほどの製品・商品※・サービスで売り上げたか、その売上を立てるためにどのような費用をどれほど使ったか、その結果、いくらの利益を得られたかという、利益および費用発生の経過を把握することができる。同時に、採算の良し悪しの主な理由がどこにあるかという企業の収益構造を分析できる。

※　製品と商品とは異なる。「製品」は自ら製造・加工したもの、「商品」は自ら製造・加工していないもので外部から調達したものである。

2　損益計算書の内容

⑴　売 上 高

売上高は企業の最も重要な収益源であり、企業の営業活動の総量は売上高によって表される。したがって、営業活動の状況把握にはまず売上高の推移をみることが必要かつ重要である。

売上高は、一般に製品や商品の引渡しの時期をもって計上する（実現主義）。ただし、例外的に次のような形態もあり、貸出先の販売形態を把握することが肝要である。

a　委託販売

委託販売の場合、委託品については受託者が販売した日を基準として売上を計上する。

b　割賦販売

割賦販売の場合、2カ月以上にわたり3回以上の分割払いで回収する販売、およびクレジットカードによる販売は以下の二つの方法のいずれかを用いて売上を計上する。

○　販売基準：商品等を引き渡した時点で売上に計上する。

○　割賦基準：割賦金の回収期限到来のつど、または入金のつど、売上を計上する。

c　長期の請負工事

長期の請負工事の場合、以下の二つの方法のいずれかを用いて売上を計上

第3節　損益計算書の基礎知識　111

する。

　　　○　工事完成基準：工事が完成した後に売上に計上する。

　　　○　工事進行基準：工事が長期にわたる場合は、期末に工事の進行程度を見積もり、適正な工事収益率によって工事収益の一部を損益計算に加える。

　工事完成基準または工事進行基準のどちらか一方を継続して適用していれば問題ないが、実際は基準を変更して利益操作に利用されることがあるので注意が必要である。

ｄ　予約販売

　予約金を前受けする場合は、予約金の受取額のうち、期末までに商品の引渡しが終わった分のみを売上に計上する。

(2)　売上原価

　売上原価は売上高から利益に至る過程で最も大きい控除要素で、収益性の検討では売上原価の内容の検討は欠かすことができない。

　売上原価は、当期に販売された商品または製品の原価で以下のとおり算出される。

　　　①　卸小売業の場合：売上原価＝期首商品棚卸高＋当期商品仕入高－期末商品棚卸高

　　　②　製造業の場合：売上原価＝期首製品棚卸高＋当期製品製造原価[※]－期末製品棚卸高

　　　※　製品製造原価＝材料費＋労務費＋製造経費
　　　　　製品製造原価は、損益計算書の附属書類である「製造原価報告書」で示される。

(3)　売上総利益

　一般的に「粗利（あらり）」といわれ、「売上総利益＝売上高－売上原価」で計算される。

　営業部門を二つ以上もつ場合は、部門別に売上高・売上原価・売上総利益をとらえることが望ましい。

(4)　販売費及び一般管理費

　企業の販売活動および一般的な管理活動に伴い生じる経営費用である。販

売活動と管理活動との区分がむずかしいので、「販売費及び一般管理費」として一括表示されていることが多い。「販管費」と略して使われる。一括表示されていても販売費と一般管理費とは別の経費である。

販売費及び一般管理費の主な項目は次のとおり。

① 販売費：販売員給料・販売員旅費・販売手数料・広告宣伝費・荷造運搬費等

② 一般管理費：役員給与・事務員給与（人件費）・外注費・福利厚生費・修繕費・地代家賃・リース料・水道光熱費・通信費・図書費・事務用消耗品費・租税公課など

販売費及び一般管理費において人件費の取扱いには注意が必要である。業界・業種によって従業員の人件費が原価に含まれることがある。製造業の場合、商品の製造に直接関係する工場スタッフの人件費は売上原価に含まれる。同様に工場の家賃や水道光熱費、製造に用いる機械の減価償却費なども売上原価に含まれる。また、サービス業の場合、外注費のほか、システム開発やソフトウエア開発など開発に直接かかった人件費などが売上原価に計上される。一方、事務所で働く従業員の給料は、企業全般の管理がメインの仕事となるため、一般管理費となる。

(5) 営業利益

「営業利益＝売上総利益－販売費及び一般管理費」で計算される。

営業利益は通常の営業活動によって生じた利益である。売上総利益がいかに大きくても、販売費の広告宣伝費や一般管理費の人件費に金がかかりすぎたりすると営業利益を十分にあげることはできない。営業利益は売上総利益の推移とともに注目すべきである。

(6) 営業外損益

企業本来の営業活動以外の活動で、毎期継続的に発生する損益を指し、「営業外収益」「営業外費用」に分けられる。

それぞれの主要項目は以下のとおり。

① 営業外収益：受取利息・有価証券利息・受取配当金・有価証券売却益（売買目的）[※]・有価証券評価益・不動産賃貸料・仕入割引・為替

差益等

② 営業外費用：支払利息および割引料・有価証券売却損[※]・有価証券評価損・社債利息・売上割引・為替差損等

※ 有価証券売却益・有価証券売却損：営業外損益で処理するのは、流動資産に計上された売買目的有価証券のみ。

(7) 経常利益

「経常利益＝営業利益＋営業外収益－営業外費用」で計算される。

経常利益は企業の経常的な営業成績で、期間利益ともいわれ、決算分析上最も重要視される。

(8) 特別損益

企業の損益のなかには、本来の営業活動とはまったく関係がない異常または臨時の損益、あるいは当該事業年度の損益とはみなせないものもある。

① 特別利益：固定資産売却益、投資有価証券売却益、前期損益修正益など

② 特別損失：固定資産売却損、投資有価証券売却損、災害による損失など

(9) 税引前当期利益

「税引前当期利益＝経常利益＋特別利益－特別損失」で計算される。

114　第3章　決算書の確認・分析

第 4 節 ｜ 決算分析

　決算分析は、企業が作成・報告する貸借対照表と損益計算書から、経営成績と財務内容の状態を読み取り、貸出先の経営状況・事業実態を理解するために行うものである。

　しかしながら、ほとんどすべての銀行では決算書の分析をコンピュータに委ね、貸出担当者はその分析結果のアウトプットを待つだけになっているのではないか。また、貸出先に決算書をもらいに行くとき、決算書を受け取るだけで、その場で決算書を開き、決算のポイントや問題点について経営者や経理担当者と話す貸出担当者はほとんどいないのではないか。要するに、決算分析を自ら行う意思がないと評価できる。決算書を読み、分析する基礎知識は乏しく、決算書から貸出先の財務上の問題点を把握する力は弱い。

　このことは貸出担当者の問題だけにとどまらず、リレーションバンキングを志向する銀行の基本姿勢にかかわる重大な問題でもある。決算書を読めない者に貸出業務を担当させてよいのだろうか。経営者と財務内容について話すことができないばかりか、問題点の認識や解決策について相談相手にならない貸出担当者であった場合、貸出先は銀行を信頼するだろうか。

　本書では、決算分析の基礎的手法のうち、最低限の知識として身につけておきたい内容を略述する。

1　決算分析とは何か

　決算分析は、決算書で報告された企業の経営成績と財務内容を精査することによって、貸出先の特性、問題点を把握し、よりよい経営に向かうための知恵を出し、判断する方法といえる。

　以下に決算分析を行うに際し留意すべきポイントについて記すが、その前

に決算分析に臨む重要な心構えについて記す。

(1) 「健全な懐疑心」をもつ

会計監査の専門家である公認会計士の間で用いられる言葉に「職業的懐疑心」がある。会計監査を行うに際し、誤謬または不正のよる虚偽表示の可能性を示す状態の有無に常に注意し、監査証拠書類を鵜呑みにせず批判的に評価する姿勢のことをいう言葉である。

筆者は貸出担当者が決算分析を行うことを、「職業的懐疑心」で臨むという言い方ははばかり、「健全な懐疑心」という言葉を用いている。決算分析に際しては「この決算書に記された数値は正しいだろうか」という「健全な懐疑心」をもって数値をみる習慣をつけてほしい。「健全な懐疑心」をもたず、決算書の数値をコンピュータに丸投げすることで正確な分析結果が出てくるか、自問自答してほしい。

(2) 分析の際の基本動作

決算分析を行う際の基本動作は以下のとおり。

① 表面的数値だけにとらわれてはならない。決算書をそのままコンピュータ分析に丸投げすることは、表面的数値の分析を行うにすぎない。決算書の数値は必ずしも正確とはいえないので、実質利益（第4章第1節参照）、粉飾の可能性（第4章第6節参照）をチェックする必要がある。

② 実体面と結び付け、数値の裏付けとなる情報をとる。決算書の数値は経営活動の結果であるため、実体面の分析と結び付けてこそ生きた分析となる。たとえば「支払手形・買掛金が多い」場合、これを「支払能力に乏しい」と読むか、それとも「仕入先に信用がある」と読むか。これを実体面から判断する。

③ 直近期だけの決算書をみるだけでなく、数期分（できれば5期分）の決算書の数値を横に並べて増減・推移をみる。売上が減少傾向であるのに、売上債権が増えている場合、粉飾の可能性がある。

④ 決算分析の進め方は、まず実数でみる。次いで比率・回転期間等による分析を行う。そして、総合判断として、実体面の評価と擦り合わ

せる。

2 決算分析の留意点

決算分析時に留意すべき事項を四つあげる。

(1) 実態ベースの決算書の把握

決算書の数値は実態を表しているとは限らないので、数値を実態ベースに引き直してみることが必要である。

○ 貸借対照表の資産評価は正しいか。

○ 損益計算書の利益は決算操作されていないか。

○ 売上の架空計上・利益の水増しが行われていないか。

(2) 継続的な財務内容の把握

決算分析は直近期の決算書だけで行うものではない。前期決算後の経営成績、財務状態を定期的にみることが必要である。

○ 中間決算書をみる。

○ 試算表から、最新時点の貸借対照表・損益計算書をつくる。

○ 資金繰予定表および実績から現金収支の動向を把握する。

(3) 時系列比較

直近期決算書だけでなく、3〜5期の決算書に基づき、時系列でみることが重要である。

漸減、漸増傾向の背景に問題点はないか、実体面からその理由をみる。

(4) 同業他社比較

前記1④で得た比率・回転期間等の数値を、同業他社あるいは同業界・業種の平均値[※]と比較することで財務面の問題点・優劣が把握できる。そのためには、貸出先の業種の正しい把握が必要となる。

※ 「中小企業実態基本調査による同業種比較分析」（中小企業庁）、『第15次業種別審査事典』（金融財政事情研究会、2024年）が参考になる。

3 決算書徴求時のチェックポイント

決算書を受け取りに貸出先を訪問するとき、あるいは貸出先が決算説明に

> **寄り道**
>
> 『トヨタ生産方式』（大野耐一著、ダイヤモンド社、2003年）
>   たとえば、機械が動かなくなったと仮定しよう。（中略）
>
> トヨタ生産方式も、実を言うと、トヨタマンの 5 回の「なぜ」を繰り返す、科学的接近の態度の累積と展開によってつくり上げてきたといってよい。5 回の「なぜ」を自問自答することによって、ものごとの因果関係とか、その裏にひそむ本当の原因を突きとめることができる。
>
> （同書33〜34頁）

> **寄り道**
>
> 『事例に学ぶ貸出先実態把握の勘所――「取引先概要表」の作成と財務・実体面の動態把握』（拙著、金融財政事情研究会、2008年）
>   5 回の「なぜ」を繰り返す方法を貸出担当者も身につけたほうがよいと思っています。
>
>   たとえば（中略）
>
> ①　なぜ、売上が落ちたか。
>   主力製品の売上が予想に反して伸びなかったからだ。
> ②　なぜ、主力製品の売上が伸びなかったのか。
>   他社から類似製品が出たからだ。
> ③　なぜ、他社の類似製品に負けたのか。
>   性能面では互角だが、価格面で負けたからだ。
> ④　なぜ、価格で負けたのか、価格差はいくらなのか。
>   当社製品価格 1 万円に対し、他社は6,000円で売り出してきた。
> ⑤　なぜ、他社は6,000円でできるのか。
>   生産を中国に切り替えたからだ。
>
>   このように、財務面でも実体面でも疑問に思ったことは 5 回の「なぜ」を繰り返すことで、数字や事実の背景について真の要因を突き止めることができます。
>
> （同書112〜113頁）

来店されるときこそ、決算書の内容についてヒアリングする好機である。

(1)　決算説明の聞き方

過去の決算概要と推移を念頭に置き（およその数値を頭に入れて臨む）、

日頃の実体面から感じていた決算結果のイメージと対比して説明を受ける、あるいは質問することが大切である。また、問題点としていた事項について経営者はどのように考え、対応したか、今後の経営活動をいかに考えているかの説明を聞き、質問することが重要である。なお、その場で受けた説明は必ずメモをとり、後で報告することが重要かつ必要であることはいうまでもない。決算説明で聞くポイントは次のとおり。

① まず、決算概況を聞く。ポイントは何かを把握する。

② 売上および利益の増減理由を聞く。

③ 特記事項を聞く。

④ 当期見通しを聞く。

それぞれのポイントについて「なぜ」を5回繰り返してみるとよい。いわゆる「トヨタ生産方式」を応用するのである。

(2) 貸借対照表のチェックポイント

貸借対照表については以下四つの視点でチェックする。

a 粉飾の疑い

粉飾の疑いがある項目として、チェックを忘れてはならないポイントをあげる。

○ 売上債権（受取手形・売掛金）、在庫、支払債務（支払手形・買掛金）の著しい増減がないかを確認する。

○ 雑勘定のうち、金額が大きいもの、増減が大きいものの有無とその理由を確認する。

○ 借入金残高と銀行取引一覧表の残高との一致を確認する。

b 投 資 等

投資等もチェックしておくべきである。ポイントは以下のとおり。

○ 貸付金、子会社株式、投資有価証券の明細に変化はないか、「勘定科目内訳明細書」と突合する。

○ 自行と取引がない関連会社があることが判明したら、当該関連会社の概要を把握する。

第4節 決算分析 119

c　設備投資等

設備投資等のチェックポイントは以下のとおり。

○　前期に実施した設備投資を確認する。

○　今期以降の設備投資計画を聴取する。

d　そ の 他

その他のチェックすべきポイントは以下のとおり。

○　脚注表示に特記事項はないか。

○　脚注表示されたもの以外の偶発債務（保証の予約等）はないか。

⑶　損益計算書のチェックポイント

損益計算書については以下、二つの視点でチェックする。

a　売上・利益の増減要因

売上・利益の増減要因は必ず聞く必要がある。ポイントは以下のとおり。

○　要因は販売数量の増減か、販売価格の変更か、あるいは為替変動要因か。

○　部門別の売上と粗利状況はどうか。

○　今期の見通しはどうか。

b　実質利益に影響がある項目

表面的な利益にとらわれてはならない。実質利益に影響がある項目もチェックすべきである。ポイントは以下のとおり。

○　償却実施状況はどうなっているか。償却不足はないか。

○　在庫評価方法、減価償却方法に変更はないか。変更した場合、その理由は何か。

○　不良債権は発生したか。発生していた場合、それをどのように処理したか。

○　営業外損益、特別損益で特記事項はないか（資産売却、為替差損益等）。

○　資産売却益等で、本来は特別損益として処理すべきものがないか。

第 **5** 節 | 貸借対照表の分析

　第4節3(3)では、決算徴求時・決算説明時において、最初にみるべきポイントを記したが、ここではその後にじっくりと貸借対照表を分析する際のポイントをあげる。

1　貸借対照表の分析方法

　貸借対照表を分析する方法には「実数法」「比率法」がある。

(1)　実　数　法
　実数法は、在高や増減を実数で観察し、把握する手法である。

(2)　比　率　法
　比率法は、実数を基に比率を求めて判断する方法で、次の方法がある。

a　構成比率法（百分率法）
　構成比率法（百分率法）は、貸借対照表の借方・貸方の総額を100として資産・負債・純資産の各項目を百分比で示したものである。

b　指数法（趨勢法）
　指数法（趨勢法）は、貸借対照表を数期間比較する場合、基準とする決算期の各項目の数値をそれぞれ100として、その後の決算期の該当項目の数値をこれに対する百分比で表したものである。

c　関係比率法
　関係比率法は、決算書の各項目相互間の比率を表すもので、貸借対照表の分析といえばこの関係比率法と同義に解されるほど幅広く使われている。関係比率法には「静態比率法」「動態比率法」がある。

　　①　静態比率法：貸借対照表だけの項目相互間の関係比率で「流動比率」「固定比率」等。

第5節　貸借対照表の分析　121

② 動態比率法：売上高等の損益計算書の項目と貸借対照表の項目との関係から算出される比率で、各種の回転率・回転期間として表される。

2 基本的着眼点

貸借対照表を入手したとき、第4節2で述べたような分析を緻密に行う前に、全体的特徴の把握を行い、よい点・悪い点を見出すことが必要である。そうした特徴を知るうえでポイントになることを以下にあげる。ただし、すべての企業に当てはまるものではない。一応のメドとして利用されたい。

(1) 現 預 金

現預金は月商の1～2カ月以上あるか。

現預金の多くは銀行預金であり、短期的には支払いを担保する最も確実な引当といえる。どの程度の現預金があれば安全であるかは一概にいえないが、安全性の見地から一般的には月商の1～2カ月以上の流動性を保有する必要がある。予定した回収が仮に遅延した場合でも、それより1カ月程度は必要な支払いを続けることができるからである。

(2) 売上債権

売上債権は月商の3カ月程度あるか。

販売条件は業種によってさまざまであるため、売上債権が月商の何カ月分あれば適当かと一概にいえない。しかし、一般的には売上債権（売掛金＋受取手形）が月商の3倍を超えている場合は不良債権の有無を疑って調べる必要がある。

(3) 在庫と月商

在庫と月商を比べる。

適正在庫は業種によって、企業によって、ばらつきがあるが、在庫が多いと資金が固定化し、金利負担がかかり収益面でマイナスになる。一般論として、卸小売業では1カ月程度、製造業では2カ月程度が望ましいといわれている。

⑷　支払手形と受取手形

支払手形は受取手形の範囲内か。

支払手形の決済財源として、受取手形の期日入金をメドに考えるのが最も無難である。支手決済額が月ごとの受手入金額と見合っていれば支手決済はまず安全とみることができる（受取手形には裏書譲渡手形、割引手形を含む）。

⑸　支払債務と売上債権

支払債務は売上債権より少ないか。

売上高は必ず支払額より多くなければならない。資金繰りの観点では、支払債務（支払手形＋買掛金）は売上債権（受取手形＋売掛金）より少なくなければならない。

売上債権と支払債務との差額（収支ずれ）は大きければ大きいほど健全であるとはいえない。この差額はなんらかのかたち（経常運転資金等）で調達する必要があり、借入金等の有利子負債は金利負担がかかり、収益性・安全性に影響を与えることになりかねない。

⑹　短期借入金額

短期借入金については金額の多寡のみならず、この借入金で支えているものは何かという点についても検討することが肝要である。経常運転資金なのか、季節資金なのか等、である。

⑺　雑　勘　定

額の多寡にかかわらず、雑勘定には関心をもつべきである。

流動資産中の前渡金・仮払金・前払費用、流動負債では未払金・前受金・仮受金・預り金、固定資産では投資・諸権利、あるいは繰延資産などの諸勘定、いわゆる雑勘定について、金額が大きい場合にはその内容を調べる必要がある。これらの勘定は、不健全な資産・負債の巣窟と化し、粉飾の道具として使われる場合が少なくないので注意が必要である。

⑻　資本金と純資産

純資産のうち、配当負担のある資本金より剰余金・準備金が大きいほうが望ましい。

(9)　固定資産

　固定資産は純資産の範囲内か。

　固定資産は純資産で支えられている姿が望ましい。仮に純資産でまかない
きれない場合、長期借入金や社債など返済期限が長期の固定負債を加えた金
額でまかなわれている（固定長期適合率が100％以下である）ことが肝要で
ある。

3　比率による分析

(1)　「静態比率法」

a　流動比率（流動資産÷流動負債）

　流動比率は短期支払能力をみる重要な指標である。通常は200％以上が理
想といわれているが、統計指標からみて、業種によっても異なるが一応
120％以上を目安にすればよい。1998年に行われた経済産業省の「商工業実
態基本調査」によると、中小企業の流動比率は、製造業で125.5％、卸売業
で118.4％、小売業で151.0％となっている。

　ただし、業種によって格差があり、製造業の場合、繊維製造業141.7％、
精密機械器具製造業137.1％に比し、鉄鋼業105.8％、窯業土石製品製造業
109.4％となっている。卸売業の場合は、繊維衣服等卸売業127.5％に対し、
建築材料、鉱物、金属材料等卸売業は113.3％、小売業の場合は、その他小
売業は195.3％に対し、飲食料品小売業は112.8％となっている。

　流動比率は1年の間に現金化する流動資産と、1年の間に現金支出しなけ
ればならない流動負債との割合を示すものであり、今日明日あるいは1カ月
間というごく短期の収入・支出の割合を示すものではない。したがって、流
動比率が200％あっても、今月の資金繰りは苦しいという場面はあり得る。

b　自己資本比率（自己資本÷総資本）

　自己資本比率は、返済不要の自己資本が全体の資本調達の何パーセントを
占めるかを示す数値であり、自己資本比率が小さいほど、他人資本の影響を
受けやすい不安定な会社経営を行っていることになる。自己資本比率が高い
ほど経営の安定性を表す数値としてみられる。

中小企業の自己資本比率の平均値は、前記経済産業省の「商工業実態基本調査」によると、製造業で24.9％、卸売業で18.8％、小売業で16.0％となっている。

　ただし、業種によって格差があり、製造業の場合、化学工業35.4％、飲料たばこ飼料製造業29.9％に比べ、木材・木製品製造業19.1％となっている。卸売業の場合は、繊維衣服等卸売業21.1％に対し、各種商品卸売業15.8％、小売業の場合は、各種商品小売業22.2％に対し、その他小売業は15.3％となっている。

c　固定比率（固定資産÷純資産）、固定長期適合率（固定資産÷（純資産＋固定負債））

　固定資産が純資産によりまかなわれていることの重要性については前記2(9)で述べた。固定比率は100％以下が理想である。通常、固定資産は減価償却によって価値が減少し、純資産が利益の内部留保によって増加すると固定比率は低下すべきものである。それにもかかわらず固定比率が低下傾向とならないのは、純資産の蓄積以上に固定資産が増えたことを意味する。したがって、固定比率を検討する際には、減価償却の実施状況、設備投資状況と資金調達状況をあわせて検討する必要がある。

　固定比率は100％以下が望ましいとはいえ、現実には固定比率が100％超で、固定資産の一部を他人資本でまかなっている企業は多い。そこで他人資本が長期で固定的なものであれば安定性があるとの観点から、固定資産と「純資産＋固定負債」の割合でみるのが固定長期適合率である。そして、固定長期適合率をもって100％以下であるのが望ましいというのが一般的・現実的な考え方になっている。

　固定長期適合率を算出する際に使う固定負債には返済期限が1年超の長期借入金を含む。このことで計算式の分母が大きくなり、固定長期適合率が低くなる。実質的には短期の経常運転資金であるのに長期貸出を行っている場合、見かけ上の固定長期適合率が改善されたようになることに注意が必要である。

第5節　貸借対照表の分析　125

(2) 「動態比率法」(回転率と回転期間)

動態比率法は、企業の体力を判断するにあたって、静止した状態での資本の大きさと並んで資本の動く速度について検討するものである。

「回転率」は「売上高÷資産残高」で、回転期間は「資産残高÷月商」で算出される。

回転率と回転期間との関係は、「回転期間(月)=12÷回転率」である。

すなわち、月商による回転期間は、各資産・負債の残高が月商の何倍(何カ月分)に相当するかを示す。回転率あるいは回転期間を用いることで、次のような検討ができる。

○　同業他社の数値と比較して、問題点の把握に役立つ。

○　数期間の推移をみて、資本の利用効率や特定資産への過大投資の有無を検討できる。

○　売上債権、在庫、支払債務の回転率の推移から、残高の異常に気づく手がかりになる。

a　総資本回転率 (売上高÷総資本 (総資産))

総資本とは自己資本と他人資本とを合計した会社の資産(総資産)のことで、貸借対照表の「負債及び純資産の合計」が該当する。事業年度において、企業が総資本をどの程度効率的に活用しているかをみるものである。事業に投資をした総資本は売上によって回収されるが、その状況を表す。総資本が売上高を通じて何回新しいものになるのか回転数として示される。同じく総資産回転率は総資本回転率と同じものとなるが、企業が総資産をどの程度効率的に活用しているのかをみるものである。回転数が高いほど、総資本(総資産)が効率的に活用されていると判断できる。

b　固定資産回転率 (売上高÷固定資産)

固定資産回転率は固定資産の利用度を表す。固定資産回転率が高い企業は、固定資産の稼働状況が良好であることを示し、単位当りの製品に賦課される減価償却費などの固定費が割安となり、製造原価が低くてすむ。

固定資産回転率は業種により差異が大きく、固定資産を多額に要する製造業では相対的に低い。

126　第3章　決算書の確認・分析

c 売上債権回転期間（売上債権（受取手形＋売掛金）÷月商）

　売上債権が平均して何カ月で回収されるかを示す。分子の受取手形には割引手形を加えて計算する。数期間の推移をみて、売上債権回転期間の変動が大きい場合、あるいは同業平均値との差異が著しい場合は、その原因を解明する必要がある。

　売上債権回転期間が長期化している場合には次の点に注目して検討する必要がある。

　　○　商品の需給関係が悪化していないか。
　　○　無理な販売により受取手形のサイトが長期化していないか、売掛金が増加していないか。
　　○　売掛金の焦付き、不渡手形などに伴い不良債権が発生していないか。
　　○　融通手形が含まれていないか。

　逆に回転期間が短縮されている場合は次の諸点を確認する。

　　○　需給関係の好転による回収条件がよくなったか。
　　○　資金繰りのために値引き販売をしていないか。

　数値だけみていてもわからないことが多いので、不明な点は直接ヒアリングして確認する、あるいは勘定科目内訳明細書で確認する必要がある。

　売上債権回転期間は、受取手形、売掛金の回転期間を包括するものであるから、それぞれの回転期間で検討することも重要である。受取手形回転期間は「受取手形÷月商」で、売掛金回転期間は「売掛金÷月商」で算出される。

d 棚卸資産回転期間（在庫（製品・仕掛品・原材料）÷月商）

　棚卸資産回転期間は、販売ないし使用できる棚卸資産を何カ月分もっているかという期間を示す。

　棚卸資産回転期間も同業他社との比較、期間比較によって良否を判断することができる。期間比較の場合はこの回転期間がほぼ一定しているか否かをみることが大切である。経営が安定して正常な循環を繰り返していれば在庫も一定するはずであり、また売上が増加すれば在庫も増加し、売上が減少す

第5節　貸借対照表の分析　127

れば在庫も減少するのが通常である。この期間比較で変動が激しいときは売上に対して適正な在庫水準ではないことを意味し、回転期間が長期化している場合は棚卸資産への過大投資あるいは過大評価（水増しによる利益操作）の疑いがある。

棚卸資産回転期間が短くなるのは、売上が好調で在庫の増加を上回る売上高が増加した場合、在庫管理や製造工程の合理化で手持期間が短縮された場合、売上減少を見込み在庫を圧縮した場合などがある。ただし、利益操作による架空売上の計上、あるいは在庫の投げ売りによっても回転期間は短くなるので注意を要する。

棚卸資産回転期間が長くなるのは、売行き好調を見越して在庫を増加させた場合、売行き減退にもかかわらず在庫調整を行わなかった場合、販売困難な不良在庫を抱えている場合などがある。また、利益操作のため、在庫の水増し計上にも注意を要する。

棚卸資産回転期間を検討するとき、棚卸資産の構成要素ごとにそれぞれの回転期間を算出し、検討することも有益である。製品の回転期間は「製品（商品）÷月商」で、仕掛品の回転期間は「仕掛品÷月商」で、原材料の回転期間は「原材料÷月商」で算出される。

e　支払債務回転期間（支払債務（支払手形＋買掛金）÷月商）

支払債務回転期間は、原材料または商品を仕入れてから、その代金を支払うまでの期間を表す。

支払手形のなかに設備関係の支払手形が含まれていたり、買掛金のなかに未払いの電気代・ガス代・外注加工費などが含まれていたりすると、正確な支払債務回転期間を算出できないので注意が必要である。

支払債務回転期間は、売上債権回転期間と比較しながら期間比増減あるいは同業他社と比較することで、資金繰りの良否を判断することができる。

支払債務回転期間は、支払手形と買掛金の回転期間に分けられる。支払手形回転期間は「支払手形÷月商」で、買掛金回転期間は「買掛金÷月商」で算出される。

支払手形回転期間が同業他社に比べて異常に長い場合は次の視点で検討す

る必要がある。

○　資金繰りが逼迫し、支払手形のサイト延長によって支払いを繰り延
べていないか

○　融通手形が含まれていないか

f　借入金回転期間（総借入金÷月商）

借入金回転期間は、月商の何カ月分の借入金があるかを表す。言い換える
と、借入金を月商で返済する場合、何カ月を要するかを意味する。なお、総
借入金には、長短借入金・割引手形・社債を含める。

借入金回転期間が長くなると支払金利が増え、利益が減少する。業績悪化
すると借入金回転期間は長くなる。

第 **6** 節 | 損益計算書の分析

1 損益計算書の分析方法

　損益計算書の分析の目的は、１事業年度にどれほどの利益をあげたかを明らかにし、その企業にどれだけの利益をあげる能力があるかを把握することにある。すなわち、収益力を分析することである。分析方法の詳細は第４章第１節で述べることとし、本節ではひととおりの方法の説明にとどめる。

2 基本的着眼点

　前節の貸借対照表分析と同様に、損益計算書を入手して一覧する際の主なポイントを以下にあげる。

⑴ 売上高の推移

売上高が安定的に推移しているか。

　売上高については、その推移をみることが重要である。それもできるだけ長期間（できれば最低５年間）にわたっての推移をみる。売上高に不安定な動きがあれば、その原因を究明する必要がある。

⑵ 経常利益

経常利益はいくらか。

　企業が生存・存続するためには一定の利益をあげることが不可欠である。赤字になると資産が減少する。赤字が続けば負債は漸増し、企業活動にマイナス影響を与え、最悪は倒産懸念に及ぶ。

　経常利益の額はいくらかを見極めることは非常に重要である。

⑶ 収益構造

収益の構造はどうなっているか。

130　第３章　決算書の確認・分析

利益を、売上総利益・営業利益・経常利益の３段階で分析し、収益構造の利点・欠点がどこにあるかを明らかにする。

売上高から経常利益に至る過程が把握できたら、過去からの傾向と相違点はないか、同業他社と比較し特徴があるかをみる。

(4) 従業員１人当り売上高、利益額

従業員１人当りの売上高、利益額はどうか。

従業員１人当りの売上高、利益額がどれだけあるかは、収益力・生産性を端的に示す指標といえる。過去の趨勢、同業他社と比較対比させてみる。

3 比率による分析

(1) 構成比率法

構成比率法は、売上高を100として、各損益項目を売上高に対する比率としてみる方法である。同様に、製造原価を100として、それを構成する各原価要素を製造原価に対する比率としてみることも行う。

(2) 指数法（趨勢法）

指数法（趨勢法）は、ある決算期を基準にして、その決算期の損益計算書の各項目を100として、他の期の動きをすべて指数化して比較する方法である。

(3) 関係比率法

関係比率法は、利益を貸借対照表や損益計算書の諸計数との割合でとらえ、収益性を判断する方法である。以下に代表的な指標をあげる。

a 資本利益率

資本利益率は、利益と、その実現のために用いた資本との相互関係を示す指標である。ただし、利益はどの段階の利益でとらえるか[1]、資本はどの範囲でみるか[1]によってさまざまな組合せが考えられ、それに応じて各種の資本利益率[2]が算出される。

[1] 資本の範囲として総資本（総資産）、自己資本（純資産）の別で、利益の段階として売上総利益、営業利益、経常利益、税引前当期利益、当期利益の別で算出される。

[2] 総資本経常利益率、自己資本利益率（ROE）、総資産利益率（ROA）などのバリエーションがある。なお、ROEは「Return on Equity」、ROAは「Return on Assets」

の略である。

(a) 総資本経常利益率（経常利益÷使用総資本）

総資本対経常利益の比率で、企業全体に投下された資本の総合的な収益力を示すものとして最もよく用いられる。総資本経常利益率が高いということは、企業の使用総資本が効率的に運用されているということで収益性が大きいことを示す。

(b) 自己資本利益率（ROE、当期利益÷純資産）

自己資本利益率は、利益を効率よく得られているかを示す指標で、株主資本利益率ともいわれている。自己資本利益率は投資家目線で投資先企業としてふさわしいかどうかを判断する基準になる指標で、株主が投下した資本（純資産）に対していくら利益を稼げたかということを示したものになる。

(c) 総資産利益率（ROA、当期利益÷総資産）

総資産を利用してどの程度の利益をあげているかを示す指標である。経営者の手腕が高く、従業員が効率的に働いている、材料などを無駄なく使えている、保有資産を効率的に使えていることなどで利益につながると、ROAが高くなる。

b 売上高利益率

売上高利益率は利益をどの段階でみるかによって異なる。以下の5種類がある。

(a) 売上高総利益率（売上総利益÷売上高）

売上高総利益率が高いということは、一般にその企業の生産、仕入の合理化が進んでコストが安いこと、あるいは製品（商品）に対する需給関係が堅調で販売価格も良好であることを示す。売上高総利益率が低い場合、売上原価の検討が必要になる。

(b) 売上高営業利益率（営業利益÷売上高）

売上高営業利益率は本業の営業活動の利幅を示す。売上高総利益率が高く売上高営業利益が低い場合は、販売費及び一般管理費の内容を検討する必要がある。

(c) **売上高経常利益率（経常利益÷売上高）**

売上高経常利益率の良否判断には、営業外損益の内容の検討が必要である。売上高営業利益との関係で、本業の不振（営業利益率の低下）を財テク等でカバー（経常利益率の維持・上昇）していないか、逆に本業が好調（営業利益率の上昇）にもかかわらず、過度の投機等による損失が経常利益率を圧迫していないか注意してみる必要がある。

(d) **その他の利益率**

利益の段階をさらに深くした利益率として、売上高税引前当期利益率、売上高当期利益率がある。

売上高税引前当期利益率は「税引前当期利益÷売上高」で、売上高当期利益率は「当期利益÷売上高」で算出される。

第 **4** 章

企業体質の検討

| 第 **1** 節 | 収益性の検討 |

1　収益性検討の前提

　企業の目的は、より多くの利益をあげることにあり、収益力が高いほど企業の体質は良好といえる。逆に収益力が低い企業は、不況に際し赤字転落・倒産の危機に直面するケースが多く、収益力は企業の存続に欠かせない要素といえる。

　一般には、収益性を追求するあまり健全性がなおざりにされ、健全性を重視すれば収益性を高める機会を失うことになりかねないという、相反することがいわれる。企業側にいわせると、企業の目的は収益であるから、健全性としての安全性を重視すると収益性が低下するということもある。しかし、財務の健全性は収益性追求のための前提条件といわなければならない。長期的に考えれば、健全性を欠いて収益性を実現することは困難であるからである。この意味で、収益性と健全性とは相反するものではなく、健全性は収益性のための前提であり、健全性を無視した収益性はあり得ない。問題は、企業が収益機会に際してどの程度収益性を優先することに踏み切るかである。銀行として、貸借対照表を重視した信用格付をもって企業の健全性を重視するあまり、企業の収益性行動力の評価を忘れてはならない。企業の健全性に固執するあまりの不作為が、収益性をも失わせる場合があってはならない。

　収益性を検討する基礎的手法としては、第3章第5節、第6節で記したように、貸借対照表・損益計算書の数値を用い、利益状況を実数や各種比率で期間比較、同業他社比較するのが一般的である。しかし表面的な数値を検討するだけでは十分とはいえない。企業の収益力をより深く知るためには、その利益は実質的なものであるか、いかなる要因によって得られたか、どうす

136　第4章　企業体質の検討

ればより多くの利益を得られるか等、踏み込んだ検討も重要である。

本節では、代表的な分析手法を用いて収益力の実態把握を行う方法について述べる。

2　実質利益の検討

⑴　実質利益の概念

収益力算定の出発点は、当期にどれだけの実質的な利益をあげたかを知ることである。損益計算書上の税引前当期利益は必ずしも実質的な利益を的確に表しているとはいえない。一般的に、経常利益をもって実質的利益に近いとみるのは、経常利益が特別損益を除いた損益を表すからである。しかし、これも資産売却益が営業外収益に計上されていたり、減価償却費に不足があったりすれば、それに相応して実質的利益以上に大きく表示される。

企業は、損益計算書上の公表利益は、平準化した数値で表すことを望む傾向にある。業績が思わしくないときはよくみせ、好調なときは内部留保をとって公表利益を抑えることをする。すなわち、決算書上は一定の公表利益に落ち着くよう、大なり小なり決算操作が行われていることが多い。したがって、企業の本当の収益力を知るには、公表利益を操作する前の状態に修正してみることが必要である。その修正後の利益のことを実質利益という。

実質利益の算出にはいろいろな考え方がある。その修正方法に確定的なものはない。したがって、何が実質利益かを統一的に規定することはできないが、一般的には次の考え方が基本になっている。

① 　通常の水準を超える償却や引当によって内部留保されたものは実質利益と考える。

② 　当期の業績に関係がない損益は除外して考える。すなわち、不慮の災害による損失や資産処分等でたまたま発生した営業活動外の損益は、実質的な損益とはみない。

このような基本的な考え方に基づき、実質利益の算定は「税引前当期利益に次の4項目を加算または減算」して求める。ただし、実質利益の考え方も実態に極力近いかたちで利益を期間比較、あるいは同業比較することを目的

にするものであって、それ自体が絶対的な概念ではないということは心得ておく必要がある。

① 償却の過不足

② 引当金・準備金の当期純増減

③ 臨時損益

④ 経理処理の変更による影響

(2) 修正項目

実質利益算出のための調整項目を一覧表にまとめると以下のとおり。

	当期税引前当期利益に対する加減	加算	減算
償却関係	普通償却限度額に対する不足額		○
	有税償却実施額	○	
	特別償却実施額	○	
引当金関係	貸倒引当金純増 （減）	○	（○）
	退職給与引当金純増 （減）	○	（○）
	価格変動準備金純増 （減）	○	（○）
	その他引当金純増 （減）	○	（○）
臨時損益	繰延資産純増 （減）	（○）	○
	固定資産売却損 （益）	○	（○）
	投資有価証券売却損 （益）	○	（○）
	棚卸資産・有価証券評価損	○	
	税金追徴 （還付） 額	○	（○）
	特別利益計上の積立金取崩益		○
	以上の他の要修正特別損 （益）	○	（○）
経理処理の変更	減価償却方法の変更による影響	○	○
	棚卸資産評価方法の変更による影響	○	○
	売上計上方法の変更による影響	○	○

修正項目の内容とその見方は以下のとおり。

a 償却関係

一般に税法上の普通償却限度は企業にとって当然の費用と考え、限度額との対比で加減する。有税償却実施額は「法人税申告書別表４」で、償却不足額、特別償却は「法人税申告書別表16」で確認できる。

b 引当金関係

減価償却と同様、税法との対比が好ましいが、税法の規定が複雑であるため、実務的には前期との純増減額で加減する。

c 臨時損益

いわゆる含み損益の吐き出しで、在庫・有価証券の評価損等が該当する。

d 経理処理の変更

実務上はヒアリングにより、理由と影響を確認する。

3 利益増減の検討

⑴ 利益増減分析の意義

損益計算書上の諸項目について、当期分を前期または前年同期と比較し、利益の増減要因を解明するのが利益増減分析である。利益の増減要因を調べることで、その要因が今後も継続するものか、臨時的なものかを判定する手法である。

利益増減分析には各種方法があるが、本書では次の３通りの方法を簡単な例で説明する。

　　① 利益増減表による分析
　　② 実質利益増減表による分析
　　③ 売上総利益増減分析

a 利益増減表による分析

損益計算書の２期分を比較して各項目の利益増減表をつくる。どの項目が増え、減っているかによって利益増減の原因を探る。

これはきわめて初歩的な方法であるが、基礎的かつ重要な分析であり、必ず行うべきである。

以下の例で利益増減表の読み方を説明する。

第１節　収益性の検討　　139

（単位：百万円）

	損益計算書		利益増減要因	
	前期	当期	増加	減少
売上高	4,456	5,238	782	
売上原価	3,762	4,436		674
（売上総利益）	(694)	(802)	(108)	
販売費及び一般管理費	260	283		23
営業利益	(434)	(519)	(85)	
営業外収益	25	30	5	
営業外費用	63	75		12
経常利益	(396)	(474)	(78)	
特別利益	20	0		20
特別損失	0	40		40
税引前当期利益	(416)	(434)	(18)	

前記利益増減表から、以下が読み取れる。

　　○　売上高の増加が売上原価の増加を上回り、売上総利益は108百万円
　　　増えている。

　　○　販売費及び一般管理費の増加23百万円は売上総利益の増加に比べ少
　　　ないため、営業利益は85百万円増加し、営業活動は順調といえる。

　　○　税引前当期利益が18百万円の増加にとどまったのは、特別利益が20
　　　百万円減り、特別損失の40百万円増加に起因し、これが臨時損益か、
　　　あるいは内部留保を厚くするためのものかにつき、各々の内容の検討
　　　が必要である。

b　実質利益増減表による分析

　中小企業は大なり小なり決算操作を行っているため、利益の増減要因を実
質的に知るためには、決算操作を行う前の実質利益に修正して、その増減表
を作成する必要がある。

　前記例の会社に次のような修正を要する事項があったことが判明したとし

て実質利益増減表を作成する。

① 売上高の過少計上：当期125百万円 − 前期 0 （過年度の不良債権償却に見合う額を過少計上）

② 特別償却：当期50百万円 − 前期 0 （当期利益50百万円は製造原価に算入）

③ 貸倒引当金純増：当期40百万円 − 前期25百万円 （販売費及び一般管理費に計上）

④ 棚卸資産評価損：当期 5 百万円 − 前期 0 （当期 5 百万円は営業外費用に計上）

⑤ 固定資産売却益：当期 0 − 前期20百万円 （前期固定資産売却益は特別利益に計上）

⑥ 価格変動準備金繰入：当期40百万円 − 前期 0 （当期40百万円は特別損失に計上）

以上を修正して実質利益増減表を作成すると次のようになる。

（単位：百万円）

	利益増減要因		修正		実質利益増減表要因	
	増加	減少	増加	減少	増加	減少
売上高	782		①125		907	
売上原価		674	② 50			624
（売上総利益）	(108)		(175)		(283)	
販売費及び一般管理費		23	③ 15			8
営業利益	(85)		(190)		(275)	
営業外収益	5				5	
営業外費用		12	④ 5			7
経常利益	(78)		(195)		(273)	
特別利益		20	⑤ 20		0	
特別損失		40	⑥ 40		0	
税引前当期利益	(18)		(255)		(273)	

第 1 節　収益性の検討　141

当期の実質利益の増加は273百万円と、公表された税引前利益の増加18百万円をはるかに上回っていることがわかる。営業活動がきわめて順調で利益があがっていたわけであり、これを基に過去の不良債権を償却したり、特別償却を行ったりするなど企業体質の強化を図った決算であったことがうかがえる。

c　売上総利益増減分析

　企業の利益増減の最大の源は、売上総利益の増減にあるといってさしつかえない。売上総利益の増減は売上高の増減、売上原価の増減がその要因である。

　したがって、売上総利益の増減分析は、売上高・売上原価・売上総利益の増減分析を行うことになる。

　売上高・売上原価の増減要因は次のように分解できる。

> ○　売上高の増減：販売数量の増減によるものか、販売価格の変化によるものか。「売上高＝販売数量×単価」と要素を分解して検討する。
>
> ○　売上原価の増減：販売数量の増減によるものか、単位当りのコストの変化によるものか。「売上原価＝販売数量×単位当り原価」と要素を分解して検討する。

　この売上高、売上原価の増減および売上総利益の増減に、販売数量・販売単価・単位原価の変化がそれぞれどの程度影響しているかを例で説明する。

　次の事例を基に、増減要因を分析する。

		前期	当期	増減
売上高		1,200百万円	1,375百万円	＋175百万円
	売上数量	12,000トン	12,500トン	＋500トン
	販売単価	100千円	110千円	＋10千円
売上原価		1,050百万円	1,080百万円	＋30百万円
	単位原価	87.5千円	86.4千円	▲1.1千円
売上総利益		150百万円	295百万円	＋145百万円

142　第4章　企業体質の検討

(a) 売上高増減分析

売上高増減を順を追って分析すると以下のようになる。

① 販売単価上昇に伴う売上高増加分（前期比売上数量不変とした場合）：

12,000トン（前期売上数量）×10千円（販売単価上昇額）＝120百万円

② 売上数量増加による売上高増加分（前期比販売単価不変とした場合）：

500トン（売上数量増減）×100千円（前期販売単価）＝50百万円

③ 販売単価上昇、売上数量増加双方の原因に伴う売上高増加分：

10千円（販売単価上昇額）×500トン（売上数量増減）＝5百万円

以上より、③を便宜的に①（販売単価上昇に伴う売上高増加分）に入れて考えると、次のように二分される。

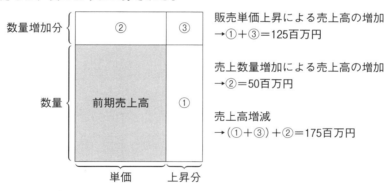

(b) 売上原価増減分析

売上原価増減を順を追って分析すると以下のようになる。

① 単位原価変化による売上原価の増加（前期比売上数量不変とした場合）：

12,000トン（前期売上数量）×▲1.1千円（単位原価変化額）＝▲13.2百万円

② 売上数量増加による売上原価の増加（前期比単位原価不変とした場

合）：
500トン（売上数量増減）×87.5千円（前期単位原価）＝43.75百万円
③　単位原価変化、売上数量増加双方の原因による売上原価の増加：
500トン（売上数量増減）×▲1.1千円（単位原価変化額）＝▲0.55百万円

以上より、③を便宜的に①（単位原価変化に伴う売上原価増加分）に入れて考えると、次のように二分される。

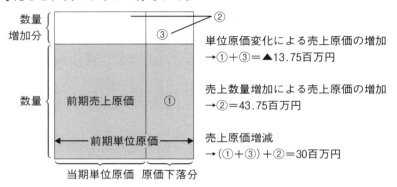

単位原価変化による売上原価の増加
→①＋③＝▲13.75百万円

売上数量増加による売上原価の増加
→②＝43.75百万円

売上原価増減
→（①＋③）＋②＝30百万円

(c)　売上総利益増減分析

上記を総合して売上総利益の増減原因をみる。

（単位：百万円）

	売上高 増加原因	売上原価 増加原因	売上総利益 増加原因
販売単価アップによる	125		125
売上数量増加による	50	43.75	6.25
単位原価変化による		▲13.75	13.75
計	175	30	145

このケースでは、売上総利益増加は「販売単価のアップが主な要因」で、「売上数量増加の伴うスケールメリットにより単位原価が下がったことも売上総利益増加に寄与」と推定できる。

(d)　分析上の留意点

　上記分析によって、販売数量の変化、販売価格の変化、単位原価の変化が売上総利益に計数的影響を及ぼしていることが明らかになるが、重要なことは、これを基に次のことを考えることにある。

　　　○　販売価格の変化は、他社にはない商品力の強さを背景にしたものか、あるいは業界の慣行で定期的な価格改定を行ったものか。
　　　○　販売数量の変化は需給関係を背景にしたものか、他社の撤退によるものか。

　このような変化の背景を追及することが必要である。

　通常、企業は多品目の製品・商品を販売しており、実際に個々の数量や単価の把握をすることはむずかしい。

　そこで実務的には、第3章第4節3(1)を参考に、ヒアリングして概略を把握することに努めることが重要になる。たとえば以下のように、である。

　　Q1　売上高の増加要因は、販売数量の伸びによるものですか。
　　A1　他社の参入で主力商品の販売単価を7％ほど下げ、先行メリットを活かし数量的に20％増加となりました。
　　Q2　売上高の伸びに比べて、売上原価の増加が低く抑えられ単位原価が下がっているのは、原材料価格の下落が主な要因ですか。
　　A2　原材料の石油価格の下落の影響もありますが、むしろ前期に新設した工場の稼働・操業度が高くなり、スケールメリットの影響のほうが大きいと思われます。

(2)　損益分岐点分析

a　損益分岐点分析とは何か

　いままで述べた分析は、利益があがった原因を明らかにして、過去の業績・経営を顧みることに主眼を置いていた。一方、今後・将来の利益計画を策定する際の分析手法も必要となる。

　たとえば、新規設備投資あるいは赤字経営からの脱却等の経営計画策定に際して、利益を確保するために何をどのように検討したらよいかを考えなければならないとする。そのための収益性検討の方法として、利益と売上・費

第1節　収益性の検討　　145

用の関係を知ることは重要である。以下の例で説明する。

（単位：千円）

	A社	B社
売上高	10,000	10,000
総費用	8,000	8,000
（うち変動費）	4,000	2,000
（うち固定費）	4,000	6,000
利益	2,000	2,000

　A社とB社は、売上・利益が同じでこの年度の決算は、計数上は同一の評価が下される。しかし、費用を変動費と固定費に分解して、売上・費用・利益の関係をみると違いは次表のように明らかになる。

	売上高が20,000千円になった場合		売上高が5,000千円になった場合	
	A社	B社	A社	B社
売上高	20,000	20,000	5,000	5,000
総費用	12,000	10,000	6,000	7,000
（うち変動費）	8,000	4,000	2,000	1,000
（うち固定費）	4,000	6,000	4,000	6,000
利益	8,000	10,000	▲1,000	▲2,000

＊売上が2倍→変動費2倍　　　＊売上が1/2倍→変動費1/2倍

　売上が2倍になった場合はB社のほうが収益力に優れるが、売上が半分になるとA社のほうが損失額は少ない。このように、利益は売上高（生産高）の多寡、費用の構造によって左右される。これを把握することが損益分岐点分析である。
　損益分岐点は、売上、費用が等しくなる売上をいう。すなわち、損益分岐点は費用を全額回収するのに最低限必要な売上高を意味する。
　損益分岐点分析は次のような場合に有効である。

146　第4章　企業体質の検討

① 赤字企業を黒字化するために必要な売上高の算定および実現可能性の見極め

② 業績不振企業の黒字維持のために必要な売上高、費用の要削減額の算定および実現可能性の見極め

③ 大型設備投資等に際しての収益面の影響の見極め

④ 多品目を取り扱っている場合、利益率向上のために最適な品目別の生産・販売額の算定

⑤ 目標利益確保のため、販売拡大か値上げかの判断基準の提供

なお、中小・零細企業で財務面から損益分岐点を見極めることが困難な場合、経営者は「来店客数が1日○人あれば黒字」「1日の売上が○円あれば黒字」というように、実体面から損益分岐点をつかんでいる。訪問時等にその数値を聞き出すことで損益状況の概略を把握する工夫も重要である。

b　固定費と変動費

売上高・費用・利益の相互関係を把握するためには、まず費用を売上高との関係から性格づける必要がある。これが固定費、変動費の分解である。

○　固定費：売上高の増減とは関係なく一定額発生する費用

○　変動費：売上高の増減に伴って変動する費用

ところが、固定費、変動費に具体的に分解する作業はかなりむずかしい。たとえば広告宣伝費、修繕費などは、どちらに区分してよいか判断しかねる費用が少なくない。これらを準固定費、準変動費という。

費用を分解する方法としては帳簿上の各費目をその性格に応じてそれぞれ固定費と変動費に分類する個別費用法が最も有効であるが、売上高、総費用の動きから趨勢的に固定費と変動費を推定する方法として総費用法・最小自乗法等がある。ここでは、個別費用法と総費用法について解説する。

(a)　個別費用法

企業に発生した個々の費用項目について、その性格、使途などを検討のうえ、それぞれ固定費と変動費に分解する方法を個別費用法という。準固定費と準変動費については、従来の実績やなんらかの基準によって便宜的に固定費、変動費に分ける方法もある。たとえば広告宣伝費の場合、70％は固定

費、30%は変動費とするなどである。固定費に近い費目は、その費目に含まれる若干の変動費部分を無視して固定費として処理し、変動費に近い費目は変動費と割り切って分類する。

いずれにしても費用の分解は、業種・規模・会計処理方法等を勘案して、極力実態に近い数値で固定費と変動費に分類することになる。

図表4－1に、製造業における費用の分類の大雑把なメドを示す。

(b)　総費用法

帳簿上の個々の費目を分解するのではなく、ある売上高のときの費用の総額と、これと異なる売上高のときの費用の総額とを対比して、固定費と変動費（率）を求める方法を総費用法という。なお「変動費率＝変動費÷売上高（売上高1単位当りの変動費）」である。

以下の例で説明する。

図表4－1　費用の分類

		変動費とみてよいもの	固定費とみてよいもの
製造原価	材料費	直接材料費、部分品費、補助材料費	消耗工具備品費
	労務費	超過勤務手当、出来高給賃金、社外工賃金	基準内固定賃金および賞与、法定福利費、退職金および退職給与引当金
	経費	外注加工費、動力費、検査料、特許権使用料、運搬費	減価償却費、賃借料、火災保険料、固定資産税 旅費交通費、消耗品費、光熱費、修繕費、特許料（ミニマム・ロイヤリティー）
販売費及び一般管理費	人件費	販売奨励金	役員報酬、給料手当、退職金および退職給与引当金
	経費	販売手数料、運賃荷造費、広告費（新製品、市場開拓に関するもの）	賃借料、火災保険料、固定資産税、減価償却費 旅費交通費、消耗品費、交際費、試験研究費、広告費（経常的なもの）
営業外費用			借入金利息、割引料、繰延勘定償却費

148　第4章　企業体質の検討

（単位：千円）

	1月	2月	増加
売上高	10,000	12,000	2,000
総費用	8,000	9,000	1,000
利　益	2,000	3,000	1,000

　固定費が3,000千円で一定とすれば、売上高2,000千円増加して、総費用（変動費）が1,000千円増加していることから、変動費率は50％となり、総費用は以下のとおり分解できる。

		1月	2月
総費用	売上高	10,000	12,000
	変動費（売上高×50％）	5,000	6,000
	固定費	3,000	3,000

　このように2期間の売上高と費用総額がわかれば固定費、変動費を算出できるが、次のような条件が前提となり、この条件が備わっていないと総費用法による費用の分解は無意味となるので留意する。

　　○　固定費が一定であること。

　　○　変動費率に変化がないこと。

　　○　製品の販売価格に変化がないこと。

　　○　異常な費用がないこと。

c　限界利益と固定費

　売上高から変動費、固定費を差し引いたものが利益になるが、売上高から変動費だけを差し引いたものを限界利益という。すなわち、「限界利益＝売上高－変動費」であり「限界利益＝固定費＋利益」である。

　つまり、限界利益と固定費との関係は、限界利益と固定費が等しければ損益はプラスマイナスゼロ（このときの売上高が後述する損益分岐点）、また、限界利益が固定費より大きければ利益が生じ、小さければ損失が生じること

第1節　収益性の検討　149

になる。さらに、固定費と変動費率とを一定とすると、売上が増加すると、それに伴って生ずる費用の増加は変動費の増加のみと考えてよいから、限界利益の増加は利益の増加と等しくなる。

したがって、限界利益の概念を用いると、売上高を現在よりいくら増やすと利益が増加するかを端的に把握することが可能になる。

以下の例で説明する。

ある会社の単一商品において当期の売上高が1,000百万円あり、固定費が500百万円、変動費が400百万円である場合、来期に売上を200百万円増やすとすれば、利益は次のとおり限界利益の増加に見合う額である120百万円増加することがわかる。

当期	売上高 変動費	1,000百万円 400百万円	変動費率40%（一定）
	限界利益 固定費	600百万円 500百万円	限界利益率60%（一定） （一定）
	利　益	100百万円	

来期	売上高の増加 費用の増加	200百万円 80百万円	200百万円×変動費率40%
	限界利益の増加 ⇕ 利益の増加	120百万円	200百万円×限界利益率60% （注）　限界利益率＝（限界利益÷売上高）×100

このように、限界利益は固定費との関係でその多寡が論じられるが、固定費は趨勢的に増加の一途をたどっているので、企業の収益力をみる場合には、限界利益率（裏を返せば変動費率）と同時に固定費の金額に注目することが重要になる。固定費の増加は次のような事態をもたらす。

　　○　固定費が多ければ損益分岐点は高くなるので、たとえば不況期に生産・販売が低迷・減少すると、固定費の多い企業は少ない企業に比べて少ない売上高の減少で損益分岐点に達する。つまり採算悪化に陥りやすい。

○　どの企業も損失回避のため、損益分岐点での操業度は維持しようと
するため、その産業全体のその時点での供給能力が需要を上回った場
合、操業度確保のためのシェア確保に走り、生産・販売量の確保が必
要となり販売（価格）競争が激化する。

○　その結果、原価を下回る販売価格で過当競争が行われることも少な
くないが、この場合でも固定費負担が少ない企業は相対的に価格引下
げの余力が大きく、販売競争でも優位な立場を維持できる。

○　固定費の代表格が人件費であるため、業績悪化時の固定費削減は人
件費に手をつけるケースが多い。

d　損益分岐点の算出

損益分岐点は、売上高と費用の額がちょうど等しくなる売上高、すなわ
ち、利益と損失の分かれ目の意味で損益分岐点という。損益分岐点を前述し
た限界利益の考え方から算出すると、次のようになる。

「限界利益率＝限界利益÷売上高」であるから、「売上高＝限界利益÷限界
利益率」といえる。一方で「限界利益＝固定費」であるから「損益分岐点売
上高＝固定費÷限界利益率」となる。

以下の例で説明する。

（単位：百万円）

売上高	3,000		
売上原価	（変動費）	（固定費）	計
材料費	910	0	910
労務費	280	600	880
経費	60	420	480
販管費	50	250	300
営業外支出	0	150	150
計	1,300	1,420	2,720
純利益			280

第1節　収益性の検討　151

売上高を S（sales）、固定費を F（fixed costs）、変動費を V（variable costs）として、以下、計算する。

　① 損益分岐点売上高（X）を求める式

　　　損益分岐点売上高は「$X = F \div \{1 - (V \div S)\}$」で算出される。

　　　$X = 1,420 \div \{1 - (1,300 \div 3,000)\} = 1,420 \div (1 - 0.4333) = 2,505.7$

　　　したがって、この企業では売上高2,505.7百万円のとき固定費1,420百万円、変動費1,086百万円[※]を要し、損益ゼロとなる。

　※　2,505.7百万円×0.4333（変動費率）＝1,085.7百万円

　② 想定売上高Xのときに生ずる損益P（profit and loss）を算出する式

　　　損益は「$P = X \times \{1 - (V \div S)\} - F$」で算出される。

　　　売上高が5,000百万円になった場合の利益は、以下のようになる。

　　　$5,000 \times \{1 - (1,300 \div 3,000)\} - 1,420 = 1,413.5$

　③ 一定の損益（P）をあげるための必要売上高（X）を算出する式

　　　必要売上高は「$X = (F + P) \div \{1 - (V \div S)\}$」で算出される。

　　　利益1,000百万円をあげるための必要売上高は、以下のようになる。

　　　$(1,420 + 1,000) \div \{1 - (1,300 \div 3,000)\} = 4,270$百万円

　上で示した算式は、固定費、変動費率、販売価格など与えられた条件に変化がないことを前提にしている。将来の損益を予想する際、これらの条件に変化が見込まれる。その際は、前記算式を修正して用いることになるが、本書ではその説明は省略する。

第 **2** 節 安全性の検討

1 安全性分析の着眼点と分析手法

　安全性の分析は、すべての債務を十分に返済できる財務体質をもっているかを検討するものである。

　特に、短期的な債務を十分に返済できる財務体質をもっているか（短期支払能力＝流動性）の検討が重要である。

　本節では、次表に示す「指標・手法」を取り上げて解説する。

着眼点	指標・手法	備考
【長期的な安全性の評価】		
◇負債に見合う資産がどれだけ潤沢か ◇負債が自己資本に対応する資産で、どの程度返済（決済）可能か ◇返済ならびに金利等の支払いを必要としない自己資本がどの程度蓄積されているか	自己資本比率	含み資産、含み損失に留意
◇資金が長期間固定される固定資産は返済のない自己資本あるいは返済期限の長い固定負債でカバーされているか	固定比率 固定長期適合率	
【短期的な安全性の評価】		
◇短期に支払いを要する他人資本（流動負債）が短期に	流動比率	資産・負債の対応関係を残高で示す指標であり、資産

第2節　安全性の検討　153

現金化し得る資産（流動資産）でどの程度カバーされているか		の現金化、負債の支払いのタイミング（回転期間）は表していない
◇流動資産の現金化と流動負債の支払いのタイミングは妥当か、異常な推移を示していないか	売上債権回転期間 棚卸資産回転期間 支払債務回転期間	タイミングの妥当性に加えて、手持期間の長短により投下する資金の金利、不良化の危険、管理費用等収益面の影響をみる
	収支ずれ	手持期間の長短によって所要資金の増減、すなわち資金面の影響をみる
◇借入金額は妥当か ◇資金調達余力はあるか	借入金回転期間 実質純資産	さらに、売上高純金利負担率により収益面から妥当かをみる
◇現金収支のバランスがとれているか ◇資金ショートしないか	資金繰り表分析	さらに、損益状況、売上債権・支払債務等の増減状況をみる
◇一定期間の資金の運用（資産の増加と、負債・資本の減少）と資金の調達（負債・資本の増加と、資産の減少）がどのように対応しているか	資金運用表分析	貸借対照表、損益計算書から現金収支の動き、運用調達のバランスをみる手法として資金移動表分析もある

安全性分析に使用する主要経営指標の計算式は以下のとおり。

指標	計算式
【長期安全性の指標】	
自己資本比率	自己資本÷総資本
固定比率	固定資産÷自己資本
固定長期適合率	固定資産÷（自己資本＋固定負債）
【短期支払能力の指標】	
流動比率	流動資産÷流動負債

当座比率	当座資産÷流動負債
売上債権回転期間	売上債権÷平均月商
棚卸資産回転期間	棚卸資産÷平均月商
支払債務回転期間	支払債務÷平均月商
【借入金多寡の指標】	
借入金回転期間	総借入金÷平均月商

2　長期の安全性の検討

　長期安全性は、自己資本が充実しているか、固定資産が安定資金で支えられているかについて、次の比率分析で検討する。

(1)　自己資本比率（自己資本÷総資本）

　銀行を含む債権者からみた場合、負債に見合う資産が潤沢であるほど好ましく、負債が自己資本に対応する資産の範囲内であれば、回収はまず安全と考える。すなわち、金利負担のある他人資本が少ないほど収益力に優れる。

　一般論として、自己資本比率30％以上は安定企業、50％以上は優良企業、70％以上は超優良企業というが、財務省の「令和4年度法人企業統計調査（令和5年9月発表）」による資本金別の自己資本比率は次のとおり。

資本金別	10億円以上	1億～10億円	10百万～1億円	10百万円以下
自己資本比率	42.8％	42.7％	41.4％	19.6％

(2)　固定比率（固定資産÷自己資本）

　長期にわたって固定される固定資産に投下される資本は、返済期限のない自己資本でまかなわれることが好ましい。100％以下であれば良好といえる。通常、固定資産は減価償却により減価し、一方、自己資本は利益の社内留保により蓄積されるので、本指標は次第に低下する。

　中小企業の自己資本は充実度が総じて低いため、固定比率が100％以下であるか否かより、まずは数期間の自己資本比率の推移をみて、改善・悪化の状況を把握する。悪化している場合は注意が必要である。

第2節　安全性の検討　155

⑶　固定長期適合率（固定資産÷（自己資本＋固定負債））

　中小企業の自己資本は充実度が低いことから、固定比率算出の際、算式の分母に返済期限が長い固定負債（長期借入金・社債等）を含めてみる指標が、100％以下であることが望ましい。

　固定長期適合率が100％以下であることとともに、固定負債の返済能力（減価償却、利益による内部留保で返済可能か）をあわせて検討することが重要である。収益力が乏しい企業は、固定長期適合率が100％以下でも危険とみなければならないケースがある。

　なお、計算式に加える固定負債に、経常運転資金を長期で取り上げた証書貸付を含む場合、それを短期継続融資に切り替えることで固定長期適合率がアップするので、その影響に留意が必要である。

3　実態バランスシート

　貸借対照表の資産・負債の金額は必ずしも実態の財務状態を表していない。

　資産項目の評価（簿価）は取得原価主義によって計上されているため、時価と乖離していることが多い。また、資産の過大計上や負債の過少計上などの決算操作が行われることによって実態と乖離していることもある。

　したがって、資産・負債の金額（数値）を実質的な価値に評価し貸借対照表をつくり直すことが必要となる。こうしてつくり直した貸借対照表を「実態バランスシート」と呼ぶ。

⑴　実質純資産

　実務上は、貸借対照表の純資産は必ずしも実態を表していないことをつねに念頭に置き、貸出先の純資産が貸借対照表上の自己資本と比べてどうなっているか、含み資産としてどの程度見込めるか、あるいは含み損失が自己資本に食い込んでいないかを把握することが重要である。

　以下、図示する。

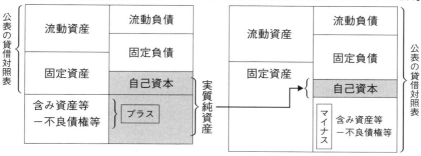

　実質純資産額の算出は、上図のとおり、含み益を表面自己資本に加算し、含み損失を表面自己資本より減額する。

　加算項目は以下のとおり。

- 含み資産：土地などの時価が簿価を上回る場合など
- 簿外資産：在庫品などで資産に計上していないもの
- 架空負債：未払費用の過大計上、利益の仮受金処理など

減算項目は以下のとおり。

- 不良資産：受取手形の不渡り分、売掛金・貸付金の回収不能分、不良在庫、費用繰延のための仮払金、固定資産の償却不足など
- 非資産項目：繰延資産、前払費用など
- 簿外負債：高利借入、預り金などの債務未計上のもの

　実態バランスシートの作成にあたっては、加算項目は少なめに、減算項目（控除項目）は多めに見積もったほうが無難である。主な項目のチェックポイントと見極め方は以下のとおり。

項目・チェックポイント	見極め方・備考
「**資産項目**」	
売上債権 　不渡手形、融通手形がないか。 　架空売掛金、焦付債権がないか。	ヒアリング、あるいは回転期間の推移から察知・推定する。 残高・回収条件から推定することもで

	きる。
在庫 　在庫の水増し、不良在庫はないか。	ヒアリングでは正直に答えない。回転期間の推移から察知・推定する。通常の場合でも、流行遅れや破損による値下りを考慮し、簿価を10〜20%引き下げて評価することが無難かもしれない。
簿外在庫はないか。	含み資産として計数上加算することはむずかしいが、実態的な資産として考慮する。過去、収益的に余裕のあった企業では保有しているケースが多い。
土地 　時価を算出する。	保有不動産の把握は、「法人税申告書」「勘定科目内訳明細書」「会社案内・ホームページ」、あるいはヒアリングなどを通して、不動産登記簿謄本（登記事項証明書）を徴求して行う。近隣更地の売買価格だけで評価するのではなく、広さ・立地・環境・転用後の有効利用度などを勘案する。
建物・構築物等 　償却不足、設備の陳腐化等を減価する。	償却不足は、法人税申告書により調査する。
投資有価証券 　上場株式等相場があるものは時価で評価替えする。	保有有価証券の明細は、「法人税申告書の明細」「勘定科目内訳明細書」、ヒアリングなどで把握する。
非上場株式等は査定上ゼロでみることが無難である。	非上場株式等は、売却が困難で換金性が乏しいので、評価しないほうが無難である。
無形固定資産 　営業権、特許件等は査定上ゼロでみるのが無難。	営業権、特許権等は売却に適さないものが多く、単独で処分できるものを除き、評価しないほうが無難。
借地権（土地時価×借地権割合）の時価を算出する。	土地の含みと同様に、大きな含み益をもっているケースがあり、処分性が高け

158　第4章　企業体質の検討

	れば評価してもよい。
	資産計上されていない場合もあるので、本社・営業所等の権利関係に留意し、場合によっては借地権の有無をヒアリング等で確認する。
繰延資産・前払費用 　査定上ゼロでみる。	資産に計上されているが、換金性のない資産（擬制資産）は評価しないほうが無難である。
「負債項目」	
支払手形 　簿外負債はないか。	資金繰り表で手形支払額と支手決済額の実績から、支払手形残高を算出し、検証する。 　期末支手残(B/S) 　　＝期首支手残(B/S)＋手形支払高 　　(資金繰り表)－手形決済高（資金繰り表)
買掛金 　簿外負債はないか。	回転期間、仕入高の推移に留意する。 　売上債権と同様、残高、支払条件から推定することもできる。
借入金・割引手形 　簿外借入はないか。	B/S、P/Lから借入金利回りを算出し、実勢レートと著しく乖離する場合は原因を究明する。

(2)　実態バランスシートの作成

以下の事実が判明したものとして、まずは実質純資産を算出する。

　① 　売上債権に先月倒産した甲社が振り出した手形23百万円がある。

　② 　不良在庫はないと思われるが、念のため、在庫残高88百万円の20％
相当の18百万円を控除しておく。

　③ 　土地の簿価15百万円を時価評価したところ78百万円であった（含み
益63百万円（78百万円－15百万円））。

第 2 節　安全性の検討　159

④　上場会社乙社の株式10千株（簿価5百万円）を保有している。時価13百万円が見込まれる（含み益8百万円（13百万円 − 5百万円））。

⑤　繰延資産として16百万円を計上している。

⑥　固定資産の償却不足、簿外負債はないようである。

上記を加算・減算項目で整理すると以下のようになる。

（単位：百万円）

自己資本額			61百万円
加算	③土地含み益	+63	+71
	④有価証券含み益	+8	
減算	①不良債権	▲23	▲57
	②在庫評価減	▲18	
	⑤繰延資産	▲16	
実質純資産			75百万円

前記を基に実態バランスシートを作成する。

（単位：百万円）

資産	表面	実質	負債・資本	表面	実質
現預金	56	56	買掛金	43	43
売掛金	96	96	支払手形	112	112
受取手形	212	①189	割引手形	193	193
在庫	88	②70	短期借入金	35	35
その他	87	87	長期借入金	155	155
土地	15	③78	その他	116	116
建物・機械	105	105			
投資有価証券	5	④13			
その他	35	35			
繰延資産	16	⑤0	自己資本	61	75
計	715	729	計	715	729

貸出先がオーナー経営の場合、一族個人で資産の蓄積を図っているケースが多い。したがって、実態把握のため、経営者の個人資産・負債を調査して、貸出先の実質純資産に加減してみるのも有効である。

　実質純資産の算出は、企業の財政状態の実態を把握する重要な手法であるとともに、実務上は借入（資金調達）余力の尺度としてもよく利用される。企業ごとの取引状況等で判断は異なり、画一的にはいえないが、総体の借入余力の有無をみる判断材料として次の考え方がある。

　　〔借入（資金調達）余力＝実質純資産－総借入（除く割引手形）・社債〕

　買掛金等の営業活動に基づく支払債務は、売上債権等の現金化により回収可能で、総借入金、社債が表面上の自己資本を含めた実質純資産の範囲内までは返済にまず問題ないと考え、これを借入（資金調達）余力とみる。

4　赤字・債務超過

　第3章第2節2(4)で純資産について図示し、自己資本は「資本金」「資本剰余金」「利益剰余金」「自己株式」「評価・換算差額等」で構成され、うち「資本金」「資本剰余金」「利益剰余金」「自己株式」を株主資本と称すると述べた。

　企業活動によって赤字が出る（損益計算書の最終損益が赤字になる）と、まず利益剰余金（内部留保）で対応（減少）させる。連続して赤字が累積すると利益剰余金（内部留保）を減らしていく。累積した赤字金額が利益剰余金（内部留保）の範囲内であれば、大きな問題にはならない。

　しかし、赤字累積額が利益剰余金（内部留保）を超えると、株主に損失を与えることになる。このような状態を「資本の欠損」という。資本の欠損状態になっても株主が文句をいうことはない。株主は、株式投資では最悪の場合、そうした状態になるというリスクを承知して出資しているからである。

　さらに赤字額が累積して、利益剰余金（内部留保）のみならず資本準備金・資本金を食いつぶす状態（自己資本がマイナスになる状態）が債務超過である。債務超過は、資産を全部処分しても債権者へ全額返済できないことを意味する。この推移を図で示すと次のようになる。

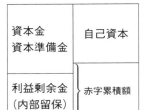

　損益計算書で計上される当期純利益は、貸借対照表で利益剰余金として積み上がっていく関係にある。利益剰余金（その他利益剰余金）には、任意積立金、繰越利益剰余金がある。繰越利益剰余金がマイナスという状態は業績悪化の注意信号であるが、利益剰余金の範囲内であれば安全性に特段の問題はない。

　赤字累積額が利益剰余金を超えて「資本の欠損」状態になると倒産の危機を知らせる重要なサインであり、見逃してはならない。この状態に陥ったとき、資本の欠損を解決するため経営改善・経営改革を待ったなしで着手する必要がある。

5　短期の安全性の検討

　企業の存続条件は長期的には収益をあげることといえるが、収益力に問題がなくとも、資金的に収支が不足し、その不足資金を調達できないと、企業は破綻する。その意味からも、短期的な安全能力をみることは重要になる。

　短期支払能力を分析するための主な六つの指標について検討する。

(1)　流動比率（流動資産÷流動負債）

　短期に返済を要する他人資本（流動負債）に対して、短期に現金化し得る資産（流動資産）が多いほど安全性が高い。すなわち、流動比率が高いほど短期的支払能力（安全性）は高いと判断される。逆に、流動比率が低いと、利益が出ていても負債の返済ができず倒産（黒字倒産）する可能性がある。

　流動比率は実務上の目安は120％で、200％以上あれば理想的といわれる。

200％という数値の根拠は、企業がなんらかの理由で清算することになった場合、資産は半額程度なら処分しやすく、負債の返済にあてられるという考え方に基づく。

留意点として、百貨店や小売店等の現金商売（売上を現金で回収する業種）では流動比率は100％以下になる。また、在庫や売上債権の不良化などで流動資産（分子）が大きくなっていることで流動比率が高く（100％以上）になっている可能性もあるので、棚卸資産回転期間と売上債権回転期間をあわせてみることも必要である。

(2) 当座比率（当座資産÷流動負債）

流動資産のうち、より換金性が高い当座資産（現預金・売上債権・有価証券等）を取り出して計算する。当座比率は高いほうがよく、少なくとも100％以上が望ましい。ただし、当座比率が高すぎることは、資金を有効に活用していない「金余り」の状態であり、好ましくないという面もある。それは、投資機会を逃す、あるいは営業活動に消極的とみられるからである。

また、流動比率と比べて、当座比率が大幅に小さい場合は、棚卸資産が多い（不良在庫が出ている）可能性を疑う必要がある。

(3) 売上債権回転期間（売上債権 ｛受取手形（含む割引手形・裏書譲渡手形）＋売掛金｝÷平均月商）

経済・金融状況、販売政策、資金繰りによって変化するので、同業他社平均値との比較、数期間の推移および数期前の回転期間との比較をし、変化が著しい場合には、原因を究明する必要がある。

回転期間が長期化している場合のチェックポイントは以下のとおり。

- ○　取扱商品の構成に変化はないか、回収期間が長い商品の売上が増えていないか。
- ○　販売先が弱体（業績懸念あり）のため、資金援助のために回収を延ばしていないか。
- ○　販売先が強気で、不利な回収条件を強いられていないか。
- ○　無理な販売をして、回収が延びていないか。
- ○　焦付債権、不渡手形などの不良債権が発生していないか。

回転期間が短期化している場合のチェックポイントは以下のとおり。

　　○　需給関係の好転により回収が短くなっているのではないか。

　　○　資金繰りのために、換金売りや値引き販売などを行っていないか。

　売上債権回転期間を受取手形回転期間、売掛金回転期間に分解して推移をみることも有効である。

(4)　棚卸資産回転期間（棚卸資産÷平均月商）

　同業他社平均値との比較、数期間の推移および数期前の回転期間と比較し、差異が著しい、あるいは変動が大きい場合は、その原因を究明する必要がある。

　通常、売上増加時は在庫が増加、売上減少時は在庫は減少する。つまり、棚卸資産回転期間は安定的に推移するものである。しかし、不安定な動きを示している場合は、その原因を究明する必要がある。

　回転期間が長期化している場合のチェックポイントは以下のとおり。

　　○　先行き売上増加を見込んで、手持在庫を増やしたのか。

　　○　売上減少にもかかわらず、在庫調整を怠ったため不良在庫を手持ちしているのではないか。

　　○　在庫を水増しして利益操作を行っていないか。

　回転期間が短期化している場合のチェックポイントは以下のとおり。

　　○　売上が好調で、在庫の増加を上回って売上高が増加したのか。

　　○　在庫管理、製造工程の合理化等で、在庫の手持期間が短縮したのか。

　　○　先行きの売上減少を見込んで、在庫を圧縮したのか。

　　○　利益操作による架空売上の影響ではないか。

　　○　資金繰りのため、在庫の投げ売りをしていないか。

　棚卸資産回転期間も製品、半製品、仕掛品、原材料などに分解して回転期間の推移をみることが有効である。

(5)　支払債務回転期間（支払債務（支払手形＋買掛金）÷平均月商）

　同業他社平均値との比較、数期間の推移および数期前の回転期間と比較し、差異が著しい、あるいは変動が大きい場合は、その原因を究明する必要

164　第4章　企業体質の検討

がある。

支払債務回転期間は、本来は材料または商品を仕入れてから何カ月で代金を支払うかを示すものであり、分母は材料費または仕入高となるが、売上債権・棚卸資産との比較に利用できるよう、実務上は平均月商との対比で算出する。

回転期間が長期化しているということは資金的には余裕が出ていることになる。この場合のチェックポイントは以下のとおり。

○　仕入材料、商品の構成の変化により、支払条件のよい仕入の売上が増えているのか。

○　仕入先に対して強い立場（力関係）で、支払サイトを延ばしているのか。

○　資金繰りが苦しく、支払いを延ばしていないか。

○　設備支払手形が混入していないか。

○　割高な仕入を強いられていないか。

回転期間が短期化しているということは、資金負担が増加していることになる。この場合のチェックポイントは以下のとおり。

○　仕入単価の引下げをねらい、現金買いや支払条件の短縮化を図っているのか。

○　仕入先が弱体なため、資金援助目的で支払条件を短縮していないか。

○　仕入先から信用されず、支払条件を無理に短縮させられていないか。

⑹　収支ずれ（売上債権回転期間＋棚卸資産回転期間－支払債務回転期間）

この場合の「収支ずれ」は、資金の立替期間を表す。「売上債権＋棚卸資産－支払債務」の差額そのものの「収支ずれ」は所要運転資金を表す。「売上債権回転期間－支払債務回転期間」を「収支ずれ」と呼ぶこともある。また、「売上債権－支払債務」の差額そのものを「収支ずれ」と呼ぶこともある。

第2節　安全性の検討　165

所要運転資金の算式を展開しよう。

　　所要運転資金＝売上債権＋棚卸資産－支払債務

　　　　＝（月商×売上債権回転期間）＋（月商×棚卸資産回転期間）

　　　　　－（月商×支払債務回転期間）

　　　　＝月商×（売上債権回転期間＋棚卸資産回転期間

　　　　　－支払債務回転期間）

　　　　＝月商×収支ずれ

(7) 借入金回転期間（（総借入金＋社債）÷平均月商）

　同業他社比較あるいは時系列比較で、有利子負債の多寡を比較する場合に利用する。なお、「総借入金」には商手割引（貸借対照表欄外注気分）を含む。

　指標のもつ意味は、あえていえば有利子負債を売上収入何カ月分で返済できるかを示すものであるが、実際の返済は売上収入すべてがあてられるわけではなく、費用を差し引いた利益が返済原資となるため、単に相対比較の指標ということになる。

6　借入金の多寡の検討

　借入金の多寡は安全性の検討において重要である。借入に依存しすぎていないか、あるいは今後に向けて前向きの資金需要や不測の事態に備えた借入余力（調達力）があるかを検討する。

　一般的に、借入金が多いと厳しい目でみられ、借入金はゼロが望ましいという意見もある。しかし、借入金があることは悪ではない。企業が営業活動を展開するに際し、自己資金だけで行うには限界があり、収益チャンスを逃すことになりかねない。設備投資においては借入金で資金調達を行い、投資を行うことはなんら問題ない。借入金を悪とみるのは借入金が過大な状況の場合である。

　借入金額が適正か、過大かの判断基準として次の二つがある。

(1) 有利子負債依存度（有利子負債÷総資産）

　有利子負債依存度は、総資産のうち何パーセントを有利子負債で調達して

いるかを表す。有利子負債依存度が高いほど返済義務が大きいということになり、財務の不安定につながる。この有利子負債依存度の対極にあるのが自己資本比率で、既述のとおり、自己資本比率が高いほど財務は安定しているといえる。

有利子負債依存度が何パーセント以上だと過大であるかについては業種によって幅があるので、同業他社との比較が有効である。

(2) 債務償還年数

債務償還年数とは、借入金を利益等で完済するのに何年かかるかを示すもので、返済能力を判断する際の参考資料になる。しかし、債務償還年数の算出方法は銀行によって異なる。また、算出結果の年数の見方も銀行によって異なる。

債務償還年数算出方法のいくつかを以下に示す。

① （有利子負債）÷キャッシュフロー

② （有利子負債－正常運転資金）÷キャッシュフロー

③ （有利子負債－正常運転資金－固定性預金）÷キャッシュフロー

④ （有利子負債－正常運転資金－預金全額）÷キャッシュフロー

なお、前記の定義として、有利子負債は「借入金＋社債」を、正常運転資金は「売上債権＋棚卸資産－支払債務」を、キャッシュフローは「経常利益＋減価償却費－法人税等」を指す。

②～④の計算式の分子は有利子負債から正常運転資金を差し引いている。正常運転資金は事業活動を継続する限り立替金のような性格であるため、企業としては返済不要の経常運転資金として認識している。実務的にも手形貸付による書替継続について、金融庁も短期継続融資（後述）で対応することを認めている。したがって、実際に返済するのは、（有利子負債－正常運転資金）の金額であって、これを「要償還債務」と呼ぶ。

ちなみに、正常運転資金について、本来は手形貸付の短期貸出で対応し、手形の書替継続（実質的に返済不要）であるところを、約弁付長期貸出で対応していることは、本来返済すべきでない部分まで返済していることになり、中小企業の資金繰りに影響を与えることになる。

第2節　安全性の検討　167

なお、小売業や飲食店など現金商売をしている業種は正常運転資金がマイナスになるが、前記計算式における正常運転資金はゼロとして計算する。

　前記計算式中、一般的に用いられているのは②と思われる。③④は現預金を控除するため、債務償還年数は小さくなる（有利にみられる）。②は、借入金が増えても現預金に余裕をもっておくべきとの考えに基づく。

　キャッシュフローに経常利益を使用するのは、中小企業は出資（株式資本）より銀行借入に大きく依存しているため、営業利益より支払利息を控除した経常利益のほうが利益の実態を表しているとの考えによる。

　債務償還年数はどのくらいの年数であればよいか。この良し悪しについての基準はない。前記②の算式で、7年以内を目指すも10年以内であれば正常先、10〜15年は要注意先、15〜20年は要管理先とみるのが一般的ではないかと思われる。

　2021（令和3）年度に内閣府が発表した「年次経済財政報告」によると、中小企業の債務償還年数は、製造業で10.6年、非製造業で13.7年と報告されている。この数値は、前記計算式とは異なり次によっている。

　　要返済債務＝長短借入金＋社債

　　キャッシュフロー＝経常利益×0.5（法人所得税控除分）

　　　　　　　　　　　×0.7（配当性向を30％と仮定）

　　　　　　　　　　　＋減価償却費×0.7（30％維持投資分を控除）

第 **3** 節　資金繰り表の分析

1　資金繰り表の分析とは何か

　企業会計はいわゆる発生主義により、現金の収支には関係なく売上時に収益に計上し、消費および償却時などに支出を費用に計上するため、会計上は利益をあげていても資金繰りが逼迫したり、逆に損失があっても資金繰りに余裕があったりする場合もある。

　企業にとって損益の収支は悪くなくても（黒字でも）、資金繰りが下手で破綻に陥ることがある。利益は出ているが資金（現金）が足りなくなることを「勘定あって銭足らず」という。一方、損益収支は赤字であっても資金繰りさえついていれば倒産しないですむ。

　こうした一定期間の収入・支出を現金ベースでみるのが資金繰り表分析である。月次の資金の動きは資金繰り表でしかわからない。

2　収支の個別的検討

　資金繰り表における個別項目ごとのチェックポイントを説明する。以下、図表4-2の簡易な資金繰り表を例とする。

(1)　前・翌月繰越金

　資金繰りを円滑に行うためには、一定以上の流動的な現預金（固定性預金は含まない）をもつことが不可欠であって、通常これを手許現預金と呼ぶ。企業にとって、必要な手許現預金は大体決まっているものであり、過去の実績・最近の業況を勘案して、現在の手許現預金在高が不足していないかどうかはたえず注視することが重要である。

　また、手持手形の推移をみることも重要である。貸借対照表や試算表の受

第3節　資金繰り表の分析　169

図表4−2　資金繰実績・予定一覧表　　　　　　　　　　　　　　　（単位：百万円）

			実績	←	→			予定		
			1月	2月	3月	4月	5月	6月	計
前月繰越		現金　A	82	72	75	63	111	126	
		（手形）a	(153)	(146)	(128)	(98)	(83)	(96)	
経常収入	売上回収	現金	64	29	33	70	32	32	260
		（手形）b	(148)	(133)	(151)	(166)	(164)	(164)	(926)
	受手期日入金　　c		5	1	1	1	1	1	10
	割引手形（落込内）d		150	150	150	150	150	150	900
	（落込額）		(150)	(150)	(150)	(150)	(150)	(150)	(900)
	その他								
	計　　　　　　　B		219	180	184	221	183	183	1,170
経常支出	仕入支払い	現金	40	4	6	5	5	5	65
		（手形）	(142)	(120)	(180)	(166)	(165)	(165)	(938)
	（裏書譲渡手形）e		(　)	(　)	(　)	(　)	(　)	(　)	(　)
	支手決済（除く設備）		148	140	196	213	126	122	945
	営業費　　　　現金		16	16	16	16	16	16	96
	支払利息		3	3	3	3	3	3	18
	その他								
	計　　　　　　　C		207	163	221	237	150	146	1,124
経常収支尻　　D（B−C）			12	17	▲37	▲16	33	37	16
経常外収支	（収入）								
	（支出）決算支出		7		2	3			
	設備支払　　現金						2	3	5
	（手形）		(　)	(　)	(　)	(　)	(　)	(　)	(　)
	経常外収支　　　E		▲7	0	▲2	▲3	▲2	▲3	▲17
総合収支尻　　F（D＋E）			5	17	▲39	▲19	31	34	29
財務収支	割引手形（増額）f			30	30				60
	借入金					40			40
	（うち設備）		(　)	(　)	(　)	(　)	(　)	(　)	(　)
	借入金返済		15	14	3	3	16	13	64
	（うち設備）		(　)	(　)	(　)	(　)	(　)	(　)	(　)
	財務収支　　　　G		▲15	▲14	27	67	▲16	▲13	36
翌月繰越		現金　H	72	75	63	111	126	117	
		（手形）g	(146)	(128)	(98)	(83)	(96)	(109)	
売上高			171	238	219	217	215	216	1,276
仕入高			118	186	170	168	171	187	1,000
在庫高			199	197	200	194	197	215	
（前月末在庫高）			(210)						

（注）　H＝A＋F＋G　　g＝a＋b−（c＋d＋e＋f）

170　第4章　企業体質の検討

手勘定のなかには担保に供している手形の残高も含まれているので、その残高も把握し、今後使用できる手持残高がわかるようにしておくことが肝要である。

　十分な手持手形を有するにもかかわらず、手形貸付による借入申出の要請がある場合などは、手形をいざというときに備え、存置しておくねらいもある。一方、不良手形の混入も考えられるので注意する。

(2)　経常収入

　売上回収（現金・手形）・受手期日入金・割引手形（落込内）・前受金等からなっており、企業の営業上の収入にほぼ見合う。

a　売上回収

　売上高と回収条件が決まれば必然的に決定されるものであるから、これらをつねに念頭に置きながら数値をみる習慣をつけておく。

　また、資金繰り表と貸借対照表の項目との間に次のような関係があることに留意する。

　　　○　売掛金の増減＝売上高－（現金回収高＋手形回収高）
　　　○　受取手形（含む割引手形）の増減＝手形回収高－手形落込高（受手
　　　　　　　　　　　　　　　　　　　　　期日入金高＋割手落込高）
　　　○　売上債権の増減＝売上高－（現金回収高＋手形落込高）

　したがって、売上高と「現金回収高＋手形落込高」とを比較して、売上高のほうが多い場合は、売上債権が増加し、増加運転資金需要が生じていることになる。

b　割引手形（落込内）

　割引手形を一括して財務収支としてとらえる考え方もあるが、一定期間の資金繰りをみるうえでは、落込内の割引手形と増枠（増額）分とを区別し、前者は経常収入でとらえたほうがわかりやすく、実務上も便利である。

(3)　経常支出

　経常支出は仕入支払い（現金・手形）・支手決済（除く設備支手）・人件費・営業費・支払利息・前渡金等からなり、企業の営業上の支出にほぼ見合う。

仕入支払い、支手決済についても、あらかじめ支払条件を聴取しておき、これと対比しながら、計数をみる習慣をつけるようにする。

　また、資金繰り表と貸借対照表の項目との間に次のような関係があることに留意する。

　　　○　買掛金の増減＝仕入高－（現金支払高＋手形支払高）

　　　○　支払手形（除く設備支手）の増減＝手形支払高－手形決済高

　　　○　支払債務の増減＝仕入高－（現金支払高＋手形決済高）

　したがって、仕入高と「現金支払高＋手形決済高」とを比較して、仕入高のほうが多い場合は、支払債務が増大し、減少運転資金が生じていることになる。

(4)　経常収支尻

　経常収支尻は経常収入と経常支出との差額で、営業上の現金の増減を示す重要な項目である。経常収入が経常支出より多いのが常態、つまり、経常収支尻はつねにプラスの数値であるのが通常である。

　経常収支尻がマイナスになる例としては、償却前利益（経常利益＋支出の伴わない経費）がマイナスになる場合、償却前利益が増加運転資金を下回る場合がある。

　特に問題なのは前者のケースで、損益計算書では利益を計上しているにもかかわらず資金繰り表上の経常収支尻のマイナスが続く場合は、償却前利益が実質マイナス、つまり粉飾の可能性があるので注意を要する。こうした関係を念頭に置いて、貸出先から納得のいく説明を受ける必要がある。

　経常収支尻を別の角度からみる指標として「経常収支比率」がある。

　　　経常収支比率＝（経常収入÷経常支出）×100

　経常収支比率は企業の動態的支払能力を示す有力な指標であり、前述の関係から100％以上が常態である。また、同業他社比較・期間比較を行うとよい。

(5)　経常外収支

　経常外収支には、背景に企業の大きな経営戦略（たとえば新規事業への進出、再建計画等）が秘められていることがあるので、そうした認識をもって

数値を注意深くみる必要がある。

a　経常外収入

主な経常外収入として、増資代り金、資産処分代り金、投融資回収金、固定性預金取崩し等がある。

b　経常外支出

主な経常外支出として、決算支出（従業員賞与は含まない）、設備・投融資支出、固定性預金預入れ等がある。

(6)　財務収支

財務収支では、前期繰越金、総合収支尻および借入金返済（約弁分）とにらみ合わせ、借入金と割引（増額・減額）の額が決められることになる。

貸出担当者としては、次の諸点を考慮することが重要である。

a　借入金・割引増枠はなぜ必要か

「なぜ資金が必要なのか」が、貸出判断の最大のポイントである。つまり資金使途の把握、金額妥当性の検証は重要である。

貸出先の説明を鵜呑みにすることなく、自らが健全な懐疑心をもって納得できるまで検証する姿勢が必要となる。

b　借入形態は妥当か

かつて（長短金利に格差があった時代）、設備資金は本来長期安定資金で調達すべきところを短期借入でまかなおうとする貸出先があった。昨今は、短期資金で調達すべき経常運転資金を長期貸出で対応するケースもある。また、当座貸越極度の供与は妥当か等、資金使途と信用格付および期間リスクを勘案し、適切な借入形態で対応することが求められる。

c　借入計画の実現性は妥当か

複数行からの借入を計画している場合、他行動向、特に主力行の動向が大きなポイントになる。通常、主力行に最も情報が集まるので、主力行の貸出残高の動き・変化は銀行取引一覧表を用いて毎月ヒアリングを行い注視することが重要である（本章第6節4、第7章第4節2参照）。

第3節　資金繰り表の分析　173

3　資金繰り表における留意点

(1)　資金繰り表の対象期間

資金繰り表のスタート時期は、できれば中間決算ないし本決算直後とすべきである。このことによって、前月繰越現金・手持手形の計数把握が容易になる。

(2)　全体の収支バランス

資金繰り表を受け取ったら、まずスタート月の前月繰越現金（手形）と最終月の翌月繰越現金（手形）に注目して、その差異、最終予想をみる。次に主項目に目を転じ、資金不足あるいは余剰は経常収支尻・経常外収支のいずれから生じたものか、またそれにどのように対処する計画になっているかを読み取る。それに対応させて、各資金対策の中身について質問を行い、不明・不審な点を明らかにする。

(3)　決済・回収条件との対比

経常収入と経常支出は、売上高・仕入高の金額、回収・決済条件がわかれば大枠が決まってくる。また、回収・決済条件の変化は資金繰りに大きな影響を与えるものであるから、次のことを習慣づけるようにするとよい。

　　　○　主な製品・商品についての回収・決済条件はつねに把握しておく。

　　　○　資金繰り表を受け取る際は、これらの変更の有無を確認する。

　　　○　回収・決済条件から試算される回収額・決済額と提出された資金繰り表上の回収額・決済額を突合する。

こうしたチェックは、実際に提出された資金繰り表の信憑性を確認する役割を果たす。

(4)　実績との対比

通常、資金繰り表は予定表のほうに力点が置かれ、実績表は軽視されがちである。予定表を検討することだけでなく、経過後に対応期間の実績表の提出を求め、予定と実績とを比較対照することが大切である。両者の間に差異はつきものであるが、その差異が大きい場合は、その理由を質し、その予定表はどのような根拠に基づいて作成したのか等を質問してみるとよい。

往々にして提出された資料は正しいものと考えがちだが、必要に応じ、資料作成段階に立ち入って探求することも大事である。そのことによって貸出先も資料作成に真剣に取り組むことになる。

(5)　季節性の考慮

事業内容が季節の影響を受けやすい業種の場合には、需要期と需要が少ない期との資金繰りを対比させてもそれほど意味はない。前年同期との対比、仕入・販売計画などの資料と照合のうえ、当年度の特色を読み取ることが大切である。

4　資金繰り表の活用

資金繰り表は、増加運転資金の把握にも利用できる。増加運転資金は所要運転資金の増加分といえるが、言い換えれば「売上債権の増減＋在庫の増減－支払債務の増減＝増加運転資金」である。

これをさらに分解すると次のように表せる。

○　売掛金の増減＝売上高－現金・手形回収高
○　受取手形の増減＝手形回収高－手形落込高（受手期日入金＋割引手形落込高）
○　在庫の増減＝期末在庫－期首在庫
○　支払手形の増減＝手形支払高－手形決済高

これを図表4－2に当てはめると、増加運転資金は次のようになる。

　　売掛金の増減　　　　90＝1,276－(260＋926)

＋受取手形の増減　　　16＝　926－(10＋900)

＋在庫の増減　　　　　 5＝　215－210（資金繰り表の在庫在高の差額）

－買掛金の増減　　▲3＝1,000－(65＋938)

－支払手形の増減　▲7＝　938－945

────────────────────────

1～6月の増加　　　101＝90＋16＋5－3－7

運転資金

第3節　資金繰り表の分析　175

第4節 資金運用表

1 資金運用表の機能と役割

　資金運用表は、一定期間の資金の流れについて、調達・運用両面を対比させ、どのようなかたちで資金を調達し、それをどのように運用したかという財務状況の変化を総合的に把握できるようにしたものである。

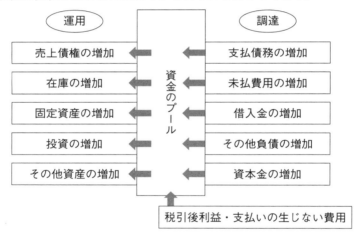

2 資金運用表のつくり方

(1) 一般的なつくり方

　資金運用表のつくり方はいくつかあるが、まず一般的なものを説明する。
　初歩的な資金運用表は、比較貸借対照表の増減を下記ルールに従って運用、調達に仕分けする。
　　（借方）運用＝資産の増加＋負債・資本の減少

（貸方）調達＝資産の減少＋負債・資本の増加

資金運用表の簡単なケースを以下に示す。

比較貸借対照表（例）　　　　　　　　　　　　　　　　　（金額単位：百万円）

（資産の部）	前期	当期	増減	（負債および資本の部）	前期	当期	増減
現預金	20	30	10	支払債務	85	95	10
売上債権	110	145	35	借入金・割引手形	135	135	0
在庫	90	80	▲10	引当金	25	35	10
固定資産	300	350	50	資本金	250	300	50
繰延資産	5	8	3	利益剰余金	30	48	18
合　計	525	613	88	合計	525	613	88

資金運用表（例）〜初歩的なもの　　（金額単位：百万円）

運用	増減	調達	増減
現預金の増加	10	支払債務の増加	10
売上債権の増加	35	在庫の減少	10
固定資産の増加	50	引当金の増加	10
繰延資産の増加	3	資本金の増加	50
		利益剰余金の増加	18
合計	98	合計	98

　このような資金運用表でも、資金の大きな流れはとらえることができなくはないが、現実的な資金の調達・運用を表しきれていない面が多く、実際に利用する場合は修正を加えることが必要になる。修正を要する事項は、大別して「非資金取引」と「決算関係支出」である。

a　非資金取引の修正

　損益計算書上は費用として引き落とされるが現金支出を生じないものがある。たとえば減価償却費、棚卸資産評価損、貸倒損失、退職給与引当金積増しなどがこれに当たる。当期利益はこれらの金額を引き落とした後の数値であるが、資金の調達源泉としてみた場合の利益剰余金はこれらを引き落とす

第4節　資金運用表　177

以前の数値であるから、これらの金額を利益に加算して考える必要がある。

一方、固定資産（減価償却）、繰延資産（繰延資産償却）、在庫（評価損）、売上債権（貸倒償却）などの貸借対照表上の金額はそれぞれ上記カッコ内の減価が行われた後の金額であるから、資金の運用面を新規投資額ベースでみるためには、減価額を各勘定に振り戻して考える必要がある。

また、固定資産の売却などがあった場合は、売却物件の簿価を固定資産に振り戻して新規投資額にするとともに、売却代金を調達に両建加算し、売却益があれば利益剰余金から控除、売却損があれば利益剰余金へ加える処理を行う。こうすることによって、利益剰余金は経常損益ベースのものとなり、固定資産売却収入は別個の資金源泉としてとらえられることになる。

このほか、単なる科目の振替取引、たとえば貸付金を出資金（投資有価証券）に振り替えるような場合は、非資金取引として貸借を相殺して考える。

b 決算関係支出の修正

比較貸借対照表によって得られる当期利益剰余金の増減額は、前期決算支出が当期の資金支出であるところから、それが差し引かれた純増減になっている。そこで、これを現実の資金の流れに即し、税金支出も含め、運用側に前期決算支出として計上し、調達側に当期の税引前当期利益を計上する。

c 修正仕訳

上述の非資金取引と決算関係支出の修正は、修正仕訳を行い、これに基づき精算表に転記する手続を踏むとわかりやすい。

具体例を示すと次のようになる（単位：百万円。「//」の左側が借方、右側が貸方）。

①	利益剰余金	29	//	当期利益	29
②	固定資産	25	//	減価償却	25
③	繰延資産	2	//	繰延資産償却	2
④	諸引当金	5	//	諸引当金	5
⑤	法人税等引当金	12	//	法人税等引当金繰入	12
⑥	決算支出	11	//	利益剰余金	11
⑦	税金支払	7	//	法人税等引当金	7

178　第4章　企業体質の検討

この修正を施した精算表が次表である。

精算表による修正（例） （金額単位：百万円）

（資産の部）	貸借対照表		増減		修正		運用表	
	前期	当期	借方	貸方	借方	貸方	運用	調達
現金預金	20	30	10				10	
売上債権	110	145	35				35	
在庫	90	80		10				10
固定資産	300	350	50		②25		75	
繰延資産	5	8	3		③ 2		5	
合計	525	613						
（負債および資本の部）								
支払債務	85	95		10				10
借入金	60	50	10				10	
割引手形	75	85		10				10
法人税等引当金	10	15		5	⑤12	⑦ 7		
諸引当金	15	20		5	④ 5			
資本金	250	300		50				50
利益剰余金	30	48		18	①29	⑥11		
合計	525	613						
（修正項目）								
当期利益						①29		29
減価償却費						②25		25
繰延資産償却						③ 2		2
諸引当金						④ 5		5
法人税等引当金繰入						⑤12		12
決算支出					⑥11		11	
税金					⑦ 7		7	
合計			108	108	91	91	153	153

第4節　資金運用表　179

(2)　資金運用表のまとめ方

　資金運用表のまとめ方として初歩的なものは、勘定科目をそれぞれの性質に関係なく網羅的に示す方法で、これを「1部制の資金運用表」という。

1部制の資金運用表　　　　　　　　　（単位：百万円）

運用		調達	
決算支出	11	利益剰余金	73
税金支払	7	（当期利益）	(29)
設備投資	75	（減価償却）	(25)
繰延支出	5	（繰延資産償却）	(2)
借入金減	10	（諸引当金）	(5)
現預金	10	（法人税等引当金）	(12)
売上債権	35	増資	50
		割引手形	10
		支払債務	10
		在庫減	10
合計	153	合計	153

　次に考えられるのは現預金、短期借入金、割引手形を除いた流動資産と流動負債との差額を所要運転資金としてとらえ、その増減を増加運転資金とし、あるいは減少運転資金として、その他の資金と峻別して作表する方法である。

　これが以下に示す「2部制の資金運用表」である。二分して示すことで運転資金の動向を明確に把握できるようになる。実務上は、この2部制で作成することが多い。

　なお、前記（精算表による修正）から前期運転資金は115（110＋90－85）、当期運転資金は130（145＋80－95）とわかることから、増加運転資金は15（130－115）になる。

2部制の資金運用表　　　　　　　　　　　（単位：百万円）

運用		調達	
決算支出	11	利益剰余金	73
税金支払	7	（当期利益）	(29)
設備投資	75	（減価償却）	(25)
繰延支出	5	（繰延資産償却）	(2)
借入金	10	（諸引当金）	(5)
現預金	10	（法人税等引当金）	(12)
		増資	50
増加運転資金	15	割引手形	10
小計	133	小計	133
売上債権	35	支払債務	10
		在庫減	10
		増加運転資金	15
合計	168	合計	168

　さらに、その他資本の中身を基礎収支と財務収支とに分ける方法がある。それが「3部制の資金運用表」で、次表のようになる。基礎、運転、財務のそれぞれの収支の動きがより鮮明に浮かび上がり、資金の運用・調達の良否を判断しやすくなる。

3 部制の資金運用表　　　　　　　　　　　　（単位：百万円）

	運用		調達	
基礎収支	決算支出	11	利益剰余金	73
	税金支出	7	（税引前当期利益）	（41）
	設備投資	75	（減価償却）	（25）
	繰延支出	5	（引当金等）	（7）
			増資	50
	（基礎収支余剰）	（25）		
	小計	123	小計	123
運転収支	売上債権	35	支払債務	10
			在庫減	10
			（運転収支不足）	（15）
	小計	35	小計	35
財務収支	借入金返済	10	割引手形	10
	（財務収支余剰）	（0）		
	小計	10	小計	10
最終尻	現預金	10	（現預金余剰）	（10）
	合計	178	合計	178

3　資金運用表の見方

資金運用表をみる際は、次の点に留意する必要がある。

(1)　基礎収支

a　設備投資

設備投資は回収に長期間を要するため、資金調達は基礎収支（償却前利益・増資等）および財務収支における長期資金（長期借入・社債等）により調達が行われていないと健全とはいえない。

b　決算仕振り

決算支出は、今後の企業基盤を強くする観点から極力抑制的（内部留保優

先）に行われることが望ましい。決算支出は利益剰余金の範囲内が健全といえる。

決算支出は前期の利益に基づき支出されるもので、当期利益とアンバランスになることもある。ただし、利益が先細り傾向にもかかわらず決算支出を多額で行う企業に対しては、時によって抑制的に行うべき旨の銀行のアドバイスも必要であり、その動向を注意深く見守る必要がある。

(2) 運転収支

a 増加運転資金か減少運転資金か

運転収支については、まず増加運転資金か減少運転資金かに注目し、それがどのように調達、あるいは運用されているかをみる。

増加運転資金の場合は、収益か、あるいは借入金・割引手形で調達されていることが多いが、そうした調達方法が妥当かどうかを検討する。

減少運転資金の場合は、借入金・割引手形が減少につながるべきものと考えてよい。減少運転資金で生じた資金が基礎収支（赤字補填・設備等）へ流用されている場合は、危険・非正常な運用とみて注意を要する。

b 増加運転資金・減少運転資金の原因の検討

増加運転資金が生じている場合は、①売上増加、②収支ずれの悪化、③在庫の増加のどれかに原因があるはずである。売上増加による場合はそれほど注意する必要はないが、収支ずれの悪化・在庫の増加による場合は十分な検討が必要である。収支ずれ悪化の場合は無理な売込み・不良債権の存在の可能性、また在庫の増加の場合は売上不振・不良在庫の存在の可能性もあるので、要注意である。

(3) 財務収支

基礎収支および運転収支の不均衡に対処するために財務上の手当が行われる。したがって、財務収支は基礎収支・運転収支と並行してとらえる必要がある。特に、基礎収支および長期借入の動き、運転収支と短期借入・割引手形の動き等を注意深くみることが大切である。

(4) 見方の具体例

以上の一般的見方を基に、前記資金運用表（3部制）を用いて具体的な見

方を紹介する。

○　決算支出、税金支出（11＋7＝18）は、利益剰余金（73）の範囲内であり問題はない。

○　設備投資（75）は、増資（50）と減価償却（25）でまかない、決算支出も極力抑えて内部留保に努めたため基礎収支は25百万円の余剰と（11＋7＋75＋5－73）なった。

○　運転収支については、売上増加による売上債権増（35）が顕著であるが、在庫を極力圧縮（10）したことによって増加運転資金は15百万円にとどまり、これを利益でまかなったかたちとなった。また、手形繰りに余裕が出たため、借入金10百万円を割引手形に乗り換えた。

○　総じて良好な資金の運用・調達といえる。

なお、これは良好な資金の運用・調達のケースであるが、たとえば増資がなく基礎収支がマイナスで、これを短期借入でまかなっていたり、運転収支余剰（減少運転資金の発生）でカバーしていたりするような場合は、不健全な運用・調達となる。

第**5**節 成長性の検討

　本章では第1節で収益性について、第2節で安全性について述べてきたが、収益性や安全性がよくても成長性が劣る企業は「よい企業」とはいえない。企業が存続・発展するためには、この成長性の検討はきわめて重要である。しかしながら、企業の成長性・将来性を見極めることは非常にむずかしい。

　銀行にとって企業との取引は永続的なものであり、その企業が成長していくか、あるいは停滞または衰退していくかは重要な意味をもつ。

　成長性の検討にあたっては、過去の経営活動の結果である決算書の分析よりも実体面の考察、すなわち業種動向・企業特性に関する現状の問題点をふまえ、広い視点から検討する必要がある。

　成長性とは、先行きの利益を趨勢的に増加させていく力といえる。成長性の判断には「経営活動を実体面から検討する」「決算書の期間比較から検討する」という方法がある。

1　実体面からの見方

　経営活動を実体面から検討することは、対象が抽象的であることに加えて情報量が多く、高度の知識、洞察力を必要とするため難解だが、ここでは「人的要素」「物的要素」「経営活動」「業界動向」の四つの要素について概観する。

(1)　人的要素の見方

a　経営者

　「事業は人なり」という言葉がある。中小企業の場合、経営者いかんで企業の発展が左右されるといっても過言ではない。大企業の経営者として有能

な人に中小企業の経営者が務まるとは限らない。中小企業の経営者は、企業の経営全般にわたって問題点を的確にとらえ、解決策を考え、取り組んでいるか、また従業員・組織を束ねた経営を行っているかが問われる。そこには、リーダーシップ、先見性、独創性、計画性、実行力などが問われる。

まず、経営者を知ることが重要である。これについては、第2章第4節を参照いただきたい。

次に経営手腕が重要である。経営手腕はみただけではわからない。永年にわたってその経営者と接触してきた人から情報を得るのが手っ取り早い。また、過去における経営の仕方・実績を参考にすることも有効である。その意味でも「取引先概要表」における主要取引経緯記録や「経営者概要表」が参考になる。

そして、経営者と役員との対立や派閥抗争がないかをみる。経営陣の足並みがそろっているかも経営の重要なポイントである。

b 従 業 員

従業員の質的レベルも重要な要素であるが、これは学歴ではなく勤労意欲の問題といえる。従業員の勤労意欲には精神的なもの（働き甲斐・生き甲斐等）と物質的なもの（給与・福利厚生等）とがある。

会社訪問時にみる従業員の勤務態度や、平均勤続年数、技術者の熟練度、従業員1人当りの売上・利益の同業他社比較などで、企業内組織の雰囲気を感じ取ることも重要である。

(2) 物的要素の見方

企業は必ずなんらかの設備を備えている。設備の良し悪しのそれ自体が、あるいはそれを使用する人的要素とのバランスが、生産活動や販売活動に影響を与え、企業の業績を左右することになる。商店であっても場所の条件、店舗内の商品陳列状況、サービス用品・備品の有無が売上に響く。このように事業を継続するに必要な物的要素も業績に影響を及ぼす。

a 立地条件

立地条件の良否は売上と原価に影響する。小売業においては立地条件が売上に大きな影響を及ぼすことはいうまでもない。製造業においても、立地条

件によって原材料の入手経費、工場用水、電力、労務費などのコストの違い
が経営に影響する。

b 土地・建物

土地・建物の大きさと管理状況は、作業能率を通じて直接的・間接的に収
益性に影響を与える。過大な土地・建物をもつことは固定費負担が大きく収
益性を低下させる。また資本が固定化して流動性が低下する。逆に、土地・
建物が小さすぎると、レイアウトに無理があり、従業員に与える心理的負担
や作業能率の低下で収益性を悪くする。

土地・建物が企業にとって適切かどうか現状を視察し、収益性の観点から
分析し、判断することも必要である。

c 機械設備

優れた機械は生産性を高めるうえでも有利であり、収益性を向上させる。
生産性を左右するものは設備と労働であるが、最新設備による生産性の上昇
が、労務費の上昇を上回れば利益は増加する。

d レイアウト

レイアウト（工場や事務所の設備・機械などの配置設計）は、製造業、販
売業を問わず作業能率と販売活動に影響を与える。特に製造業の場合、建
物・構築物の配置、工場内の機械の配置いかんが人・物の動線に関係し、作
業能率に大きく影響する。小売業の場合は、店内における商品の陳列や装飾
によって売上に響く。

こういうことも企業調査の一環であるという認識をもつことが重要であ
る。

(3) 経営活動の見方

企業は「生き物」であり、その活動ぶりは人間と同じで、健康であるとき
ばかりと限らない。軽い風邪をひいたり、場合によっては重い病気にかかっ
たりする。死ぬ（倒産する）こともあり得る。

企業経営の目的は、存続し、利益をあげることにある。さらなる成長に
よって利益を増やし、企業を発展させるかどうかは企業の経営活動いかんに
かかっている。

製造業の場合は「原材料の購入」「生産・加工」「製品の販売」という三つの活動として、商業の場合は「仕入」「販売」という二つの活動として考えてみる。

a　生産状況

生産活動いかんが収益性に大きな影響を与える。

○　製品の品質の優劣が売上高を大きく左右する。他社製品にはみられない品質の特徴があると価格は有利となり、需要も安定する。

○　設備稼働率が高いと労働生産性が高くなり、相対的に原価が逓減して収益性も高くなる。

○　生産期間が長くなると仕掛品が増加し、運転資金が必要となり金利負担が増える。生産期間の長さは製品の陳腐化や品質変化のリスクがある。

○　原材料の100％が製品に吸収されることはなく、何パーセントかはスクラップとして出る。そのロス（歩留り率）が少なければ少ないほど収益性は高くなる。

b　仕入状況

仕入はいかにして安く、かつ有利な支払条件で仕入れられるかがカギを握る。

○　仕入価格は商品の需給関係によって左右される。一般的には必要最少限のものを仕入れて、価格変動が生じないうちに製品化し販売することが望ましい。仕入政策の拙劣の有無が収益性に影響する。

○　仕入条件は、仕入価格、資金繰りに密接に関係する。現金で仕入れていたものをサイト3カ月の手形払いに変えると、月間仕入額の3倍の資金が調達されることと同義となり、採算上有利となる。

○　在庫の多寡が収益性に影響する。在庫をもつことは、在庫資金に対する金利、保険料、在庫管理のための人件費、運搬費、また陳腐化・減耗などの危険リスク、保管倉庫費用などを要する。したがって、在庫を多くもちすぎると収益性は低下する。

○　逆に、在庫が少なすぎることは生産の停滞や人件費の無駄遣いにな

り、収益上は好ましくない。

○　したがって、適正在庫かどうかの判断が必要である。

c　販売状況

「販売なくして利益なし」「販売なくして事業なし」という言葉がある。どんなに優れた商品でも売れないと経営は成り立たない。

○　販売経路に代理店・卸売・小売などの会社が介在すると、流通コストの負担が販売価格に影響する。どのような経路で販売しているかを把握し、その経路は商品の性質からみて適当か、あるいは必要かを検討する。

○　販売先の信用状態をみることが重要である。売上を増加させても代金の回収ができなければ何にもならない。主要販売先の業況等については信用調査会社の信用調査を利用する方法がある。

d　販売価格

適正価格で販売しているかを注視する必要がある。

○　品質や機能等が同等の商品であれば、価格の安いほうが売れるのは当然の理である。

○　販売競争において、企業は価格の引下げに努める必要があるが、それは採算の悪化を招く。したがって、価格の引下げによる収益の低下を販売量の増加でカバーできなければ、価格引下げによる販売政策は意味がない。

○　実際の販売競争は、原価を無視した価格による販売過当競争が行われる。そのことで経営の根幹を揺るがすことになっていないか、つねに注視する必要がある。

○　回収条件は売り手、買い手の力関係による。回収条件に変化がある場合は、その理由・背景を調べる必要がある。たとえば回収条件を緩和すると、販売先は資金繰りが楽になり、その結果販売先は仕入を増やすことで、売上増加につながる。

(4)　業界動向の見方

企業の経営の成果は、経営努力と外部の経済環境との総合的所産である。

しかし、企業の経営努力だけではいかんともしがたいことがある。貸出審査にあたっては、貸出先自体の問題だけを取り上げて検討するだけでは不十分で、経済金融情勢のみならず業界・業種動向をもあわせて把握する必要がある。

a　業種の成長性

　売上高は企業の努力もさることながら、業種の動向に左右される。企業は、属する業界・業種の変化にどのように立ち向かい、対処しようとしているのかの検討状況・考えを見極める。

b　業界の構成と当社の地位

　貸出先が属する業界の構成を把握し、貸出先の業界内地位を知り、競争力をみる。

　取引関係が深い大企業が属する業界動向と、その大企業との取引における貸出先の位置づけ・重要性（受ける影響の度合い）を確認する。

c　産業構造等の変化

　IT化、少子高齢化、環境問題、SDGs、国際化等々の要因によって、衰退産業がある一方、勃興・成長産業があり、産業構造が変化するなか、経営者は何を考えているか。

2　期間比較による成長性の見方

　期間比較のポイントは二つある。一つは企業業績が好調（上昇しつつある）か、それとも下降線をたどりつつあるかである。もう一つは業績の上昇・下降の理由はどこにあるかという原因分析である。

(1)　売上および利益の増減比較

　期間比較は、まずは前期比で「増収」か「減収」か、「増益」か「減益」かをみる。成長性をみるうえでは、単に前期比の比較にとどまらず、少なくとも直近3年、できれば5年間の趨勢比較を行うことが必要である。長期間の趨勢をみることによって上昇傾向にあるか、下降線をたどっているかを把握して、今後の成長性について予測していく。

　なお、売上と利益とは密接な関係にあり、売上が利益を生み出す根源であ

190　第4章　企業体質の検討

るが、つねに売上・利益がパラレルに動くとは限らない。増収増益が望ましいが、増収減益や減収増益もあり得る。

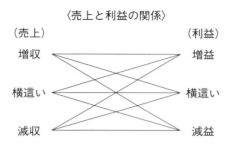

〈売上と利益の関係〉

(2) **期間比較を行う場合の注意点**

期間比較を行った結果、毎年4～5％の増収増益を続けていることがわかるとする。業績は順調に推移しているようにみえるが、同業他社の多くの増益率が7～8％であると、この会社の成長性は劣っているといわざるを得ない。

企業の成長性は、その企業が属する業界・業種の発展性と大きく関係している。単に貸出先の期間比較にとどまらず、同業他社・業界平均値の趨勢との比較も重要である。

(3) **利益増減分析**

売上・利益の増減の大きさを調べた後、利益の増減がどのような理由に基づくものかという原因分析を行う必要がある。決算書で、表面上は増収増益で順調のようにみえても、そこに特殊要因はなかったかを調べるべきである。不動産の売却損益などは特別損益の部でわかるが、以下のような場合、単純に期間比較するだけでは増減の原因がわからない。実態を把握する必要がある。

① 売上の増減：販売価格の変化、販売数量の増減、スポット的大口要因はないか。

② 為替レートの変化：たとえば売上200万＄の場合、1＄100円時の売上は2億円でも、1＄150円時の売上は3億円になる。

第5節 成長性の検討

③　販売費・一般管理費の増減：人件費の増減、交際費・広告宣伝費、その他経費の増減はないか。

④　営業外損益の増減：支払利息・受取利息等の増減はないか。

　決算書の表面上の数値だけで増収増益と判断することなく、増収増益の原因分析を行って、はじめて成長性の判断ができる。

第6節 粉飾決算の見分け方

1 粉飾決算

「粉飾決算」とは、決算の実態を正確に表示していない虚偽記載を指す。「粉飾」という言葉自体があってはならないものだが、「粉飾決算」は現実に存在する。「粉飾決算」は一種の詐欺行為であるが、騙されたこと（粉飾）を見破ることができなかった銀行は損失を被ることになる。そのため、銀行は債権保全・損失回避のために粉飾決算を見抜く必要がある。

貸出業務に携わる者は、中小企業の決算書に向き合っていかなければならない。中小企業の決算書は多かれ少なかれ粉飾されていると思って決算分析を行う必要がある。粉飾には「利益を圧縮する目的」「利益を水増しする目的」「財務内容をよくみせる目的」の3種類がある。

中小企業は税金逃れのために、故意に利益を圧縮する決算を行うことがある。利益の過少表示となる決算は含み資産を生むものとして、利益圧縮の粉飾は問題視されない傾向がある。しかし、このような決算は経営の実態把握を困難にするとともに、経営者の決算に対する安易な考え方が見え隠れし、裏金や着服、脱税等の不祥事につながる懸念もあるので注意が必要である。税金逃れのために利益を圧縮し脱税が発覚した場合、多額の追徴金が課せられ、社会的信用を失うリスクがある。

企業の存立に致命的な問題となるのは利益の過大表示の粉飾である。利益の過大表示の方法はさまざまである。引当金の繰入・取崩しなどは粉飾の程度としては軽いが、より複雑・巧妙な手法の粉飾が行われると、それを見破るのはむずかしくなる。そのような高度な粉飾のことを「麻薬」と称することがある。一度利益過大表示のために粉飾決算を行うと、麻薬のように粉飾

と縁が切れなくなることを意味する。麻薬（粉飾額）の使用量が次第に増加していくと「中毒」になる。決算書の表面は健康体のようにみえても内部（実態）は病原菌に蝕まれ、病状は悪化の一途をたどり、ついには破局（死、倒産）を迎えることになる。使用した麻薬（粉飾額）が多いほど、病が深いことを意味する。

銀行は貸出先の決算書の異常を早期に発見しなければならない。早期発見ができれば対応策を講じ、再建の可能性を見出すこともできるが、発見が遅れると手遅れになる懸念が大きい。貸出担当者には粉飾決算がどのような方法で行われているか、それを発見するためにはどのようにすればよいか、決算書をみて、粉飾の実態を見抜く力が求められている。しかしながら、決算書の表面上の数値をコンピュータに分析させ、アウトプットされた決算分析資料をあらためて精査することを行っていない担当者が多い。そもそも決算書を自分で分析する力がない者に粉飾を見抜く力があるとは思えない。

貸出業務の要諦は債権保全・損失回避にあり、貸出先の粉飾決算を見抜く力が必要であることは論をまたない。そのためには、第3章の内容はしっかり身につけておくべきである。

2　粉飾決算が行われる背景と類型

粉飾が行われる主な背景として次の3点があげられる。

(1)　安定利益・安定配当の要請

経営者には外部に公表する利益は毎期一定水準以上の金額を計上し、安定した株主配当を継続する経営が求められる。このため経営者は、好況時に公表利益の圧縮により内部留保の充実を図り、不況時には逆に内部留保の取崩し（含み益の吐出し）により損失の圧縮を行う傾向がある。これが粉飾決算を行うことになる大きな背景である。

(2)　倒産回避の要請

業績が悪化し実質的に赤字になっても、企業は資金繰りが回り、事業が継続できれば、ただちに倒産に結び付くとは限らない。資金繰りが回れば倒産しないですむ。企業にとって怖いのは、業績の悪化・赤字が外部に知られ、

信用不安を生ずること、そして銀行借入ができなくなることである。

収益悪化、赤字転落は次のような影響がある。

　　○　経営者に対する責任の追及。

　　○　仕入先、販売先に対する営業上の信用力の低下。

　　○　対銀行信用力の低下（増担保要請、借入金の回収）。

　　○　従業員の不安増、士気の低下（リストラ、離職）。

そのために、赤字を隠蔽する粉飾決算をもって銀行借入を受け、事業継続に躍起となる。

(3)　企業会計における解釈の弾力性

会計処理上の解釈の相違によって異なる利益額になっても不当とはいえない。複数の会計処理方法が適当と認められている。たとえば減価償却費の定額法・定率法などである。

会計処理には、いわゆる「継続性の原則」があるが、これに反し決算書を作成することもある。「継続性の原則」に反することは好ましくはないが違法ではないため、このような利益操作は半ば公然と行われている。本節では、減価償却費、引当金、準備金による決算操作も広義の「粉飾」として説明する。

3　粉飾の方法

(1)　粉飾の仕組みと企業のねらい

粉飾は以下の3種類ある。

種類	B／S・P／Lの動き	企業のねらい
利益の圧縮 （逆粉飾という）	〈P／L〉　　　　　〈B／S〉 収益の減少━━━━▶資産の減少 費用の増加━━━━▶負債の増加	・法人税の軽減 ・将来の業績悪化への備え ・配当の平準化 ・財務基盤の充実
利益の水増し	〈P／L〉　　　　　〈B／S〉 収益の増加━━━━▶資産の増加 費用の減少━━━━▶負債の減少	・業績悪化の隠蔽 ・信用維持、商取引の拡大 ・資金調達の容易化 ・配当の維持

第6節　粉飾決算の見分け方　195

		・官公庁の認可、入札資格等の確保、維持
損益に影響なし	〈B／S〉 〈B／S〉 資産の増加——→資産の減少 負債の減少——→負債の増加 〈P／L〉 〈P／L〉 収益の減少——→収益の増加 費用の増加——→費用の減少	・財務比率の偽装 ・不法行為の隠蔽 （融手、自己株式取得等） ・不正支出 （簿外資産化後着服等）

　利益を圧縮する粉飾（「逆粉飾」という）は、含み資産を生むもので、現時点における企業内容の余力を示すが、次のような弊害があることも忘れてはならない。

　　○　経営の実態把握が困難になる。

　　○　決算に対する経営者の考え方を安易にする。

　　○　裏金の作成等が資金の着服等の不正の温床になる。

　　○　税金逃れの利益圧縮で脱税が発覚した場合、多額の追徴金を課せられ、資金的に行き詰まる可能性とともに、社会的信用を失う懸念がある。

(2)　粉飾の方法と諸段階

　粉飾の発見のためには、粉飾はどのような方法で行われるかを理解しておくことが必要になる。

　粉飾の方法を、類型別・段階別に分けると以下のようになる。

	利益過大計上の場合	利益過少計上の場合
【第1段階】 　償却・引当の過不足	・各種引当金・準備金操作 ・固定資産の償却不足 ・貸倒れの償却未計上 ・資産評価額損の未計上	・引当金の限度超過設定 ・固定資産の超過償却 ・貸倒れの超過償却 ・資産評価額の過大計上
【第2段階】 　費用の操作 　資産の評価益計上	・費用の固定資産化 ・前期支出費用の振戻し ・繰延資産の操作 ・未払費用の未計上	・資本的支出の費用計上 ・未払費用の過大計上

196　第4章　企業体質の検討

	・資産の評価益計上	
【第3段階】 　積極的粉飾	・売上高の操作 ・資産の水増し ・子会社への損失転嫁 ・負債の簿外処理 ・費用の簿外処理	・売上高の操作 ・架空支出の計上 ・資産の簿外化 ・子会社への利益疎開 ・諸収入の未計上

　第1段階として行われるものは引当金や償却を加減するもので、まだ軽度の粉飾である。第2段階になると費用の操作（引当金・償却以外のもの）が行われ、第3段階では売上の操作、さらに架空・偽装の取引をも含む積極的かつ悪質な粉飾に至る。もちろん、これらの方法が多種多様に用いられ段階が進むにつれて発見がよりむずかしくなるが、粉飾すれば貸借対照表と損益計算書の双方に影響を及ぼすから、決算書の仕組みをよく理解し掌握することで手がかりが得られるはずである。

a　利益の水増し粉飾

　以下、「利益過大計上の場合」（利益の水増し粉飾）について説明する。「利益過少計上の場合」（利益圧縮粉飾）の説明は省略する。

　(a)　粉飾の第1段階

　利益の水増しによる粉飾では、第1段階として以下の操作が行われることがある。

　①　各種引当金・準備金の操作
　　○　税法上定めのある引当金・準備金（退職給与引当金、価格変動準備金等）や、企業が任意に繰り入れた引当金・準備金を取り崩して利益を増加させる。
　　○　既存の各種引当金・準備金の残高が税法上の限度額を下回っている場合、損金算入特典を利用しないで利益を計上しているので、消極的意味での粉飾といえる。
　②　固定資産の償却操作
　　○　償却方法の変更により利益を捻出する。利益の減少を補填するた

第6節　粉飾決算の見分け方　197

め定率法から定額法へと変更したり償却額そのものを減額したりする。

○　税法上の普通償却限度を下回る償却を実施する。

○　建設仮勘定存置により償却負担を回避する。設備の新増設を行って本格的に稼働しているにもかかわらず機械設備、建物構築物等の本勘定に振り替えず、建設仮勘定のまま据え置き、償却負担を回避する。

③　貸倒れの償却操作

○　売上債権・貸付金の焦付きについて、ⓐ全額を回収不能として貸倒損失処理する、ⓑ債権償却勘定を設けて50％（通常の場合）を償却する、ⓒ回収可能として償却実施しない～という 3 通りの処理方法があるが、どれを選択するかは企業の自主判断に委ねられている。これにより、本来は回収不能の債権であっても貸倒損失処理することなく、売上債権のまま存置させることがある。

○　多額の不良売上債権を抱えている場合、回転率・回転期間が悪化する。これを隠すために長期貸付金に振り替えることがある。

④　資産の評価損の未計上

○　市況変動により時価が著しく値下りしたときは、強制的に評価減して評価損を計上すべきである。また、返品・不良品・売れ残り等で評価損を計上すべきものが発生することがある。これらについて、経営者の判断であえて無視し、利益を計上することがある。

○　前期計上した棚卸資産評価損の戻入れを実施する。

○　株式は取得価額に比して時価が著しく低下した場合は、評価損を計上すべきであるが実際にはその処理を怠っているケースが少なくない。

(b)　**粉飾の第 2 段階**

利益の水増しによる粉飾では、第 2 段階として以下の操作が行われることがある。

①　費用の固定資産化

○　固定資産の取得価額の定義が明確でないため、本来は費用処理すべき固定資産購入・建設のための借入利子、不動産取得税、登録税、旧設備の取壊し費用等を取得価額に含めることで利益の過大計上を図る。

　　○　耐用年数1年未満、または取得価額20万円未満の固定資産は税務上損金算入が認められるが、業績悪化時には税制上の特典を受けず、これを資産化して利益を水増しする。

　　○　修繕費を費用処理せず、建物・設備の増設と同様に資本的支出として固定資産に繰り入れる。

②　費用の繰延べまたは流動資産化

　　○　交際費、出張費、政治献金等、費用計上すべき支出を仮払金・立替金で処理し続ける。さらに、適当な時期における固定資産等の他勘定への振替処理をする悪質なケースもある。

　　○　金利費用、賃借料は税務上1年以内の前払いであれば支出時に費用処理ができる。ただし、継続適用が条件となっている。この条件に反して未経過分を前払費用として資産計上し、次期に費用を繰り延べることにより利益を捻出する。

③　繰延資産の操作

　　○　税務上は商法で定められた繰延資産の計上、およびその償却方法は原則として企業の任意とされており、支出した年度における全額費用計上をすることも可能である。

　　○　繰延資産を毎期増加（特に試験研究費、開発費）している企業は繰延資産計上することで利益の水増しを行っている可能性が高い。

④　未払費用の計上

　　○　給料、賞与、支払利息、広告宣伝費で当期中に属する費用でありながら、なんらかの理由で当期に支払いが発生しなかった場合、本来は未払費用として計上すべきであるが、故意にこれを怠り利益をふくらませる。

⑤　資産の評価益計上

○　株式の評価益計上：取得価格（簿価）より時価が高くなった保有
株式をいったん関係会社等へ売却して時価で買い戻すことにより含
み益を顕在化させ、評価益計上と同じ効果を得る。

○　固定資産の評価益計上：株式と同様に買い戻す場合だけではな
く、関係会社等へ売却した物件を買い戻さず賃借する形式をとるこ
とで、評価益計上と同じ効果を得る。

(c)　**粉飾の第3段階**

利益の水増しによる粉飾では、第3段階として以下の操作が行われること
がある。

①　売上高の操作（典型的な例）

○　押込み販売：余剰在庫品を子会社や関係会社等に対して販売した
かたちにして売上高を水増しする。自社と子会社の決算期をずら
し、子会社の決算に際して再び買い戻したかたちが行われると、連
結決算をしていない限り発見するのはきわめて困難になる。した
がって親会社と子会社の決算期が違う企業グループは要注意であ
る。

○　繰上げ計上：翌期に属する売上高を当期分として計上する。この
繰上げ額が累積して、結局、架空売上と同様の結果となる。

○　架空売上：架空の取引先を設定して、この取引先に対して売上が
あったかのように装う。あるいは、実在の取引先に対して架空の売
上を計上する。

○　リベートの未計上：当期売上に関し発生したリベートは当然当期
に計上すべきところ、これを翌期以降に繰り延べる。

○　返品未処理：返品があれば当然売上を落とすべきところ、その処
理を行わない。

○　内部売上の操作：事業部別独立採算制を採用している会社で、内
部取引を除外せず売上に計上する。

○　売上計上基準の変更：建設業で、売上計上基準を工事完成基準か
ら工事進行基準に変更することにより売上を捻出することがある。

200　第4章　企業体質の検討

あるいは検収基準から出荷基準への変更も同様の効果がある。

② 資産（在庫）の水増し

　○　実際の在庫高を無視して数量を水増しする。

③ 子会社への損失転嫁

　○　メーカーが、販売子会社に市価より高く製品を引き取らせる、あるいは経費の一部を負担させ、子会社の赤字に対しては親会社が貸付金等の名目で支える。

　○　子会社名義で借入（親会社保証）し、その資金を親会社が低利で借り受ける（金利負担の転嫁）。

　○　不採算部門、新規事業を子会社へ分離し、発生する損失を子会社へ転嫁する。

④ 負債・費用の簿外処理

　○　高利借入の簿外化：高利借入を簿外として、その代り金を不良売掛金・未収入金・貸付金などの回収に仮装する、あるいは架空売上の回収があったとして架空利益を計上する。

　○　買掛金・支払手形の簿外化：買掛金・支払手形の一部を簿外として、費用を過少計上する。

b　損益に影響しない粉飾

　損益に影響しない粉飾は、貸借対照表の形を整え、財務比率をよくみせるために行う。それ自体は直接的には利益に関係はないが、利益操作の粉飾とあわせて使われるので注意を要する。

① 勘定科目の振替え

　ⓐ　「売掛金⇒貸付金」：不良売掛金が累積して回転率が悪化した場合、売掛金を貸付金勘定へ振り替える。

　ⓑ　「投資有価証券⇒短期有価証券」：流動比率を向上させるため投資有価証券を短期有価証券へ振り替える。ちなみに、投資有価証券の売買損益は特別損益に、短期有価証券の売買損益は経常損益に計上される。

　ⓒ　「固定資産⇒販売用不動産」：不動産関連業者で、固定資産の土

地・建物を販売用不動産に振り替える。固定資産の売却益は特別損益に計上されるだけだが、販売用不動産に振り替えて売却することにより売却額は売上高に、売却益は粗利益段階から計上される。

ⓓ 「短期借入金⇒長期借入金」：流動比率・固定長期適合率を向上させるために、短期借入金を長期借入金に振り替える。

ⓔ 「借入金⇒支払手形」：借入金過大状況を隠す（粉飾する）ため、借入金から支払手形に振り替える。

② 資産・負債の相殺

ⓐ 売掛金と買掛金との相殺：同一取引先に売買双方の取引がある場合、売掛金と買掛金とを相殺する。

ⓑ 受取手形と支払手形の相殺：融手の発行がある場合、受取手形と支払手形とを簿外化する。

ⓒ 借入金と預金との相殺：借入金過大である場合、借入金と預金とを相殺する。

4 粉飾の見分け方

決算書の粉飾を発見するための特別な方法はない。これまで説明してきた実体面の考察、決算分析の過程で現れた異常な点を見逃さず、精査・追究することが粉飾発見の手がかりになる。

以下に、その主なチェックポイントを示す。

(1) 一般的な留意点

a 企業の体質

企業の体質から粉飾を見極めることができる。いちがいにはいえないが次のような企業には注意が必要である。

○ 本業が不振で資産売却等で利益を補填しているが実質利益は赤字体質の企業。

○ 好不況で業績の変化が激しい企業は総じて利益平準化志向が強い。

○ 経営者がワンマンオーナーで、経理担当の役員や税理士が次々に交代している企業。

○　企業規模がさほど大きくないのに、関係会社が多い企業。

b　同業他社の動き

　同業他社と異なる動きをとっているかという観点から粉飾を見極めることができる。

　業績が業界動向・同業他社の業績とかけ離れた数値になっている場合、粉飾を疑い、その背景を追究すべきである。

c　長期間にわたる実数・比率の推移

　決算書の実数、比率について、長期間にわたる推移をみると、粉飾の疑いを発見できる。

　　　○　実数・比率の数値を5年間の推移でみる：売上が漸減傾向であるのに売上債権が増加傾向にある場合、粉飾が疑われる。

　　　○　実数・比率の推移が漸増・漸減傾向にある場合は、直近期と5年前の比較を行うことにより異常（粉飾）を発見できることが多い。

(2)　取引状況・内部資料からのチェック

a　取引状況のチェック

　利益を水増しすると、銀行取引面にその変化（ゆがみ）が現れ、取引状況の変化に注視することが重要である。

　　　○　預金取引面では、流動性預金の減少、固定性預金の解約、入金待ち、他手見込みなどが多くなる。

　　　○　貸出取引面では、資金使途不明瞭な手形貸付の申出、商手銘柄・サイトの変化などの現象が生じた場合は注意が必要である。

b　内部資料等との整合性のチェック

(a)　資金繰り表と貸借対照表との突合

　資金繰り表の実績から算出した売上債権・支払債務の増減、借入金の増減と貸借対照表が一致するかを確認する。

(b)　試算表と決算書との突合

　決算期に近い時期に提出した試算表は、決算書（貸借対照表と損益計算書）の内容と大きな不整合はないはずである。大きな差異がある場合は注意が必要である。

c　銀行取引一覧表との突合

「銀行取引一覧表」は、銀行別・科目別借入額を毎月ヒアリングし、月商も毎月ヒアリングする（第7章第4節1・2参照）。そのフォームを図表4-3に示す。

　　　　○　期末月借入残高合計が貸借対照表の長短借入額と一致するかをチェックする。

　　　　○　月商ヒアリングの合計が、損益計算書の売上高と大きく乖離していないかをチェックする。

(3)　決算分析上のポイント

a　経常収支比率に留意

経常収支比率は100％以上（経常収支尻がプラス）が常態でなければならないにもかかわらず、経常収支比率※が数期にわたり100％を割っている、あるいは過去に1期でも90％を割っているという異常な動きがあった場合は、実質上損失発生の可能性があるので、決算書の精査が必要である。

※　経常収支比率は「経常収入÷経常支出」で算出される。なお、経常収入は「売上高＋営業外収益－売掛金増加額」で、経常支出は「売上原価＋販管費＋営業外費用－減価償却費＋棚卸資産増加額－買掛金増加額」で求められる。

b　固定比率に留意

流動比率は売上債権の水増し、在庫の評価増等の粉飾が行われても比率が悪化しない。むしろ固定比率の悪化に留意したほうがよい。分母の自己資本は粉飾が困難であり、また業況悪化の原因は固定資産への過大投資に起因する場合が多い。

c　売上債権回転期間・棚卸資産回転期間の推移に留意

売掛金・棚卸資産の水増しは粉飾でよく使われる。その結果として回転期間が悪化する。

業界平均値と比べて著しく乖離している場合は、不良債権の発生や粉飾を疑ってみる。

d　関連科目・指標との整合性に留意

借入金残高、支払利息から支払利子率を算出し、支払利子率が異常に高い

図表4－3　銀行取引一覧表

（取引先名）：　□□　　　　　　　　　　銀行取引一覧表

△△　支店

			○／ 前期決算月			○／											◎／	今期決算月		
			3月	シェア	前期比	4月	5月	6月	7月	8月	9月	10月	11月	12月	1月	2月	3月	シェア	前期比
当行（　）	短期	経常																	
		季節																	
		決賞																	
		その他																	
		小計																	
	商手（　）																		
	当貸（　）																		
	長期	長運																	
		設備																	
		その他																	
		小計																	
	支承																		
	私募債																		
	与信計																		
A行（　）	短期	経常																	
		季節																	
		決賞																	
		その他																	
		小計																	
	商手（　）																		
	当貸（　）																		
	長期	長運																	
		設備																	
		その他																	
		小計																	
	支承																		
	私募債																		
	与信計																		
合計	短期	経常																	
		季節																	
		決賞																	
		その他																	
		小計																	
	商手（　）																		
	当貸（　）																		
	長期	長運																	
		設備																	
		その他																	
		小計																	
	支承																		
	私募債																		
	与信計																		
月商	前期平均月商（　　　　）																		
	今期目標月商（　　　　）																		

> 商手、当貸の（　）内は、極度額、毎月欄は実残額を記入
>
> 取引銀行の（　）内は、取引地位（主力・準主力・3位等）を記入

（出所）　『事例に学ぶ貸出判断の勘所【新版】――資金使途の検証にみる「貸出の王道」』221頁（拙著、金融財政事情研究会、2015年）より筆者作成。

第6節　粉飾決算の見分け方　205

場合は簿外借入の疑い、異常に低い場合は支払利息を固定資産の簿価に算入していないか疑ってみる。

(4) 外部資料・情報の利用

a 法人税申告書

申告所得と決算書の公表利益とを突合する。

決算書を粉飾している企業は銀行に対して法人税申告書の提出を嫌がり、粉飾決算書を基に架空の法人税申告書を作成する場合がある。そこで銀行としては受け取った法人税申告書が本物かどうかチェックするため、法人税申告書の表紙左上に税務署受付印が捺印されているかどうか確認することが大事である。

b 建設業者の審査結果

公共工事の入札に参加する建設業者は建設業法に従い経営状況の審査を受ける必要がある。審査結果は、都道府県庁（都市整備局等）で閲覧可能である（東京都は都市整備局）。あるいは建設業情報管理センター（略称：CIIC）のホームページで公表されている。銀行に提出した決算書と比べることで真偽がわかる。

第5章

資金使途の把握

第 1 節 資金使途把握の重要性

　筆者は「貸出業務の生命（いのち）は資金使途の検証にあり」と考えている。しかしながら、資金使途を深く検証しないで貸出を行っている事例を数多くみる。

　自行が定める「与信規程」には「資金使途を確認する」「資金使途の妥当性を検証する」という規定があるはずだが、資金使途を確認していない、あるいは実態とは異なる資金使途にして（資金使途を偽って・本当の資金使途を隠して）貸出を行っているケースがある。資金使途を無視した「なんでも運転資金」「お願いベース」で行っている貸出業務は、本来の貸出業務とはいえない行為である。「与信規程」に「資金使途の検証」が規定としてあるにもかかわらず、資金使途の検証を怠って行う貸出はコンプライアンス違反である……という認識をもっているのだろうか。

　そもそも長期の経常運転資金などというものはない。期間が1年を超える季節資金などはない。建設業者宛工事立替資金に受注工事ごとに諸経費支払資金が何度も発生することはない。にもかかわらず、そうした稟議が承認され、実行されている事例を見かける。資金使途の把握・検証は「貸出審査」の基本中の基本である。資金使途の把握について一から学ぶ必要がある。

1　資金使途の確認

　最初に銀行法1条（目的）に記された次の条文を思い出してほしい。「公共性にかんがみ、信用を維持し、預金者等の保護を確保するとともに金融の円滑を図る」。銀行は貸出という資金供給機能を通じて国民経済の発展に資する使命がある一方、信用を維持し、預金者を保護する、すなわち、健全な貸出金で運用を行うことが公共性につながるということである。銀行の貸出

業務は、預金者の預金を使って、国民経済発展に役立つ資金供給を図るということであり、借入申出があったとしても、貸してほしいという金額を簡単に貸し出すわけにはいかない。資金使途を確認することなく、借入申出金額を貸出先の望みどおりに貸すことは貸出業務とはいえない。資金使途を正確に把握しないと、返済条件・貸出期間・返済方法、あるいは必要に応じて担保の徴求をするという交渉はできない。

　資金使途が妥当であるかどうかを考える場合に、貸出金が企業活動に有効に活用されるかどうかが重要である。貸出金が企業の事業活動に投入されることで、企業は生産販売等に資金を使い、売上から利益を生み出すために活動することで、銀行に貸出金利息が入り、預金が増加し、貸出金を回収するという、貸出業務の本来の目的につながる。

　資金使途の把握を行う際に注意すべきことは、申出内容を鵜呑みにしないことである。稟議書に貸出先の説明をそのまま記し、資料の内容を検証することなく添付することは、貸出担当者としてはなはだ安易な姿勢といわざるを得ない。貸出担当者の最大の役目は申出内容を吟味・検証することにある。貸出先の説明は本当か、資料に記されている数値は正しいかと、健全な懐疑心をもって内容をチェックすることが肝要である。

　貸出担当者は、貸出先の資金使途に関する説明・申出の内容について疑うという大切な役割をもっていると認識する必要がある。疑い方もさまざまだが、猜疑心ではなく、懐疑心をもつことが必要である。猜疑心では貸出先との信頼関係を傷つけることになりかねない。また、貸出先の説明・申出を鵜呑みにして、空気を読むあるいは共感することは、申出内容の検証を怠ることと同義であり、貸出担当者としての役割を果たしていないことになる。

　「健全な懐疑心」（第3章第4節1参照）とは、物事の意味や価値、考え方などについて疑いを抱き、真実・実態を見抜くための心理状態を指す。「健全な懐疑心」の体得は貸出業務に携わる者の審査力と判断力を育て、高めることにつながる。また、「健全な懐疑心」という、取引先との関係や銀行内の権威にとらわれない心の強さと勇気を育て、個々人の審査力アップを図ることが銀行には必要である。

「健全な懐疑心」を「貸出先に難癖をつけることでは」と受け止めることは、貸出業務の王道を歩むことに対する理解不足、背景の無理解、考える力の欠落を示す、大いなる勘違いである。

筆者が研修講師としてみてきた実例を以下にあげる。

　　○　経常運転資金の申出なのに期間が5年のケース。長期の経常運転資金は存在しない。経常運転資金は1年ごとに計算するものである。

　　○　増加運転資金の申出なのに収支ずれや在庫に増加がみられないケース。実際は株式投資資金であったり、社長の趣味のモノを購入するための資金であったりする。

　　○　仕入資金の申出に必要額が「仕入単価×仕入量」で説明されているケース。仕入単価を実際より高くして、必要金額以上の借入を申し出ていた。

　　○　決算賞与資金の申出なのに前年と同額のケース。社員数減少（リストラ）、実質赤字を隠して借入を申し出ていた。

　　○　季節資金の申出なのに事業に季節性がないケース。また期間が1年超で約弁付になっているケース。いずれも季節資金とはいわない。

　○　工事立替資金の申出で、工事請負契約書のコピーの金額・期間が改ざんされていたケース。

資金使途の確認は、申出内容の表面的・形式的な使途だけでなく、資金需要の背景、金額の妥当性等について、貸出先の実態把握からみえる事業内容・経営戦略あるいは経営上の問題点に照らし合わせて検討する必要がある。

貸出金額増加目標達成のため、貸出担当者が意識的・作為的に資金使途をごまかし、リスクを隠し、稟議書・申請書を作文する（嘘の資金使途を記す）ケースがある。このような行為は許せないばかりか、業務の体をなしていない。このような行為をした者は貸出担当として失格であり、当該業務・担当から外すべきである。また、資金使途に偽りがあることを承知しながらも数値目標達成のためと当該貸出案件を承認（決裁）した者も、後々不良債権化した場合、その責任を問われかねない。

2 資金使途の検証

　貸出実行後にも資金使途の検証を行う必要がある。前記1で述べたように、借入申出の審査時に資金使途の確認を行うが、実行後に当初申出の資金使途と異なる使われ方をされている場合がある。

　筆者が実際に経験したことを以下にあげる。

　　○　倉庫増築の設備投資貸出を実行したのに、現地に行き確認すると増築されていないケース。

　　○　機械購入の設備投資貸出を実行したのに、貸借対照表の固定資産（機械）金額は貸出金額の半額しか増えていないケース。

　　○　売上が伸びるとの予想（説明）をもとに増加運転資金を実行したのに、実態は社長宛貸付金に流用されているケース。

　　○　賞与資金を前年同額で実行したのに、実際の賞与支給額は貸出金の半分以下だったケース。

　設備資金については、借入申出時の計画書と実際に支払った領収証や振込明細の提出を求め突合すればわかるが、それを行っていないケースがある。また、決算書を詳しくみれば、資金使途違反に気づくはずである。しかし、そもそも貸出実行後に資金使途のフォローを行っていない担当者が多い、あるいはそのようなことを教えていない銀行もある。貸出業務は実行すれば終わりではない。実行後に資金使途をフォローし、債権管理を行い、期限に回収するまでが貸出業務の1サイクルである。

　貸出金の使途違反は、貸出先の収支計画・資金繰りに影響し、返済原資が不確実になり、貸出金の安全性リスクが高まる。資金使途違反がわかっていながら放置する行為は論外である。

　貸出金の使途違反が判明した場合、回収に懸念がないと判断できれば、貸出先への注意だけですませることもできる。しかし、債権保全上、回収に問題が生じる場合には、銀行取引約定書に基づき期限の利益を失わせて、ただちに回収手続をとる必要がある。

寄り道 『金融機関役員の融資決済責任』（神吉正三著、酒井書店、2005年）
〈北海道拓殖銀行：栄木不動産事件〉

　融資をする場合には、融資の相手方がどのような者であるか、融資する金員の使途は何か、融資の相手方が行っている事業によって返済は可能であるか等が検討されるべきことは当然である。

（同書133頁）

第 **2** 節 ┃ 経常運転資金貸出

1 経常運転資金の算出方法

　企業が仕入・生産・販売の活動を行うとき、つねに資金の循環（売上と支払い）を伴う。原材料の購入資金、商品販売の仕入資金、従業員の給料や経営にかかわる諸経費支払資金が必要となり、資金の回収と支払いを繰り返す。この循環は、回収と支払いとの期間の差、また回収金額と支払金額との差によって、この差額を支える必要資金が発生する。これを経常運転資金または所要運転資金という。

　すなわち、売上代金による資金の回収に要する期間（売掛金サイト・受取手形サイト）や、在庫としてもっている期間（販売までの期間）が、支払いに要する期間（買掛金サイト・支払手形サイト）より長い場合、その差額を支えるために一定の資金が必要になる。したがって、経常運転資金は企業活動の維持に必要不可欠な必須資金といえる。

　経常運転資金を算出する計算方法は、貸借対照表から計算する方法のほかに回転期間による計算方法、取引条件から算出する方法もあるが、一般的には貸借対照表から計算する。回転期間あるいは取引条件からの算出方法は、回収条件は販売先ごとに、支払条件は仕入先ごとに異なり計算が複雑になるため、この方法を用いることはまずない。

　貸借対照表からの計算方法は以下のとおり。

　　　経常（所要）運転資金＝（受取手形[※]＋売掛金＋棚卸資産）

　　　　　　　　　　　　　　　－（支払手形＋買掛金）」

　　※　受取手形には割引手形を含む。

　また、「受取手形＋売掛金」を「売上債権」、「支払手形＋買掛金」を「支

払債務」といい、それらの差額である「売上債権 − 支払債務」を「収支ずれ」という。

前記計算式に割引手形を含む理由は、経常運転資金全体を把握するために必要であるためである。すなわち資金化するためにすでに割引した金額は貸借対照表で脚注表示されているが、これを受取手形に含めることで必要となる経常運転資金の総額を把握することができる。

経常運転資金を貸借対照表から計算する例を以下に掲げる。

受取手形	50	支払手形	30
売掛金	60	買掛金	40
棚卸資産	30		

経常運転資金：
$(50 + 60 + 30) − (30 + 40) = 70$

2　正常運転資金

ここで金融庁「金融検査マニュアル別冊［中小企業融資編］（平成27年1月）」63頁の記載を抜粋して引用する。

　債務者が正常な営業を行っていく上で恒常的に必要と認められる運転資金（正常運転資金）に対して、「短期継続融資」で対応することは何ら問題なく、妥当な融資形態の一つであると認められる。

　正常運転資金は一般的に、卸・小売業、製造業の場合、「売上債権 ＋ 棚卸資産 − 仕入債務」であるとされている。

前記は「金融検査マニュアル別冊［中小企業融資編］」に掲載されている「事例20」の解説の2からの引用である。なお、同事例の検証ポイントは「正常運転資金を供給する場合の融資形態及び正常運転資金の範囲」とされている。「金融検査マニュアル別冊［中小企業融資編］」に「正常運転資金は一般的に、卸・小売業、製造業の場合、「売上債権 ＋ 棚卸資産 − 仕入債務」であるとされている」と記載されていることがわかる。この計算式は前記1で記した経常運転資金の算出式と同じである。このことから、金融庁がいう

正常運転資金は経常運転資金と同じものと推定できる。

　そもそも不良債権・不良在庫を含む可能性がある決算書の表面上の売上債権・棚卸資産の数値をもって、計算した数値を「正常な営業を行っていくうえ」の「正常運転資金」といえるだろうか。

　たとえば前記事例の売掛金60について、売掛先の甲社が業況悪化し倒産の懸念があるとき、甲社宛売掛金10は回収困難とみて、売掛金を50とみることがあり得る。同様に、不良在庫が10ある場合、棚卸資産の数値を20とみることがあり得る。そうすると実態バランスシート（第4章第2節3参照）は次のようになり、経常運転資金は50となる。

受取手形	50	支払手形	30
売掛金	50	買掛金	40
棚卸資産	20		

経常運転資金：
$(50+50+20)-(30+40)=50$

　この事例において、正常運転資金は前記の70とみてよいだろうか。表面上の経常運転資金は70だが、実態バランスシート作成後、実質的な経常運転資金は50とするのが正しい見方と考える。金融庁が示す「正常運転資金」は、実態バランスシートによる計算で得た数値ではなく、貸借対照表の簿価で計算した結果（表面上の経常運転資金）を正常運転資金とするように読み取れる。「正常」とは実質的数値に対して使うべきと考える。

　経常運転資金の返済原資は原則として売上による営業収入、すなわち販売による回収代金である。経常運転資金の貸出形態は、一般的には手形貸付が望ましく、その返済原資は売掛金の回収代金であり、割引手形の期日落ちの代り金である。販売による回収代金が確実に回収される限り、経常運転資金はいずれ返済される。しかし、売上債権の一部が回収されない事態が生じた場合、経常運転資金の全額を返済できなくなる可能性がある。したがって、前記1の計算式で示した売上債権のなかに回収不能分はないか、あるいは棚卸資産のなかに不良在庫（販売がむずかしい在庫）がないかについて検討することが必要となる。

第2節　経常運転資金貸出　215

3　経常運転資金貸出

　経常運転資金貸出の取上げ形態は、かつては手形貸付が中心だった。経常運転資金は決算時の貸借対照表の数値を使って計算する。貸借対照表は1年に1回作成されるため、経常運転資金の金額は1年ごとに変わる可能性がある。

　実態バランスシートで計算した経常運転資金の貸出形態は、手形期間を最長1年とし、期限一括返済として許容する。手形期限到来時は直近決算期の貸借対照表で経常運転資金を算出し、当該金額が前期時とほぼ同じであれば同額で手形を継続する。手形貸付の手形を継続することを「単名のころがし」と呼んでいた。手形貸付で貸出先が銀行に差し出す約束手形を単名手形ということからの呼び名で、「単名」といえば手形貸付を意味する。

　手形の期限が到来し、当該手形を継続（期限延長）することを手形の書替という。単名手形の書替継続を「単コロ」と呼ぶこともあった。そのとき、売上が増え増加運転資金が発生している場合、あるいは売上が減り減少運転資金が発生した場合、書替手形の金額は変えることになる。書替時に直近決算に基づく経常運転資金を算出し、その金額をもって書替継続するのが原則である。手形書替時には必ず貸出先の業況チェックを行う。業績悪化のときは期日に回収することもある。また業績悪化が懸念される場合は、書替手形の期間を短く（3カ月）して、手形期日到来時ごとに業況を細かくチェックする。信用リスク低下に伴い金利引上げの対応を行うこともある。

　かつてそのように行ってきた経常運転資金貸出は、昨今、経常運転資金の貸出形態が手形貸付から証書貸付に変わってきた。その理由について『捨てられる銀行』（前掲・86頁）には、次のように記されている。

　　それまで地銀や信金の貸し出しは、正常運転資金は手形貸付による短期融資（いわゆる短コロ）で手当てし、設備投資資金には長期融資を充てるのが一般的だった。しかし、02年に金融庁が金融検査マニュアルを改定し、不良債権処理のために短コロも厳格に判断するよう見直したた

216　第5章　資金使途の把握

め、金融業界では雪崩を打って、本来は短期の運転資金であっても保証付きの長期融資に切り替える動きが相次いだ。

（同書126頁）

　貸出形態をどのようなかたちで取り上げるかは銀行の判断に委ねられるが、筆者は経常運転資金を約弁付証書貸付で取り上げることは望ましくないと考える。その理由について事例を基に以下、説明する。

　2023（令和５）年３月時決算書による経常運転資金の金額を60百万円とする。60百万円の経常運転資金貸出を2023（令和５）年４月から期間５年、均等返済の証書貸付で行うケースを想定する。約弁金額は月１百万円となる。経常運転資金は企業経営上必要不可欠であるが、約弁によって必要不可欠な資金が減り、資金繰りが苦しくなる。すなわち、2023（令和５）年度は60百万円の運転資金が必要であるのに、半年の約弁金額は６百万円となり、６百万円の資金不足を生じる。ある程度の金額までは営業収支で対応できるが、限界を超えると財務収支（新たな借入）に頼らざるを得ない。2024（令和６）年３月時決算時の経常運転資金の金額も同額の60百万円であっても約弁が12百万円進み、60百万円必要な経常運転資金に対して借入残高は48百万円となっている。これ以上の約弁は資金繰りに困難をきたし、結局、期限より前のどこかの時点で約弁相当金額の折返し資金を借りることになる。この場合、約弁によって不足した12百万円の追加貸出にするか、新たに60百万円を貸出し、48百万円を回収する方法をとるか、どちらにしても資金使途は返済資金のために借入となる。また、期間５年の期限の利益を与えることは、業績悪化した場合の債権保全対策が後手に回るリスクがある。

　経常運転資金貸出を長期貸出で行うようになったことに対して、金融庁の「金融仲介の改善に向けた検討会議（第２回）」（2016（平成28）年２月22日開催）の議事要旨には、参加者から次のような意見が出されたと記載されている。

○　（略）銀行の要請により、運転資金を短期継続融資から証書貸付等

による長期資金への切り替えに応じている。これに伴い、企業には更なるコスト負担が生じるものの、銀行の要請だから応じている。（略）

○　運転資金について、証書貸付形式が最多で、かつ、債務者区分の下位の企業には信用保証協会の保証がついているとの結果には、これが銀行のすることかと率直に思った。（中略）当座貸越とか本来の正常運転資金の融資の形に替えることで、相当数の条件変更先が救えるのではないかと思う。

　短期運転資金を長期の証書貸付にしたことで、多くの企業は必須の運転資金であるにもかかわらず返済負担が生じ、資金繰りに困難を生じ、返済資金を折返し貸出で調達することになった。このような状況を認識するに及び、金融庁は「短期継続融資で対応することは何ら問題ない」と、従来の見解を変更した。これはまさしく旧来方法（手形貸付の書替継続に戻ること）を容認することを意味する。しかし、「問題ない」とした一方、方針変更した理由についての説明がない。

　この問題は、資金繰りだけではなく、財務分析にも影響を与えている。財務分析に与えた影響について以下に説明したい。

　土地・建物・機械器具等の固定資産に対する投下資金は長期に固定するの

寄り道　『地銀改革史――回転ドアで見た金融自由化、金融庁、そして将来』（前掲・19頁）

　　長期融資が増えてしまったことは中小企業に様々な弊害を招いていた。毎月決まった金額で元本返済を進めるため、ひとたび危機が起き本業に異変が生じると、企業にとって返済負担が重くなり、資金繰りが経営上の難題になってしまった。危機のたびに返済猶予の声が上がるのは長期融資主体の融資慣行が広がったからだ。長期融資は借り換えするインターバルが長く、銀行員が融資期間中に業況や経営状態を管理する習慣を弱くした面もあり、銀行の目利き力低下の原因という指摘もある。

（同書87〜88頁）

> **寄り道**
>
> 『地銀改革史——回転ドアで見た金融自由化、金融庁、そして将来』（前掲・19頁）
>
> 　「ある政策を成功させる責任を負った当事者の組織は、その政策が失敗したときのことを考えたり議論したりしてはいけない」。
> 　2018年5月22日に掲載された日本経済新聞の「大機小機」。「無謬性の原則と全体主義」と題された匿名コラムは金融庁を論じていたわけではなかったが、金融庁、とりわけ検査局を論じる上で示唆に富んでいる。（中略）
> 　金融庁が「無謬性の原則」に罹患し、検査局が銀行業界にある種の全体主義を招いていたのは間違いない。（中略）それでも組織のカルチャーを180度転換させるまでには時間がかかった。
>
> （同書98頁）

で、返済の必要がない自己資本で調達するのがいちばん安全かつ望ましい。固定比率は「固定資産÷自己資本」で計算し、100％以下が理想であるが、ほとんどの中小企業は過少資本のため、固定資産を自己資本の範囲でまかなうことは困難であり、固定資産を支える資金の一部は借入金に依存せざるを得ない。

　そこで安定資金という観点から特定引当金や返済期限が長い固定負債を加えた「自己資本＋特定引当金＋固定負債」によって、固定資産がどの程度支えられているかをみる。これを「固定長期適合率」という。固定長期適合率は「固定資産÷（自己資本＋固定負債）」で計算し、これが100％以下であることが望ましい。100％以上の場合は、財務内容が不健全といえる（第4章第2節2(3)参照）。

　経常運転資金を長期の証書貸付で行うことによって、当該長期借入は固定負債に計上される。このことによって前記算式の固定負債金額が増え、固定長期適合率が見かけ上100％以下になり、固定資産の安全性の検討をミスリードすることになりかねないという問題となる。

4　短期継続融資

　筆者が現役時代（1970年代から2000年まで）、「短期継続融資」という言葉はなかった。同時代に発行された貸出関連の書籍にも「短期継続融資」という言葉は載っていない。「短期継続融資」という言葉は金融庁が命名した新語であるようだ。その意味することは経常運転資金貸出の書替継続のことで、「単コロ」「手形貸付の書替継続」と同義と理解している。

　「短期継続融資」を「単コロ」と呼ぶことにしたのではなく、先にあった言葉の「単コロ」が「短期継続融資」と命名されたようだ。その単コロは「1年など短期間に融資契約を更新する（借り換えする）融資慣行」と述べられている。したがって、この「単」は単名手形のことを指し、短期継続融資は手形貸付における手形の書替と理解できる。

　一方、短期継続融資を「短コロ」というと記載する書籍がある。筆者の現役時代は、前述したとおり、経常運転資金貸出の約束手形の書替を「単名手形の継続」と呼び、「単名のころがし」といっていた。転がす目的語は単名手形であるので、略すと「単コロ」となる。「短コロ」という場合、転がす

寄り道　『地銀改革史──回転ドアで見た金融自由化、金融庁、そして将来』（前掲・19頁）

　　単コロは1年など短期間に融資契約を更新する（借り換えする）融資慣行のこと。2002年「金融検査マニュアル別冊［中小企業融資編］」にその事例が追加で盛り込まれ、運転資金に該当しない部分は不良債権に認定する解釈が示されていた。不良債権処理を加速させる過程で、地域金融機関の場合は単コロがターゲットにされていた。

　（略）統計資料によれば「手形貸付」の欄に計上される単コロは1999年に175兆円もあったのに、2014年には80兆円へ激減していた。一方、「証書貸付」の欄に計上される長期融資は急増していた。

　単コロを「短期継続融資」と命名し、それを復活させるプロジェクトが始まった。

（同書205頁。遠藤俊英・元金融庁長官執筆部分）

目的語が短期融資という具体的なモノではないので違和感が残る。

　従来、銀行は経常運転資金の取上げは手形貸付が一般的で、手形期日に書替継続（単コロ）で対応してきた。それを、長期貸出（証書貸付）で行うこととになったのは、「金融検査マニュアル別冊［中小企業融資編］」の「事例18」「事例19」が端緒になっていると思われる。

　この二つの事例の「検証ポイント」として、金融庁は「書替え継続中の手形貸付に係る貸出条件緩和債権（元本返済猶予債権）の取扱いについて」をあげている。しかし、どちらの事例も経常運転資金の手形貸付の書替継続（単コロ）として取り上げる問題ではない。

　「事例18」は受注工事主体の住宅建設業者を取り上げている。そもそも建設業者に経常運転資金はない。事例の実態は、受注を見込んで木材（銘木）を買い入れた仕入資金が、受注がとれなかったための木材（銘木）が在庫になっている。在庫は銘木で、住宅建築で普通に使われる木材とは異なる。銘木は普通の木材に比べて数が少なく、色や形状、材質などが優れ、独特な趣をもち、観賞価値もあり、普通の木材に比べて価格も高い。この手形貸付の継続は、新たな受注あるいは売却するまでのつなぎ資金の性格（在庫仕入資金）で、返済原資は木材（銘木）の売却資金、あるいは住宅建築の受注資金に含むもののため、これを経常運転資金の手形貸付の書替継続（単コロ）の問題とすることには疑義がある。

　「事例19」は、土地取得資金200百万円を期間6カ月の手形貸付で実行し、期限に手形の書替を行っている案件である。そもそもこの土地購入案件は、地元食品スーパーマーケットとの共同事業によるショッピングセンター建設計画に基づくもので、土地購入資金だけ当該衣料品製造卸売業者宛て、短期（6カ月）の手形貸付で取り上げること自体が間違っている。土地購入資金を貸すに際して、共同事業者と策定したショッピングセンター建設と事業稼働の設備計画と資金計画がなければならないが、ここでは触れていない。土地購入資金の返済原資は、ショッピングセンターが稼働してからの売上であり、事業開始までは据置期間を置くのが常道であり、本件事例を経常運転資金の手形貸付の書替継続（単コロ）の問題とすることに筆者は疑問を

感じる。

「金融検査マニュアル別冊［中小企業融資編］」の「事例19」から一部を抜粋して引用する。同事例の検証ポイントは「書替え継続中の手形貸付に係る貸出条件緩和債権（元本返済猶予債権）の取扱いについて」である。

> 2．書替えが継続している手形貸付については、債務者の返済能力が低下（信用リスクの増大）から期日返済が困難となり、実際上は条件変更を繰り返している長期資金と同じ状況（いわゆる「コロガシ状態」）となっている場合があるため、債務者の信用リスクについて十分に検討する必要がある。

手形貸付の書替継続（短期継続融資）について、金融法務に関する書籍では次のように記されている。

> 手形の書替えとは、手形の切換えともいわれ、既存の手形の満期が到来した場合に、当事者の合意によって、その支払いを延期するために新たな手形を振り出すことをいう。手形の書替えは形式的には旧手形につき回収の処理を行い、新手形につき実行の手続を行うのが一般的であるが、実質的には同一の債権がそのまま継続され、現実に取引先との間に、貸出、回収金の授受も行われないので、取扱手続も単純な実行回収手続とは異なる。
> （『新銀行実務法律講座(3)貸付』114頁（前掲・13頁））

> 銀行は手形貸付においては、原因関係債権である貸付金債権を被担保債権として担保権や保証をとっているのが通常であり、貸付金債権は手形書替の前後を通じ同一性を保っていますので、手形書替についてどのような解釈をしても債権保全上問題はありません。
> （『銀行取引――銀行と取引先のための法律知識〔第6版〕』149頁（前

掲・20頁))

　書換の場合の法的性質について、支払延期か更改かの2つが考えられ
ますが、最高裁の判例（昭和29.11.18）は当事者の意思表示ではなく、
債務者が旧手形を回収して、新たに発行するなど特別の事情がある場合
は更改となりますが、それ以外の場合は支払延期になるとしています。
（『すぐに役立つ銀行融資法務——貸付から回収まで』79頁（国松英二・
岡本俊哉編、ビジネス教育出版社、1999年））

　手形貸付における書替継続は金融取引としては融資の期限延長である
が、法的には書替の前後で新旧債権の同一性が保たれるのかどうかは、
債権保全上影響があり問題になる。この点、金融取引の実態と同様に同
一債権の期限延長にすぎないという考え方（支払延期説）と、手形書替
により旧債務が消滅し同時に新債務が発生したとする考え方（更改説・
代物弁済説）があるが、判例の立場は必ずしも明らかではない。
（『融資契約〔第2版〕』167頁（前掲・20頁））

　1970年代から今日に至るまで、金融法務の専門家は手形貸付の書替継続に
ついて、それぞれの書籍で実務上・法的性格について前記のとおり述べてい
る。筆者が現役時代に受けた大蔵省検査・日銀考査でも、手形の書換継続が
問題視されたことは一度もない。
　経常運転資金は手形貸付で取り上げ、期限に業績チェックを行い、同額継
続・増額継続・減額継続等の書替継続を行う。
　現時点で、経常運転資金を約弁付長期貸出で対応しているケースがある場
合は、貸出先の資金繰りのためにも、また銀行のリスク管理上も手形貸付へ
の乗換え（切替え）を勧める。

第 **3** 節 ┃ 増加運転資金

　企業はつねに成長発展を前提として、規模の拡大、収益の増加を目標とする営業活動を行っている。増加運転資金は営業規模の拡大や取引条件の変更等によって生じる運転資金である。

1　増加運転資金の発生要因

　増加運転資金の発生要因は以下のとおり四つある。売上増加に伴う増加運転資金は健全で望ましいものだが、他の発生要因には望ましいとはいえないものもあり、増加運転資金の借入申出に際しては、その発生要因を明らかにすることが重要である。

　　①　売上の増加
　　②　売上債権回転期間の長期化：売掛金・受取手形の不良債権化、販売
　　　　政策で売掛サイトを長期化
　　③　棚卸資産回転期間の長期化：不良在庫、粉飾による架空在庫
　　④　支払債務回転期間の長期化：買掛金・支払手形サイトの短縮化

　増加運転資金は２時点における売上債権（売掛金・受取手形）と在庫、支払債務（買掛金・支払手形）の数値を比較するが、２時点を決算書の実績数値で比較する場合のほか、一方は実績数値だがもう一方は予想値で比較する場合もある。予想値を使う場合は、数値の妥当性をしっかりと検証しなければならない。

2　増加運転資金の金額の把握

　増加運転資金の算出は、２時点における所要運転資金の差を計算して求める。以下、事例を用いて説明する。

224　第5章　資金使途の把握

（単位：百万円）

	2023／3	2024／3
売上債権(a)	121	144
在庫(b)	50	54
支払債務(c)	117	126
所要運転資金(a)＋(b)－(c)	54	72

⟷ 増加運転資金
72－54＝18百万円

　増加運転資金の借入申出に対して、その発生要因を検証することなく貸す
ケースを見かけるが、それは好ましくない。前記事例を基に説明しよう。18
百万円の増加運転資金の発生は売上増加によるものであれば問題はない。し
かし、増加運転資金の発生要因が前記②③④を要因とするのであれば健全な
増加運転資金とはいいがたい。そこで、増加運転資金の発生要因は何かを検
討する必要がある。そのためには以下に示すワークシートを用いる。

（単位：百万円）

	2023／3期実績(A)		2024／3期実績(B)		増減(A)－(B)	
平均月商	83		85←ⓒ		2←ⓐ	
主要勘定	残高	回転期間	残高	回転期間	残高	回転期間
売掛金	111	1.34	130	1.53	19	0.19
受取手形	10	0.12	14	0.16	4	0.04
在庫	50	0.60	54	0.64	4	0.04
計(a)	171	2.06	198	2.33	27	0.27
買掛金	87	1.05	95	1.12	0	0.07
支払手形	30	0.36	31	0.36	1	—
計(b)	117	1.41	126	1.48	9	0.07
差(a)－(b)	54	0.65 ↑ⓑ	72	0.85	18	0.20 ↑ⓓ

売上増加による資金需要	ⓐ×ⓑ	2×0.65	1.3
収支ずれの変化による資金需要	ⓒ×ⓓ	85×0.20	17.0
			18.3

このワークシートを使うと、18百万円の増加運転資金の内訳は、売上増加
要因は1百万円で、17百万円は収支ずれ要因によることがわかる。さらに、
残高・回転期間の増減をみると、売掛金の増加が主な原因であることもわ
かった。売掛金のなかに回収不能のものがないか精査する必要がある。

ワークシートで使用した残高の数値は決算書の表面上の数値を使ってい
る。そのために、実態バランスシートを作成し、売掛金の実態をチェックす
ることが重要になる。

3 増加運転資金貸出

増加運転資金の借入申出があった場合、発生した要因を把握することが必
要である。

売上増加要因によって発生した増加運転資金は、いずれ恒常的・必須の経
常運転資金に組み込まれる。したがって、その返済原資は営業収入となり、
実質的には返済を求めず、手形貸付の書替継続（単コロ）で対応することに
なる。

増加運転資金の発生が収支ずれによる場合、安易に増加運転資金として貸
出に応じるべきではない。貸出先に対して増加運転資金の発生要因を説明
し、貸出先に資するアドバイスを行うことがまず重要である。

売掛金の増加が原因であれば、売掛金の回収に努めるよう促し、在庫増加
が原因であれば、在庫を減らす対策を考える必要がある等、企業内努力に
よって収支ずれの縮小を図ることが肝要であると貸出先にアドバイスするの
である。そのうえで、借入金額は必要最小限にとどめ、経常運転資金とは別
管理の貸出で対応することが望ましい。収支ずれ要因による望ましくない増
加運転資金は、経常運転資金への転嫁を避け約弁付貸出で対応するのも一つ
の方法と思われる。

貸出担当者は、増加運転資金の申出を貸出額増加のチャンスととらえる前
に、増加運転資金の発生理由を確認し、収支ずれが要因であれば、貸出先に
問題点を知らせ、貸出先の経営にとって最もよい方法をアドバイスすること
が好ましい。それが信頼につながる。

寄り道 『世界経済はこう変わる』（神谷秀樹・小幡績著、光文社新書、2009年）
　昔話になりますが、（略）松下電器（現パナソニック）がまだ誕生して間もないときに、住友銀行にはじめて融資を申し込みに行ったときのことです。当時の松下の財務部長から伺ったのですが、そのとき、住友銀行の支店長が、「あなたのところは売掛金が多すぎるから、夕方の5時になったら全社員で売掛金の取り立てをしていらっしゃい。それをすれば、銀行からお金を借りないで済むはずだから」とアドバイスしたそうです。で、松下の社員は実際にそうした。松下幸之助さんの奥様がお味噌汁を作って、売掛金の回収を終えた社員が引き上げてくるのを待っていたそうです。そして、3ヶ月後、本当に売掛金が全部回収でき、手持ちの現金が豊富になってキャッシュフローが潤沢になった。それで、「支店長のおっしゃることを聞いたおかげで本当に借金をせずに済みました、ありがとうございました」とお礼に行かれたそうです。
（同書115〜116頁）

寄り道 『貸出業務の王道』（拙著、金融財政事情研究会、2011年）
　これは、売掛金の回収が進まない（＝売掛金回転期間が長期化する）ことで増加運転資金需要が発生したときの事例です。住友銀行の支店長は、増加運転資金の発生理由を的確に把握したうえで、売掛金の回収が進めば、借入金が少なくてすむとアドバイスしたところ、松下電器の社員は売掛金の回収に努め、そしてすべての売掛金が回収でき、借入れをしないですんだという話です。このとき、売掛金の回収ができていないことが問題であることを指摘せず、申出どおりに貸出を行った場合、借入金の返済と支払利息が経営の足を引っ張ることになり、より経営が苦しくなったかもしれません。ポイントは、住友銀行の支店長が貸出金額を伸ばすことを優先せずに、顧客の事業経営のためのアドバイスをしたことです。まさに銀行による「顧客第一」「顧客満足」の実践です。
（同書155〜156頁。本引用部分の直前で『世界経済はこう変わる』引用部分を紹介している）

第3節　増加運転資金　227

第 4 節　長期運転資金

1　長期運転資金とは何か

　長期運転資金は、1年を超えて必要となる運転資金[※]である。

※　経常運転資金を期間3〜5年の証書貸付で行っている貸出を「長期運転資金」と称するのは誤りである。これは「長期の運転資金」ではなく「運転資金の長期貸出」というべきである。

　資金使途を「経常運転資金（長期）」と、資金必要理由を「人件費等諸払資金」と書いてある稟議書をよく見かけるが、それは正しくない（誤った）認識である。

　長期運転資金とは、設備資金以外で以下のような性格の資金をいう。

　　①　子会社や関連会社に対する長期貸付金や出資目的の資金調達
　　②　入居保証金、営業権の買取りなどの資金調達
　　③　社債償還に利用する目的の資金調達
　　④　過去に許容した短期貸出（決算賞与、季節等）の未返済貸出の代替返済手段
　　⑤　不渡手形の買戻し等、不良債権の処理に必要な資金調達
　　⑥　地方公共団体等[※]向け貸出

　　※　「地方公共団体等」とは市役所・区役所・町村役場、そして都道府県庁も含む各行政機関を指す。土地開発公社・住宅供給公社は地方公共団体の機関ではない。

2　長期運転資金貸出の検討

　前記のように長期運転資金の性格はさまざまであり、実際の資金使途と返済計画の妥当性をしっかり検討することが重要である。また、貸出期間が長

228　第5章　資金使途の把握

くなれば返済リスクも高くなるので、担保の徴求もあわせ考える必要がある。

　返済原資は一般的には次の式で毎年プラス計数であれば問題ないとみることができる。毎年マイナス計数となる場合は、返済計画を見直す必要がある。

　　　返済原資＝税引前当期純利益＋減価償却費＋留保性引当金純増額
　　　　　　　－決算支出（税金・配当金）

　前記①②については、本来は自己資金でまかなうことが望ましいが、借入申出がある場合は経常運転資金とは区別すべきで、経常運転資金に組み入れてはならない。また、実行後の資金使途のフォローを怠ってはならない。

　前記③は、社債発行時に立てた返済計画が履行できないケースだが、社債償還は企業の信用問題につながるので、長期貸出で償還しなければならない。

　前記④⑤はできるだけ短期貸出で解決することが望ましいケースだが、返済計画に無理があるなら（返済余力が乏しければ）、やむをえず長期で対応することもあるだろう。

　前記⑥については、地方公共団体は、第三セクターや地方公社（土地開発公社・住宅供給公社・道路公社）に対して損失補償・債務保証等を行い、公営企業に対しては一般会計から財政支援しているため、それらの経営悪化は財政運営上の大きな負担になる可能性があることを承知すべきである。

第4節　長期運転資金　229

| 第 5 節 | 決算資金 |

1 決算資金とは何か

決算資金とは決算申告に伴って生じる納税と配当支払いを資金使途とする貸出である。

決算資金は本来利益処分であり返済原資は利益から支払われるものだが、実際の納税・支払時点で利益は未資金化資産（状態）である場合が多い。売上債権に計上されて回収されていない、あるいは回収されても再投資・生産・在庫等に回されている場合がある。仮に現預金として必要残高がある場合も、一時的にせよ大量の現預金支出は資金繰りの安定という観点から避け、借入でまかなうことが一般的である。

2 決算資金貸出の検討

決算資金の検討には次の点に留意が必要である。

(1) 金額の妥当性のチェック

決算資金は毎年同じ時期に発生し、使途も明確であり、貸出として取り上げやすい。だからといって、過去の実績からの惰性で安易に取り扱ってはならない。金額の妥当性については必ずチェックする必要がある。企業側からみると借りやすいこともあり、他の資金需要を潜り込ませた金額で申し出てくることがあるので要注意である。

a 配 当 金

配当金は貸出先が決め、銀行がその金額について口をはさむことはない。ただし、主力銀行である場合、配当金額について関心をもってみることが必要になる場合がある。それは配当性向（配当金÷税引後当期利益）が100％

230 第 5 章 資金使途の把握

を超える場合、減収決算で従業員宛賞与は減らすが配当金（持ち株の大半が同族役員所有）は据え置く場合など、経営者の考えを問うことも必要である。

b 税　　金

　決算書が入手できていない段階での納税額の妥当性は、税引前当期利益からおおよそ推定ができる。実効税率を税引前当期純利益の約50％をメドにみればよいが、中間納税分を差し引くことに注意が必要である。

(2)　前期との差異

　過去の決算資金需要と比べて変わった点がないかをチェックする。決算資金需要額のうち自己資金シェアの変化、あるいは借入依存度が大きく上昇している場合は、その理由を確認する必要がある。

　利益が減少しているのに税金が多くなっていないか注視する。

(3)　返済方法

　決算資金は次の決算資金需要が発生するまでの期間（6カ月間）に分割して返済するのが一般的である。決算資金の返済は次の期の利益を返済原資とするので、次期業績見込みの検討も欠かせない。

(4)　取上げ方法

　手形貸付による取上げが一般的であるが、専用当貸の利用も見受けられる。

第6節　賞与資金

1　賞与資金とは何か

賞与資金とは、従業員宛賞与（ボーナス）支払いに充当する資金である。

従業員に支払う賞与は一時的に多額の資金が必要で、資金繰りを圧迫する要因となる。そこで、資金繰りの安定の観点から賞与資金も決算資金と同様に借入でまかなうことが一般的である。

賞与資金は本来経費項目であり、返済原資は売上回収金が充当されるが、売上回収による現預金余剰の留保不足、あるいは現預金残高の平準化のため借入でまかなう。

賞与の支給は年2回が一般的であるが、支給総額は企業の業績に左右される。

2　賞与資金貸出の検討

賞与資金の検討には次の点に留意が必要である。

(1)　金額の妥当性のチェック

賞与支払総額について、利益、前年・過去実績と比較して妥当であるか検証する。

支給総額は「平均給与×支給月数×従業員数」で推定し、申出金額と大きく乖離する場合は、理由を聞き質す。なお、「平均給与」は「従業員給与（P／L販管費・製造原価労務費）÷12カ月」で算出できる。

決算資金と同様、借りやすいこともあり、他の資金需要を潜り込ませた金額で申し出てくることがあるので要注意である。また、従業員数の増減による支給総額への影響も注意してみるべきである。

232　第5章　資金使途の把握

(2) 銀行分担シェア

　主力行・準主力行等数行で分担額をシェア割しているケースにおいて、そのシェアに変化がある場合、あるいは賞与資金貸出に際して新規参入行・ドロップ行（シェアがゼロになった銀行）がある場合は、その理由を明確にする必要がある。賞与資金実行の翌月初に銀行別実行額（残高増加額）をヒアリングして、申出どおり実行されているかをチェックする。

　本来の賞与資金は従来の銀行構成から調達するも、新規取引行に賞与資金と称し、賞与資金以外（たとえば赤字資金）の借入をするケースがある。これも、賞与資金実行の翌月に銀行取引一覧表の残高ヒアリングでチェックする。

(3) 返済方法

　返済原資は売上代金の回収で、次期賞与支給時までの6カ月間の分割返済が鉄則である。

(4) 取上げ方法

　手形貸付による取上げが一般的であるが、専用当貸の利用も見受けられる。

第 **7** 節 | 季節資金

1 季節資金とは何か

　季節資金とは、仕入・生産・販売活動が季節的な変動によって発生する運転資金である。

　具体的には、製品・商品の需要時期が毎年同じパターンで現れるに際し、それに備えて原材料・商品の仕入を図るための資金調達で、一時的に在庫を積み上げることで生じる収支ずれが発生の原因である。

　収支ずれを支えるのは経常運転資金だが、季節資金は季節的・臨時的な増加運転資金といえる。

　企業は、取扱商品が需要期を迎える数カ月前から必要な原材料や商品の在庫手当（仕入）を季節資金借入でまかない、商品需要期に販売し、売上は売掛金・受取手形となり、回収代金によって返済される。

2 季節資金の具体例

　季節資金が発生する季節的な変動とは、夏は暑く冬は寒いという気温や春夏秋冬という気候・季節要因、バレンタインやクリスマス商戦のような行事要因がある。

　取り扱う製品や商品によって、年2回の資金需要が発生する場合や、農産物を主原料とする業種では収穫の季節性により年1回の場合がある。

　　① 気候要因によるもの：家電（エアコン・扇風機・暖房器具等）、衣料品（春夏物・秋冬物・水着・コート）など

　　② 行事要因によるもの：バレンタインデー向けチョコレート、クリスマス用ケーキ、新学期向け教科書・ランドセル・制服、正月用品（し

234　第5章　資金使途の把握

めなわ・正月飾り・門松用松竹）など

3 季節資金貸出の検討

季節資金の検討には次の点に留意が必要である。

(1) 仕入・販売計画の妥当性のチェック

季節性商品を取り扱う企業は、どちらかというと販売機会の喪失を恐れて、多めに仕入を行う傾向がある。しかし、現実は需要期の天候（冷夏・暖冬）や消費動向（流行）が見込みどおりにはいかないこともあり、需要期に想定した販売量が計画どおりに売れないリスクがある。そのため、過去の販売実績や申出内容の販売計画については、貸出先による説明を鵜呑みにすることなく、市況や需要見通しについて、長期天気予報や社会的トレンド予測、業種動向等を参考に検証する必要がある。

(2) 販売計画どおりにいかない場合

季節性商品が需要期に計画どおり販売できず、売れ残りが生じることは、借入金の返済原資が不足することを意味する。売れ残りは在庫となるが通常の在庫とは異なる。それは、衣料品では流行遅れ、食品は消費期限など、不良在庫となる。その対応として多くの場合、値引きセールで資金化することになる。

(3) 取上げ方法

手形貸付による取上げが一般的であるが、専用当貸の利用も見受けられる。

(4) 返済方法

通常は以下の流れにより返済される。

第1段階：季節資金の借入……在庫 　100（仕入）　　：借入100

　　　　　　　　　　　　　　　　　↓　　　　　　　　　↓

第2段階：季節商品の販売……売掛金 　70　　　　　：借入100

　　　　　　　　　　　　受取手形 　30

　　　　　　　　　　　　　　　　　↓　　　　　　　　　↓

第3段階：季節資金の回収……売掛金　　0（回収）　　　　：借入　0

受取手形　0（割引手形30）

　通常は期間6カ月、期限一括あるいは分割返済で対応する。期限到来時に継続することはない。

　計画どおりに仕入商品が販売できず売れ残った場合、セール等による処分で資金化して返済に充当することになるが、赤字発生リスクがある。返済できなかった季節資金を経常運転資金に上乗せすることは厳に回避しなければならない。

第 8 節 | 赤字資金

1 赤字資金とは何か

　赤字資金が他の資金と決定的に異なるのは、貸出先が「本件は赤字資金である」と表明しないことである。表面的には、増加運転資金、季節資金、決算資金等とさまざまな理由で糊塗されるので、申出内容の資金使途を真正であるかどうか確かめる必要がある。

　たとえば売上が減少しているにもかかわらず増加運転資金という申出内容、あるいは季節資金の金額が過去実績に比べて異常に多額の場合など、赤字資金ではないかと疑って検証する必要がある。

　赤字資金の解明は、粉飾決算の発見の問題ともいえる。

2 赤字経営

　赤字経営とは損益がマイナスの状態をいう。赤字になる理由には、一時的・一過性のものと長期的・構造的なものとの2種類がある。ただし、損益計算書の粉飾であったり、減価償却の未実施・不良資産の未償却等があったりする場合は、表面的には黒字でも実質赤字であるということがある。

　また、意図的に赤字経営にする場合もある。赤字決算で法人税の還付を受ける、あるいは黒字経営であるがあえて費用を計上し赤字にして法人税を軽減するケースもある。また、赤字を繰り越すことで、翌期以降発生する黒字と相殺し、法人税の軽減を図るなどが考えられる。

　どの時点で赤字になっているかをみて、問題点を探す。

　　① 売上総利益段階で赤字：事業継続の是非を考える。

　　② 営業利益段階で赤字：経費削減で対応＝赤字脱出可能か。

第8節　赤字資金　237

③　経常利益段階で赤字：借入削減で対応可能か。

3　赤字資金対応貸出の検討

　赤字資金は損失を埋め合わせる資金であり、返済原資はない。したがって、原則として貸出で支援することは避けたい。

　しかし、主力または準主力の立場にあること、貸出先との取引歴、経営者への信頼度を勘案すれば、赤字資金だから出せないという貸出ではないと考える。

　赤字資金と承知のうえで支援するにあたってのポイントをあげる。

　　①　一過性要因による赤字の場合：資産の売却、売上増加を返済原資とする短期貸出で対応。

　　②　構造的要因による赤字の場合：再建計画※に合意のうえ、約弁付長期貸出かつ引当フルカバーで対応が可能かを検討する。

　　※　再建計画とは、再建意欲の確認、具体的対策（経費節減・資産売却等）、スケジュール、取引先・他行の支援体制の確認などを指す。

第9節 工事立替資金

1 工事立替資金とは何か

　建設業では、受注工事を始める前に建設資材の仕入などの支払いが先行し、工事代金の回収は工事完了後になるため、立替資金が必要となる。工事を自社のみで完結できない場合、下請業者への外注も必要となり、下請業者からの重機・人員確保の外注費用も必要となる。そのため、資金の立替えが必要となる。これを工事立替資金という。

　建設業界における運転資金は工事立替資金といえる。言い換えると、工事立替資金は必ず受注工事と紐付きであり、工事受注がないときに工事立替資金需要は発生しない。

2 工事立替資金貸出の特徴

　工事立替資金の特徴は以下のとおり。

① 工事立替資金の返済原資は利益からではなく、発注者からの工事代金の支払いで返済される。したがって、貸出先の建設業者の格付が低くても、工事代金の支払いルート（入金パイプ）が確保・確約されていれば、回収に関するリスクは低い。

② 建設業者は利益が出ない工事を受注することがある。赤字受注とわかっていても、目先の売上を優先して受注するケースがある。

③ 建設業者は工事立替資金を利用して、他に流用する目的の資金を紛れ込ませることがあるため注意が必要である。

3　工事立替資金貸出の検討

(1)　申出内容のチェック

　工事の受注が決まると、発注者と建設業者との間で工事請負契約書が締結される。工事立替資金の借入申出は工事請負契約書に記載されている内容と齟齬がないかチェックする必要がある。

① 　工事請負契約書は必ず原本で確認する。見積書や発注書は受注が確定していない段階のものである。また、工事請負契約書のコピーは、受注金額の水増しや工事期間を長くするよう書き替えられたものかもしれないので、必ず原本の契約内容で借入申出内容を検証する。

② 　借入申出金額は受注金額（請負金額範囲内）でなければならない。前払金が定められている場合は、請負金額から前払金を差し引いた金額を上限とする。さらに自己資金があれば請負金額から差し引いた金額とする。

③ 　借入期間は、工事完成後の請負金額の支払期限までとする。

(2)　返済方法

　工事立替資金の返済原資は工事代金である。発注者からの工事代金の支払口座（振込指定口座）は必ず自行の預金口座を指定する。これは絶対に譲れない条件であり、入金口座が自行に指定されない場合、工事立替資金を確実に回収する保証がないため当該貸出は回避すべきである。

　建設業者のなかには工事請負契約書を他行にも示し、他行からも工事立替資金の借入を画策するものがいる。しかし、工事代金支払口座の指定は必ず一つ（1行）であり、自行の預金口座が指定されないことは、工事立替資金借入を二股・三股かけている可能性があるということである。

　工事立替資金貸出に約弁付きという考え方はない。紐付き工事が完了し、工事代金をもって一括返済されるのが一般的だが、工事請負契約書に中間払いの契約条項がある場合は、途中入金を確認し、必要に応じて内入れの交渉もあり得る。

第10節 設備資金

1 設備資金とは何か

　設備資金は、設備投資に必要な資金である。設備投資の内容は目にみえるため、設備資金貸出の場合は資金使途の検証というより、資金調達方法とともに投資計画の妥当性に重点を置いて検証することが重要となる。

　設備投資は、計画どおりの成果・効果が得られないと経営の危機を招きかねない。分不相応の積極投資によって需給関係が裏目になると命取りになるリスクがある。したがって貸出先の設備投資に関して、銀行はあらゆる角度から設備投資に対して慎重かつ緻密に分析・検討しなければならない。

　設備投資は目的によって投資効果が異なる。設備投資は大きく分けて2種類あり、収益を生むもの、生まないものがある。

　収益を生む設備投資の内容、例は以下のとおり。

　　○　生産能力増強：工場新設・増設、既存設備更新・新規機械購入等

　収益を生まない設備投資の内容、例は以下のとおり。

　　○　間接部門投資：本社・物流倉庫・厚生施設等の建設、車両購入、システム開発

　　○　研究開発投資：新製品・新規事業の展開目的の研究開発

2 計画の検討

　設備投資は、特にメーカーにおいては企業の発展に欠かせないものである。一方、判断を誤ると経営を圧迫する要因になりかねない。設備投資の決断は経営者の最重要意思決定事案であり、経営者としての先見性・判断力が問われる。経営者が最終判断をするまでに社内で十分に関係者（技術者・研

究者・営業・財務等）によって検討されたものであるかが問われる。

　設備投資に関する銀行の接点は資金調達にある。資金調達は設備投資の前提条件であり、このメドをつけずに設備投資に踏み切ることはきわめて危険であるが、一方、設備投資は企業秘密に属し、また実行に移すタイミングの問題もあり、銀行へ話さず設備投資が行われることがある。こういう場合、運転資金の流用や支払手形・買掛金などの手段を使い、しかるべく後になって銀行宛借入申出となるケースがある。

　主力・準主力のポジションにある銀行としては、尻拭い的・後付け説明による設備資金貸出は不本意である。前述したとおり、設備投資の成否は企業経営に大きな影響を与えることから、設備資金貸出の諾否のオプションは銀行が握っておく必要がある。そのために、貸出先とは普段からコミュニケーションを図り、情報の非対称性がない関係を築くことは必要である。

　設備投資は企業体質に大きな変化をもたらす。長期的に資金を固定化することは資本構成を変え、安全性・流動性の悪化につながる。また、固定費を上昇させ、損益分岐点を押し上げる。したがって、設備資金の借入申出に対して、銀行は当該設備投資の内容と資金計画について検討する必要がある。

　設備資金については貸出先の説明を安易に鵜呑みにしてはならない。貸出先がどの程度の深度まで検討した計画なのか見極める必要がある。そのうえで、申出内容について貸出担当者が自ら検討して、銀行側の意見をもつことが重要である。計画に無理な点はないか、疑問点やアドバイスがあれば貸出先と意見交換を行う機会を設けることも必要である。

⑴　設備投資計画

設備投資計画について検討すべきポイントは次のとおり。

- ①　必要性：中長期計画における必要な投資か、企業競争力を高めることにつながるか。
- ②　競争力：投資後の製品の価値・価格の変化、業界内で優位性・競争力を確保できるか。
- ③　投資の時期：景気動向、金融動向、業界動向に照らし、投資タイミングは適切か。

242　第5章　資金使途の把握

④　投資の中身：立地（国内・海外）条件、規模、組織・体制・要員計画は適切か。

⑤　設備の内容：工期、費用、機械性能、環境等は妥当か。

(2)　資金計画

資金計画について検討すべきポイントは次のとおり。

①　所要金額：所要資金総額に過不足はないか。

②　調達方法：自己資金と外部調達（増資・社債・借入）とのバランスはとれているか。

③　調達可能性：増資・社債・借入の調達時期と調達見込みはどのようになっているか。

④　償還・返済能力：社債償還・借入金の返済計画・返済能力の検証はどのようになっているか。

⑤　担保：担保は必須であるが、どのように予定されて（考えて）いるか。

⑥　財務体質：投資後の財務体質への影響はどのように想定されるか。

3　設備資金貸出の検討

(1)　設備投資後の予想貸借対照表の作成

設備投資は、設備投資が完了し稼働するまで、財務内容を一時的に不安定にする性格を有する。したがって、具体的にどの程度の負担、影響があるか、それは短期間にバランスを回復できるものかを見極めることが必要である。そのため、設備投資を行った後の予想貸借対照表を作成して、バランスに問題点はないか検証することになる。以下、事例を基に説明する。

年商1,800百万円の甲社が180百万円の設備投資（工場増設）を行う場合の、設備投資前後の貸借対照表を示す。180百万円の調達方法は、長期借入は40百万円にとどめ、残りの140百万円は自己資金（預金取崩し）20百万円、支払手形発行20百万円、短期借入100百万円としたケースである。

第10節　設備資金　243

	(単位：百万円)

設備投資前のB／S			
預金	50	支払債務	100
売上債権	120	未払金	50
在庫	100	短期借入金	80
固定資産	180	長期借入金	60
		資本金	100
		剰余金	60
計	450	計	450

	(単位：百万円)

設備投資後のB／S			
預金	30（−20）	支払債務	120（＋20）
売上債権	120	未払金	50
在庫	100	短期借入金	180（＋100）
固定資産	360（＋180）	長期借入金	100（＋40）
		資本金	100
		剰余金	60
計	610（＋160）	計	610（＋160）

この結果、財務比率は以下のように変化する。

	設備投資前		設備投資後	
固定比率	（180÷160）	112.5％	（360÷160）	225.0％
固定長期適合率	（180÷（160＋60））	81.8％	（360÷（160＋100））	138.5％
固定資産回転率	（1,800÷180）	10回転	（1,800÷360）	5回転

　本事例では、借入金利が低いという理由で短期借入を行っているため、設備投資後の貸借対照表にそのアンバランスの姿が現れている。固定比率、固定長期適合率が悪化、固定資産回転率は半分まで効率が落ちている。固定長期適合率が100％を大きく超えることは固定資産が安定的ではない（財務の安全性に問題が生じる）ことを意味する。短期借入を行うとき、長期資金借入に乗り換える予定になっていたのか、あるいは増資払込資金によって返済するつなぎ的な短期借入だったのであればかまわないが、固定資産を増やす設備投資には安定的な長期資金で調達すべきである。この事例のように支払手形を発行したり短期借入で糊塗したりすることは避けなければならない。

　そこで資金調達方法を、増資30百万円、長期借入150百万円にした場合、設備投資後の貸借対照表は次のようになる。財務比率への影響も記載する。

244　第5章　資金使途の把握

（単位：百万円）

設備投資後のB／S			
預金	50	支払債務	100
売上債権	120	未払金	50
在庫	100	短期借入金	80
固定資産	360（＋180）	長期借入金	210（＋150）
		資本金	115（＋15）
		剰余金	75（＋15）
計	630（＋180）	計	630（＋180）

	設備投資前	設備投資後
固定比率	112.5%	（360÷190）　189.5%
固定長期適合率	81.8%	（360÷（190＋210）　90.0%

　資金調達方法を増資と長期借入に変えることで固定長期適合率は100%以下になり、固定資産の安全性は確保できる。

(2) 収益性の見地からの検討

　設備投資前と設備投資後との損益分岐点がどのくらい上がるかをみて、その売上高を達成するような販売計画になっているかをチェックする。

（単位：百万円）

設備投資前のP／L	設備投資後のP／L
売上高：1,800	売上高：1,800
固定費：　470	固定費：　530
変動費：1,050	変動費：1,030
利　益：　280	利　益：　280
変動費率：1,050÷1,800＝58.3%	変動費率：1,030÷1,800＝57.2%
損益分岐点：470÷（1−58.3%） 　　　　　＝1,127	損益分岐点：530÷（1−57.2%） 　　　　　＝1,238

第10節　設備資金　245

設備投資後も投資前と同額の利益280百万円をあげるためには、以下の売上を達成しなければならない。

（280＋530）÷（1－57.2％）＝1,892.5百万円

そのための販売体制が組まれているか、販売計画は妥当であるかを検討する。

(3)　設備資金貸出の取上げ方

設備投資計画の内容、資金計画の妥当性に納得できた場合、設備資金貸出の検討に入る。その検討事項は次のとおり。

①　長期の証書貸付で取り上げる。手形貸付や当座貸越による短期の運転資金借入で継続する調達方法は固定長期適合率の100％超えを招き不健全な財務内容となる。まして支払手形で調達する方法は問題外である。ただし、増資払込みや社債発行までのつなぎとして短期借入を利用することは問題ない。この短期借入は当然ながら増資・社債発行によって返済されることが前提である。

②　自行分担額は取引方針と現行シェアに照らし合わせ妥当であるか。シェアアップねらいの貸出先に対しては積極的に現行シェア以上の確保をねらう。

③　期限は短いほうが望ましい。日本政策金融公庫特定設備資金は20年以内、商工組合中央金庫設備資金は15年以内という期間を設定しているが、貸出期間は最長10年を限度としたい。減価償却資産の耐用年数に照らし10年は無理といわれる場合は、個別に弾力的対応もあり得る。

④　担保は流動性が高い公社債や上場株式が望ましいが、一般的には不動産担保あるいは工場財団抵当になる場合が多い。担保徴求物件は売却可能であること、そして必ず実地調査を行う。担保は、掛け目後フルカバーとする。

⑤　返済原資は「償却前利益（税引前利益＋減価償却費）＋留保性引当額－税金」から社外流出（税金・配当金）分を差し引いて計算する。さらに既存長期借入がある場合はその返済額も差し引いて計算する。

4　事後管理

　設備資金貸出は長期にわたるものであるから事後管理が重要である。当初計画は予測に基づくもので、実際は「計画」「建設」「稼働」「操業」の各過程が予測どおりにならない場合が多い。したがって、事後の状況についてたびたびヒアリングを行い、状況を聴取するとともに現場確認を行うことも必要である。

　また、毎月提出される諸計数を分析し、損益構造の変化を見逃さないことも重要である。

　担保の設定・保全・管理は怠ってはならない。

第**11**節 その他（資金使途が問えない貸出）

1　肩代わり資金

　企業の資金需要が乏しいなか、貸出残高を増やすために、既存貸出先あるいは新規工作先が他行から借り入れている資金を肩代わりする貸出のことをいう。「他行肩代わり」という。

　他行肩代わりの成功は営業努力の結果であり、貸出増加目標の達成率に寄与することで喜ばしいことではある。もちろん、積極的な意味もそこにあるが、思いがけない落とし穴が潜んでいることもあるので、短絡的な取上げ方には注意が必要である。むしろ、他行肩代わりを図る姿勢には軽くブレーキをかける意識をもつことも重要である。

　そもそも「他行肩代わり」という資金使途はない。肩代わりするねらい・目的は、当然ながらよい貸出先を確保し、貸出金額を増やすことにある。しかし、優良企業が、そう簡単に既存取引の銀行を替える（肩代わりに応じ

寄り道

『実戦融資業務33の秘訣』（村松修著、経済法令研究会、1998年）
　　　他金融機関の金利をにらみながら新規顧客の獲得に手っ取り早い手段として肩代わり融資を進めたことは否めない事実です。しかし、その結果はどうであったでしょうか。肩代わり時点での期待した成果は得られたかというと、あるデータからは答えは五分五分なのです。いやむしろ、残念ながら「ノー」と言わざるを得ないのです。肩代わり先の半分、融資金の３分の１が収益を生まない融資金になったとすると、金利を犠牲にし、取引拡大もできず、延滞融資金が残れば、明らかに成果は「マイナス」なのです。
（同書236頁）

248　第５章　資金使途の把握

る）だろうか。他行からの借入を肩代わりするためには、金利・返済方法・担保等で他行借入の条件よりよい（自行の視点からすれば「甘い」）提案を行うことになる。長年の取引で築いてきた銀行を切り捨て、新たな銀行とゼロから信用を築くことは大変である。それでも肩代わりに応じる場合、それなりの、なんらかの事情を抱えているとみなければならない。またその理由・意味を考える必要がある。その理由と意味を考えずに肩代わりすることは、トランプの「ババ抜き」でいう「ババを抜く（他行の問題先を引き取る）」結果になる可能性がある。これを「サルベージ案件」というので、注意が必要である。

業績悪化傾向、資金繰りが苦しい、主力銀行と対立……という実態を見逃して、あるいはその事実を隠して肩代わりを行うことは厳に避けなければならない。

他行肩代わりを行う場合の基本スタンス・チェックポイントは次のとおり。

① 対象先：肩代わりをねらう企業は優良企業ないし正常先であることを確認してから動く。

② 信用調査：帝国データバンク・東京商工リサーチの企業情報（含む財務情報）を事前に検討する。

③ 周辺調査：会社および経営者の所有不動産の権利・担保設定状況を調べる。

④ 既存借入：過去数年間の銀行別貸出残高推移、資金使途と貸出条件・返済方法を確認する。

⑤ 経営者：経営者と必ず面談し、人をみる（観察する）。

⑥ 肩代わりをする場合、一気に全額肩代わって主力になる、複数の借入を長期貸出として一本化する（短期運転資金・長期設備資金を一緒にして約弁付きにする）、担保掛け目を緩くする等のことは絶対にしてはならない。

他行肩代わり貸出を実行すると、他行からの借入は消える（ゼロになる）はずだが、他行からの借入残高が残っているケースがある。これは肩代わり

第11節　その他（資金使途が問えない貸出）　249

した企業に騙された結果である。

　他行肩代わりは、実行してから「失敗した」ではすまされない。イギリスの諺に「The proof of the pudding is in the eating」（プリンの品定め（美味いか不味いか）は食べてみることである）」があるが、肩代わりは食べてしまってから（肩代わりしてから）悔やんでも遅いと知るべきである。

2　折返し資金

　折返し資金とは、既存の長期借入についてある程度返済が進んだところで、その返済金額の範囲内の金額を再び借入するものである。折返し資金は、長期貸出の約弁分を埋めるもので、あえて言い換えると「返済資金のための貸出」である。

　折返し資金は「借りやすい」という記事や本を見かけるが、そのようなことをいう人は貸出業務の本質を知らない人だと筆者は思う。筆者は、折返し資金の貸出というものは本来発生しないと考える。それが実際に実行されているのは、貸出の取上げ方が正しいものでなかったといわざるを得ない。

　設備資金の長期貸出における約弁分を折返し資金で貸出することはあり得ない。設備資金貸出の約弁に折返しの資金が必要となるということは、当初締結した証書貸付の金銭消費貸借契約書の返済方法が履行できないことを意味し、期限の利益の喪失（銀行取引約定書ひな型5条）に相当する。

　折返し資金貸出は経常運転資金を約弁付長期貸出で対応している場合において発生していることが多い。そもそも経常運転資金は収支ずれを埋める必須資金で、短期貸出で取り上げ返済原資は売上金回収によるものであるべきである。つまり、経常運転資金は、企業が経営を継続・存続するために仕入・生産・販売の活動を行うとき、つねに資金の循環（売上・支払い）によって発生する必須資金であるため、経常運転資金は期限に書替継続する（単名手形の継続（いわゆる「単コロ」）で対応するのが本筋である。本章第2節参照）。

　しかるに、金融庁の検査マニュアルによって、経常運転資金を約弁付長期貸出で取り上げるようになり、約弁進捗により必須資金に不足が生じ、資金

> **寄り道**
>
> 『財務数値に依存しない融資営業の進め方——「会社をみて貸す」スキル「人をみて貸す」ノウハウ』（大内修著、近代セールス社、2015年）
>
> 長年にわたり経常運転資金を融資してきた取引先に対し約定返済を要請。大半の取引先は、長年にわたって特に問題もなく取引してきたにもかかわらず、急に資金繰りが悪化することになった。業績は冴えなくても事業歴が長く製造技術や堅実経営で定評があった多くの取引先が、結果的に資金繰りが悪化し、延滞が生じてしまうケースも多くみられた。
>
> （同書26頁）

> **寄り道**
>
> 『地銀改革史——回転ドアで見た金融自由化、金融庁、そして将来』（前掲・19頁）
>
> かつて銀行は情報開示など取引ぶりが良好な取引先には、単名融資手形を期日に返済せずにそのまま書き替えるという恩典を与えた。（中略）そのようなあるべき融資に対して、単コロが条件変更かどうかという形式論と、資金を区別せず債務償還年数を一定期間で線引きしたのが金融検査だった。
>
> 金融機関は（中略）どんな融資にも約定弁済を付け、資金繰りが苦しくなったらまた別の約定弁済付長期融資を重ねて実行する慣行へと変わっていった。その現実こそ、金融庁が知るべきマニュアルと金融検査がもたらした副作用なのだ。
>
> （同書303～304頁）

繰りが苦しくなり折返し資金が必要となったのである。経常運転資金を期間１年の短期貸出で行い、書替継続という従来の手法をとっていれば、折返し資金は発生しなかった。

　単名手形の書替継続を「良好な取引先に」「恩典を与えた」とする見解もあるが、経常運転資金における単名手形の書替継続は「良好な取引先」とは関係なく、「恩典」でもなく、手形貸付では一般的に行われていたことである。それは、筆者世代（金融庁が発足する前に貸出業務を行っていた者）にとってはだれもが知っている・行っていたことである。

　「金融検査マニュアル別冊［中小企業融資編］」が2015年１月に改訂された

> **寄り道** 『地銀改革史——回転ドアで見た金融自由化、金融庁、そして将来』（前掲・19頁）
>
> 　（中小企業金融円滑化法）この法律の核心は融資の約定弁済を止めることにあり、運転資金なのに約定弁済させられている中小企業の状況を正確に理解してピンポイントで対策を講じるものだった。
>
> 　（中略）運転資金の約定弁済を止めるということは、何のことはない短期継続融資の形を変えた復活であり、金融検査マニュアルの威力を法律によって抑止したのだ。経常運転資金を約定弁済のない融資で対応するという当たり前のことが、この法律のおかげで世に広く知られることになった。
>
> （同書318頁）

際、「短期継続融資」の名のもとに、いわゆる経常運転資金貸出における手形の書替継続が復活した。2019年12月に金融検査マニュアルは廃止されている。経常運転資金における約弁付長期貸出の割合は減少していくと思われる。稟議書に「経常運転資金（長期）」という間違った言葉が書かれることもなくなるはずである。

3　売込み案件

　売込み案件は「貸出セールス」「お願いベース」といわれている。要は「借りてください」というお願いで、目的は借りてもらうこと（貸出残高の増加）にある。貸出金利が低く、貸出業務における収益確保のため、貸出競争が激化するなかで生まれた言葉だ。この言葉の出現によって、貸出業務はセールス（売込み）に力点が置かれるようになり、そのことが貸出業務の本質が忘れ去られる原因になったと筆者は思っている。

　「社長、今月、貸出の目標（残高増加額）に達していないので、なんとか助けてください」と頭を下げる担当者がいる。「資金使途は問いません」「金額はできるだけ多く」ということもあるようだ。貸出先も下心が出てきて「担保を入れなくてよければ借りてもいいよ」とか「金利をまけてくれれば考えてもいいよ」という。借りてもらうこと（貸出増加）のために、貸出業

252　第5章　資金使途の把握

務の本質を忘れて、ボリューム志向に陥った行動に走ってしまう者がいる。

　経営学には「販売なくして利益なし」という言葉がある。利益を追求することは、銀行も私企業として当然である。しかし、本書の序章第1節で述べたように、貸出という商品を売ることだけに夢中になり、売った後の債権管理や債権保全の意識がおろそかになった結果として貸出金の回収ができなくなる事態は、銀行経営に大きなマイナス影響を与える。貸出業務に関しては「販売なくして利益なし」ではなく、「回収なくして利益なし」ということを強く心にとどめなくてはならない。

　貸出残高を伸ばすために「セールス」「売込み」を行い、貸出先の言い分を優先して貸出に結び付けることは、資金使途の検証を怠り、返済リスクを軽んじた貸出につながる。セールスマンという意識が先行し、目先の増加目標のために貸出金額を伸ばすことばかりに関心がある担当者は、その貸出リスクのことを考えずに突っ走る傾向がある。リスクという言葉は知っているが、リスクが現実になったときのことを考え、その怖さを知らずにセールス活動に励む貸出業務は好ましくない。

　売込み案件・貸出セールスという言葉は、受動的貸出業務を能動的に変え、積極的に貸出先の事業活動を知ったうえで資金需要ニーズの発掘を図

寄り道　『実戦融資業務33の秘訣』（前掲・248頁）

　　「融資セールス」という言葉は、金融の自由化が急速に進むなかで発生した新語ですが、融資競争が激化する過程でセールスに力点が置かれ、融資の本質が忘れられてしまったようです。確かに、金融機関としては、収益の柱である融資を、顧客の来店を待って売っているようでは収益拡大にはつながりませんから、積極的に資金ニーズを発掘して売り込んでいかなければなりません。しかし、「融資」という商品は、一般のセールスのように不特定多数の人を対象に売り込むものではなく、一定の要件を満たす限られた顧客に、使途と返済能力を確認しながら売り込むものです。単に融資額の増加のために目標を設定し、その達成度を競わせることは、リスクマネジメントをおろそかにすることになり、将来に課題を残すことになります。

（同書12頁）

第11節　その他（資金使途が問えない貸出）　253

り、本来の貸出を売り込むときに使うべきである。

　貸出という商品は不特定多数の相手に売り込むものではない。繰り返していうが、貸出は資金使途と返済原資の検証を行ったうえで売り込むものであり、ボリューム増加の目標を設定すること、その達成率を競わせることは、リスクマネジメントの視点をおろそかにする危険を伴うことを知る必要がある。

第6章

債権保全

第1節 貸出業務と担保

　「貸出の要諦は債権保全にあり」。貸出は、焦付きを出さないことが最大の使命である。焦付きが発生すると収益的に大きな痛手を被るだけでなく、銀行の信用問題にまで発展する懸念がある。

　「債権保全＝焦付きの回避」がすべてに優先することをまず認識することが肝要である。この場合、「債権保全」とは、ただ担保の徴求・管理をするということではない。貸出業務で重要なことは、いままで述べてきたとおり、第一に貸出先の実態把握を行い、資金使途を確認し、債務償還能力を把握したうえで、正しい事務手続にのっとって貸出を実行することである。要は基本に忠実に貸出を行うことである。その前提のうえで、万一のために担保・保証を徴する。

1 概　　説

⑴　銀　行　法

　銀行法1条（目的）は「この法律は、銀行の業務の公共性にかんがみ、信用を維持し、預金者等の保護を確保するとともに金融の円滑を図るため、銀行の業務の健全かつ適切な運営を期し、もって国民経済の健全な発展に資することを目的とする」と記されている。

　貸出業務の原資は預金者から預かった預金であり、貸出金の債権保全が預金者を保護することにつながる。法律の条文「預金者等の保護を確保する」ため、銀行は貸出金の焦付きを回避し、万一の不測に事態に対して貸出金の回収を迅速確実にするため、担保を徴求する。貸出業務における担保の徴求は条文の「銀行の業務の健全かつ適切な運営」に当たる。

256　第6章　債権保全

(2) 担保・保証に過度に依存しない融資

　かつて、バブル期の貸出業務は不動産・株式の価格上昇を見込み、あるいは不動産価格は下がらないという思い込みがあり、担保に頼り、貸出審査がおろそかになった面があったことは否めない。また、貸出金額の増加を図るため、不動産担保の評価額を甘くみる傾向があったことも否めない。

　一方、近年は2003年に金融庁が発表した「リレーションシップバンキングの機能強化に向けて」の「アクションプログラム」において「担保・保証に過度に依存しない融資」というフレーズが使われている。このフレーズにおける「過度」の意味について金融庁は具体的な説明を行っていないが、筆者は次の4点を考える。

① 前記銀行法の趣旨を鑑みれば「担保・保証に過度に依存しない融資」は、「担保・保証はなるべくとらないほうが望ましい」という意味ではない。

② 物的担保は債務者が所有する物件以外のものを担保として徴求できない。問題は、貸出金額と担保物件の評価額とのバランスが異常であるか否かにある。貸出金額をフルカバーする物的担保の徴求は、銀行法の趣旨に照らし合わせ「過度に依存」とはいえない。ただし、物的担保の評価額を時価より水増しする、あるいは掛け目を甘くすることで貸出金額を表面上カバーする行為は「過度に依存」に当たる。

③ 企業のオーナー・代表者（経営者）による人的保証は、特定の資産を見合いとすることなく、弁済責任を包括的に約定するものである。個人保証の場合、資産背景がないのに貸出金額を大きく上回る個人保証には意味がない。また、代表者の親族・知人等の第三者に個人保証を求めることは「過度に依存」に相当する。

④ 信用保証協会保証について、銀行は過去の「特別保証」「緊急保証」「（コロナ）特別融資」に「過度に依存」してきたといえる。その功罪については本章第3節で述べる。

(3) 中小企業向け貸出金担保の内訳

中小企業総合研究所による「中小企業向け貸出における実態調査」（2005

> **寄り道** 「中小企業の資金繰りを巡る論点——ABLと電子記録債権による売掛金の活用」（代田豊一郎ほか著、日銀レビュー、2011年6月）
>
> （中小企業の借入制約に関する試算）
>
> 　企業ごとに借入需要額と貸出供給額を算出し、前者が後者を上回る企業を「担保制約企業（借入需要に対して固定資産担保が不足している企業）」とみなす。試算によると、担保制約企業は全体の48％に上り、約半数の中小企業が、借入需要に対して固定資産担保の不足した状態にある。
>
> （同レポート4頁）

年1月）によると中小企業向け貸出金担保の内訳は次のとおり。

（単位：％）

不動産	預金・債券	有価証券	債権	在庫	その他
85.7	10.1	0.9	0.6	0.0	2.6

　この調査は2005年以降実施されていない。直近の数値は不明であるが、不動産担保が圧倒的シェアであることは変わらないと思われる。一方、ABL[※]推奨の動きもあり、内訳構成は変化していると想定できる。

※　「ABL（Asset Based Lending）」は流動資産（売掛債権・在庫等）を担保とする金融手法である。ABLについては、経済産業省を中心に議論が進められ、日本銀行は2012（平成24）年6月に「ABLを活用するためのリスク管理」を、金融庁は2013（平成25）年5月に「ABL（動産・売掛金担保融資）の積極的活用について」を発表している。

2　貸出債権と租税債権との関係

　国税徴収法8条（国税優先の原則）により、国税は納税者の総財産についてすべての公課その他の債権に先立って徴収すると定められ、銀行の貸出債権は原則として国税等[※]に劣後するが、担保権が設定してある場合は、一定の範囲で国税に優先する。

※　「国税等」：国税のほか、地方税・社会保険料も貸出債権に優先し、国税徴収の例により徴収されることになっているので、これらのものを含め「国税等」という。

　それは国税徴収法の以下条文による（詳細は省略）。

- ○ 15条：法定納期限等以前に設定された質権の優先
- ○ 16条：法定納期限等以前に設定された抵当権の優先
- ○ 17条：譲受前に設定された質権又は抵当権の優先
- ○ 18条：質権及び抵当権の優先額の限度等
- ○ 24条：譲渡担保権者の物的納税責任

　貸出先の預金が滞納処分によって差し押さえられた場合、銀行は貸出債権をもって相殺できる（銀行が相殺できる理由についての説明は省略する）。租税優先の原則にかかわらず、通常の差押えの場合と同様に相殺できることで、相殺は確実な担保的機能をもっている。

3　相殺の担保的効力

　銀行は、貸出債権を有しているため貸出先に対しては債権者であるが、貸出先から受け入れている預金については債務者の立場にある。この関係を貸出債権の保全という見地から考えると、銀行は預金に相当する金額については、相殺によって確実に回収を図ることができる。預金は強力な担保的機能※を有していることになる。

※　預金の担保的機能について：最高裁大法廷判決（昭和45年6月24日民集24巻6号587頁）で次のように述べられている。「相殺の制度は、互いに同種の債権を有する当事者間において、相対立する債権債務を簡易な方法によつて決済し、もつて両者の債権関係を円滑かつ公平に処理することを目的とする合理的な制度であつて、相殺権を行使する債権者の立場からすれば、債務者の資力が不十分な場合においても、自己の債権については確実かつ十分な弁済を受けたと同様な利益を受けることができる点において、受働債権につきあたかも担保権を有するにも似た地位が与えられるという機能を営むものである。相殺制度のこの目的および機能は、現在の経済社会において取引の助長にも役立つものであるから、この制度によつて保護される当事者の地位はできるかぎり尊重すべきものであつて、当事者の一方の債権について差押が行なわれた場合においても、明文の根拠なくして、たやすくこれを否定すべきものではない」。

　したがって、業況不安な貸出先が定期預金の解約をすることは、債権保全に影響を及ぼすことになる（担保的機能を失することにつながる）ため、貸出先が定期預金の解約を求めてきたとき、預金係は解約手続をする前に必ず貸出担当者へ知らせることが必要である。そして、貸出担当者は定期預金の解約理由を必ず聴取する必要がある。そのためには、貸付係はあらかじめ該

第1節　貸出業務と担保　259

当する債務者法人リストを預金係へ伝えておくことが肝要である。

4　担保の一般的要件

担保を徴求する場合、次の4点を考慮し、担保として適当な物権かどうかを確認する必要がある。

①　評価が客観的にできること：担保物の時価評価額をベースに、処分時に考慮すべき減価要因や費用負担を担保掛け目として控除後の実質価額（処分可能見込額）で把握する。

②　価値が安定していること：担保価値は下落リスクが低いものが望ましい。預金担保は価値の変動はないが、上場株式の市場価格は変動する。商品担保は経年劣化のリスクがある。不動産の市場価格は比較的安定性があるといわれるが、過去のバブル期の不動産価格の下落も忘れてはならない。客観的価値評価がむずかしい担保物に対しては担保掛け目を保守的にみる（リスク負担率を考慮して決める）べきである。

③　管理が簡便なこと：担保物は、取得手続が簡便で手続費用が軽く、取得後の管理・事務負担が少ないものがよい。不動産担保は評価手続や抵当権設定・登記手続に時間と費用がかかり、遠隔地や数筆に分かれている土地は望ましくない。

④　処分が容易なこと：担保物は、簡便な手続で処分可能かつ短時間ですむことが望ましい。最も優れているのは自行の預金、上場株式も比較的容易といえる。不動産担保の換価処分は簡便とはいえないが、金額的には効果がある。

5　担保徴求時の留意点

(1)　確認事項

a　権原の確認

担保提供者が当該担保の真正な所有者であること、つまり、その権原※を確認する。

260　第6章　債権保全

※ 「権限」はある者に認められた行為の範囲を意味するのに対し、「権原」は権限の原因となる法的根拠を意味するもの。すなわち、「権原」に基づいて「権限」が発生する。

b　権限の確認

　担保提供者の権原の確認ができたならば、次に担保提供者に当該行為をなし得る権限があるかどうかを確認する。

　法人の場合は、定款で定められた目的の範囲内に担保提供行為が含まれるかについて確認を要する。また、個人の場合は、行為能力（単独で完全に有効な法律行為をなすことのできる能力）があるかどうかの確認が必要である。たとえば法律上未成年者は行為能力者として認められていないので、未成年者から担保を徴求する場合には、親権者（法定代理人）に代理してもらうのが一般的な方法になる。

c　意思の確認

　担保を徴求する際は、担保提供者（担保物件の所有者）の意思を確認することが必要である。そのため、担保提供者には貸出担当者の面前で担保書類に署名捺印してもらう。

d　現地・現物の確認

　担保に徴する物件は必ず自分の目で確認すべきである。不動産担保の評価は他部署が行うにしても、貸出担当者は実際に担保に供された土地・建物等を現地に行き確認する必要がある。

(2)　成立要件と対抗要件

　担保を徴求する場合は、徴求した担保が担保として有効に機能するため、成立要件と対抗要件とを兼ね備えていることが必要である。

　成立要件とは当事者間（銀行と貸出先）で法律上担保として成り立つための必要条件であり、対抗要件とは成立した担保権が他の債権者の権利と競合するときに、その競合を排除してその担保の目的物から優先弁済を受けるための必要条件のことである。

　主要担保の成立要件と対抗要件は次のとおり。

第1節　貸出業務と担保　261

	担保権の種類	成立要件	対抗要件
預金	質権	質権設定の意思と預金証書（通帳）の交付	担保差入証書への確定日付
手形	譲渡担保権	裏書と交付	裏書と交付
株式	質権または譲渡担保権	銀行の証券口座への振替え	銀行の証券口座で保管
不動産	抵当権	抵当権設定の意思	登記

6　担保権の種類と効力

　担保権には、民法による「質権」「抵当権」がある。これを「約定担保物権」という。また、法律が定める一定の条件が整ったとき、法律上当然に発生する担保物権として、民法上の「留置権」（民法295〜302条）、「先取特権」（民法303〜341条）がある。これを「法定担保物権」というが、これは契約によって発生させることはできないため、銀行取引において意識的に利用することはできない。

　このほか、慣習および判例によって認められている「非典型担保物権」といわれる物的担保として「譲渡担保」「仮登記担保」「所有権留保」がある。

　ここでは主として利用される3種類について述べる。

⑴　質　　権

　担保の目的物の占有を銀行に移転し、債務の弁済があるまで目的物を留置するとともに、弁済がない場合は、それを処分して優先弁済を受けることができる担保権である。

　民法342条（質権の内容）、343条（質権の目的）、344条（質権の設定）を参照されたい。

⑵　抵　当　権

　担保に提供された不動産について、質権とは異なり、その占有を担保提供者にとどめたまま使用を許し、債務の弁済がない場合にそれを処分して優先弁済を受けることができる担保権である。

262　第6章　債権保全

民法369条（抵当権の内容）、370条（抵当権の効力が及ぶ範囲）、373条（抵当権の順位）、374条（抵当権の順位の変更）、375条（抵当権の被担保債権の範囲）、376条（抵当権の処分）、377条（抵当権の処分の対抗要件）を参照されたい。

(3) 譲渡担保権

担保物件の所有権を銀行に移転し、債務の弁済がない場合にそれを処分して優先弁済を受けることができる担保権である。譲渡担保権は質権・抵当権と異なり法律の規定はなく※、判例によって効力や内容が認められている。

※　現在、法務省法制審議会で「担保法制の見直しにおける検討事項の事例」で法制化に向けた議論が行われている。同審議会法制部会の初回（2021年4月13日）における「基本的な視点」には次のように記されている。「中小企業の中には高い収益性がありながら不動産を有しないものもあること、企業の債務を個人で保証した者が過大な責任を負う場合があることなどから、多様な資金調達手法を整備し、不動産担保や保証に過度に依存しない融資を促進する必要があるとの認識が高まっている。そのような資金調達手法の一つとして、在庫などの動産や、売掛債権などの債権を担保の目的として活用することが考えられる。このような担保取引について、2018年6月に閣議決定された骨太の方針2018では「経営支援を強化するため、金融機関による担保・保証に依存しない融資の促進を通じて金融仲介機能を一層発揮させる」とされ、2019年6月の未来投資戦略の成長戦略フォローアップでは「企業や金融機関からのニーズを踏まえて、動産担保に関する法的枠組みや登記制度の整備について、将来的な法改正も視野に入れて検討する」とされるなど、制度整備の必要性への言及がされている。しかし、民法には、設定者が所有する動産の占有を維持したまま、これを担保の目的とすることを予定した規定は存在しない。また、在庫や売掛債権等を担保の目的とするためには、複数の動産や債権を一体として担保の目的とする必要があるが、設定者が将来取得するものを含む複数の動産や債権を一体として担保の目的としたりすることを予定した規定も、民法には存在しない。このため、実務では、在庫や事業を継続するために必要な機械等、所有者が引き続き占有する必要がある動産については譲渡担保や所有権留保が用いられ、また、債権、更にそれ以外の財産を担保とするための手法として、譲渡担保などの手法が利用されてきた。これらの手法について、現在は専ら判例によってルールが形成されているが、判例はあくまで個別事案の解決を目的とするため、その射程がどこまで及ぶかは必ずしも明確でないことも多く、法的安定性に欠ける面がある。また、判例がルールを示していない論点も残されており、譲渡担保、所有権留保に関する法律関係にはなお不明確な点も残されている。このため、法律関係の明確化や安定性の確保等の観点から、動産や債権を目的とする担保を中心として、担保に関する法制の見直しが必要だと考えられる」。

(4) 付 従 性

なお、担保権には付従性があり、被担保債権が消滅すれば担保権も消滅するのが原則である。しかし、貸出業務は事業活動に伴うものであり、貸出は反復・継続されるため、貸出のつど担保権を設定することは困難である。そ

こで、一定の極度を定め、極度の範囲内では被担保債権の増減変動にかかわらず担保するという根担保※の方法がとられる。

※ 「根担保」については、担保権によって担保される被担保債権が特定の債権である場合と、発生・消滅を繰り返す不特定の債権である場合との区別がある。後者の場合を一般に根担保と呼び、前者と区別している。実務的には、不動産担保における根抵当権が多く使われている。

7 担保の評価

　債権の回収が不能となった場合は、担保を処分、換金して貸出金の回収にあてる。一般的には、担保の処分価格は時価より多かれ少なかれ下回ること、あるいは時価自体が担保受入れ時と処分時では異なる（変動する）ことを考慮しておかなければならない。したがって、担保価値は次の算式でみる必要がある。

　　　担保価値＝時価（または額面）×掛け目－先順位担保権額

　担保の価値を事前に評価する場合、時価ではなく、処分時の価額を推定することが重要である。そのため、将来、値下りの可能性が高いものや、処分の際に時価を下回る度合いが大きいと予想されるものについては、前記式の掛け目を低めにみておく必要がある。

　掛け目については銀行が与信規程で定めるが、以下に一般論としての掛け目を示す。

担保種類		評価額	掛け目
不動産	土地	時価	70%以内
	建物・工場財団	時価	50%以内
株式	プライム市場	時価	70%以内
	スタンダード市場	時価	60%以内
公債	国債・政保債・地方債	時価	90%以内
債権	自行預金	額面	100%以内
	他行預金	額面	90%以内

第2節 担　保

　担保のもつ機能は担保物件によってそれぞれ異なる。銀行がいかなる物件を担保に徴するかは、貸出金の資金使途によっても異なる。

　物的担保は種類によって次のように分類される。

　　①　債権担保：預金・商業手形・代金債権など
　　②　商品担保：商品・原材料・船荷証券・倉荷証券など
　　③　有価証券担保※：国債・地方債・株式・社債等
　　④　不動産担保：土地・建物・工場財団等
　　⑤　動産担保：営業用機械等
　　⑥　知的所有権担保：著作権・特許権・商標権・実用新案権・意匠権

　　※　有価証券には、手形・小切手・株式・公社債・船荷証券・倉荷証券・貨物引換
　　　証などがあるが、銀行取引において担保として徴求する場合、商業手形は債権担
　　　保として取り扱い、船荷証券・倉荷証券・貨物引換証は一般的に商品担保として
　　　取り扱うので、有価証券担保は通常、国債・地方債・株式・社債などを指す。

　以下、主な物的担保について述べる。

1　預金担保

　自行の定期預金を担保とする。担保取得方法は原則的には質権とする。質権設定に際しては、預金者から預金担保差入証とともに定期預金証書（あるいは通帳）の差入れを受ける。

　第三者対抗要件として担保差入証に確定日付をとることが必要である。ただし、自行預金担保の場合、第三者の差押え等には相殺で対抗できるので、実務上は確定日付を省略できる。

　なお、他行の預金を担保にとる例もないではないが、預金には譲渡・質入禁止の特約が付されているため他行預金を担保にとるには他行の承諾が必要

となる。一方、他行もその預金を貸出金の引当としてみているので、他行預金を担保にとる例はきわめて少ないといえる。

2　代金債権担保

貸出先がもっている預金以外の指名債権を担保にとる手法で、商取引上の売掛金・割賦販売代金債権・運送料債権・診療報酬債権・工事請負代金債権・ビル入居保証金などがある。担保取得方法は、質権または譲渡担保の設定が原則である。

代金債権担保には次のように「正式担保」「代理受領」「振込指定」の３種類がある。

(1)　正式担保

質権を設定するか、譲渡担保として支払人にその旨の通知をするか、承認をとり、確定日付をとる。第三債務者の同意を必要とすることから貸出先が社会的信用が落ちることを恐れるため、通常は正式担保は避け代理受領または振込指定が利用される。

(2)　代理受領

担保の目的で銀行が取立委任を受けておき、その支払期が来ると銀行が担保差入人の代理として支払先から支払いを受け、貸出金の回収にあてる方法である。

貸出先は担保差入証のかわりに委任状を提出する。

(3)　振込指定

貸出先が、借入先銀行に有する預金口座への振込みを第三債務者に指定し、銀行は振り込まれた金銭返還債務（預金）と貸出先に対する貸出債権を相殺して貸出金の回収を図る手法である。

振込指定は第三者に対抗できず、また債権譲渡や差押えがあると優先権を主張できない。

3　商品担保

貸出先の店舗や倉庫にある商品・原材料はすぐに換金できるが、これを担

保にとることは貸出先の営業活動に支障をきたすことになる。また、担保にとっても銀行がこれを管理することは困難なうえ、処分にも専門的な知識を要するので、商品や原材料を担保として利用することは少ない。

　一方、倉庫業者に寄託中の商品、運送中の商品は、商品の現物ではなく証券に化体しており、その証券を担保にとる※。倉荷証券を担保にとる場合は、担保差入証とともに倉荷証券の裏書譲渡を受ければ、倉庫に預けてある荷物を譲渡担保にとったことになる。貨物引換証や船荷証券も同様に担保にとれば荷物を担保にとったことになるが、利用は少ない。

※　船荷証券や倉荷証券については、法務省法制審議会商法（船荷証券等関係）部会で電子化の実現に向けた法改正の議論が進められている。

4　株式担保

　担保提供者の証券口座に記録されている株式を銀行の証券口座に振り替える手続を行い、担保として管理される。

　担保としての効力は、「質権」は法律上規定にある担保方式だが、「譲渡担保」は法律に規定はなく、商慣習によって認められた担保方式である。だが、どちらも株券を銀行に差し入れて担保設定されており効力において違いはない。

5　不動産担保

　不動産担保は土地・建物を担保にとる。住宅ローンのように通常は1回の取引による債権だけの場合は抵当権とするが、企業を対象に継続的な取引によって増減する債権を担保させる場合は根抵当権とする。

(1)　物件の調査

物件調査の方法は次のように行う。

　　①　登記簿謄本（登記事項証明書）によって担保物件の内容および所有名義人を確認する。必要に応じ公図で所在や接道状況を確認する。なお、短期賃借権や借家権のように登記簿謄本だけではわからない権利関係もあるので注意が必要である。また、借地上の建物を担保に徴求

する場合は、土地の賃借人と建物所有者の一致および借地契約の存続を確認したうえで、地主の承諾書を徴求する。

② 担保提供者（物件所有者）本人と面談し、権利関係等について登記簿謄本の内容と突合して、真正な物件所有者であることを確認する。

③ 現地に出向き、物件の状況を調査する。また、都市計画図等で担保物件がどの用途地域に該当するかも確認する。

(2) 抵当権と根抵当権

ある特定の債権だけを担保するのが抵当権、これに対し、一定の範囲に属する不特定の債権を極度額の範囲で担保するのが根抵当権である。

両者の違いは、抵当権の場合はその被担保債権が弁済によって消滅すると同時に消滅する（付従性）のに対し、根抵当権は被担保債権がゼロになっても後日発生する債権を再び担保する。

また、優先弁済権の範囲については、抵当権の場合、元本はもちろんだが、利息・遅延損害金については最後の2年分しか優先弁済を受けられない。これに対し、根抵当権は極度額の範囲内であれば、元本はもちろんだが、利息・遅延損害金については何年分でも優先弁済を受けられる。半面、極度を超えた場合、超えた部分についてはいっさい優先弁済を受けることができない。したがって、根抵当権を設定する場合は、利息・遅延損害金をカバーするため元本より多めの金額（125％をメド）で担保設定する。

(3) 累積式根抵当と共同根抵当

二つ以上の物件に根抵当権を設定する方法として「累積式根抵当」「共同根抵当」がある。

累積式根抵当は物件ごとに極度をつけ、その極度を累積して計算する方法で、共同根抵当は二つ以上の物件をあたかも一つの物件とみなして極度をつける。この場合、極度だけでなく、被担保債権の範囲、債務者も同一でなければならない。かつ、登記時に共同担保である旨を登記する必要がある。

累積式根抵当・共同根抵当の取分の違いを以下の例で示す。

（単位：百万円）

	設定方法			実行時取分		
	設定時評価	累積式	共同	実行時評価	累積式	共同
建物	50	極度 50	極度	40	40	
土地	50	極度 50	100	60	50	100
計	100	極度100		100	90	100

　設定時の評価は、建物・土地ともそれぞれ50百万円とする。時間が経過し、評価額が建物40百万円、土地60百万円に変わったとする。

　この時、累積式根抵当では、建物から評価額40百万円、土地からは極度までの50百万円、合計90百万円の取分しかない。一方、共同根抵当では、建物・土地の評価額合計の100百万円の取分が見込める。

6　動産担保

　商取引から発生する債権担保の目的物として動産[※1]を対象にする担保のことである。自動車、船舶、小型船舶、航空機等、特別法[※2]により対抗要件が設けられている動産は、抵当権の目的にすることができる。

※1　土地・建物を不動産といい、それ以外の物を動産という。
※2　自動車抵当法、農業動産抵当法、建設機械抵当法、航空機抵当法などが該当する。

　他に適当な担保物件がない場合、営業用の什器備品類、工場の機械器具類、診療所の医療器械等が担保となるが、これらの動産は貸出先が使用中で、その利用を認めなければならない。また減価も激しいため、担保にとるのはその動産の購入資金の貸出の場合が多い。

　担保としてとる際は、譲渡担保を設定する旨の契約を行う。これらの動産の所有権は銀行になるが、貸出先は引き続き動産を使用することができ、営業活動は継続できる。貸出先が貸出金を弁済した場合、当該動産の所有権は貸出先に復帰する。貸出金が弁済されない場合には所有権は銀行に帰属することになる。

第2節　担　　保　　269

7　知的所有権担保

知的所有権担保の設定方法は次のとおりあるが、質権が一般的である。

	質権	譲渡担保	仮登記担保[※1]
著作権	○	○	×
特許権[※2]	○	○	○
商標権[※2]	○	○	○
実用新案権[※2]	○	○	○
意匠権[※2]	○	○	○

※1　仮登記担保とは、債務者が債務を弁済しないときには債務者に属する所有権その他の権利を債権者に移転する旨をあらかじめ契約し、これに基づく債権者の権利について仮登記・仮登録をしておくという方法により債権担保の目的を達成しようとする担保の方法である。
※2　工業所有権とは、産業上の知的財産権のことで、特許権・商標権・実用新案権・意匠権の4種の総称である。

　「著作権の担保取得」とは著作財産権を担保にとることを意味し、質権か譲渡担保権により取得する。著作権者と質権ないし譲渡担保権の設定契約を締結し、第三者対抗要件として登録する。
　工業所有権は質権・譲渡担保権・仮登録担保権により取得するが、担保評価と処分はむずかしいので、担保としてとるのは、他の担保の補完機能としての役割に限られる。担保としてとる場合は、特許料・登録料等の未納付は権利の消滅になるので全納が必要、権利の存続期間などにも注意する必要がある。

第 3 節 | 保　　証

1　概　　説

　保証は貸出先が貸出金（主たる債務）の弁済をしない場合に、貸出先にかわって第三者（保証人）が当該債務（保証債務）を履行すること（弁済すること）をもって貸出金の回収を図るものである。

　担保も保証も、ともに貸出金の回収を確実にする手段である点は同じである。異なる点は、担保の場合は提供された特定の財産からの優先弁済を有するのに対し、保証は保証人の一般財産を拠り所にしており、保証人が資力を失えば効力はない。したがって、明らかに保証より担保のほうが債権保全面で優れているといえる。保証の担保としての価値を総じていえば、保証人の資産状態や信用度次第であり、担保として安定的とはいえない。

　主たる債務と保証債務とは別個独立のものだが、保証債務は主たる債務との関係で次の三つの性質をもっている。

　　①　付従性：主たる債務がなければ保証債務は成立せず、主たる債務が消滅すれば保証債務も消滅する。保証債務の内容・態様は主たる債務の範囲に限定される。

　　②　随伴性：主たる債務が移転するときは、保証債務もそれに伴って移転する。

　　③　補充性：保証人は主たる債務者がその債務を履行しない場合、初めて履行すればよい。

　銀行が保証をとる場合は、単に経済上の担保としてだけではなく、間接的な債権保全効果がある点も見逃せない。中小企業向け貸出の場合、経営者の保証をとるケースが多い理由は、経営者に保証債務を負わせることにより、

経営に責任をもってもらい、放漫経営を防ぐという意味もある。これによって経営者が会社経営に慎重を期し、借入金の返済意識を高めることにつながるというねらいもある。

2　保証徴求時の留意点

(1)　個　　人

個人を保証人として徴求する場合、保証人の本人確認を行ったうえで「保証の意思」「弁済の資力」「行為能力」を確認する必要がある。

「保証の意思」については、保証人から印鑑証明を徴するとともに、保証書に自署してもらうときは必ず面前で行わせ、保証の意思を確認することが重要である。

(2)　法　　人

法人を保証人として徴求する場合も、個人を保証人として徴求する場合と同様に注意が必要である。法人の場合、以下に留意する必要がある。

　①　保証人となる法人の定款を検討して、その保証行為が法人の目的の範囲内であるか否か（権利能力）を確かめる必要がある。

　②　法人の保証が自己取引に該当する場合、たとえば取締役個人の借入について会社が保証する場合などは取締役会の承認が必要であるため、取締役会議事録を徴求し、承認があった旨を確認する。

3　保証の種類

(1)　普通保証と連帯保証

保証には、保証契約上、なんらの特約もない普通保証と、保証人が主たる債務者（貸出先）と連帯して保証することを特約する連帯保証とがある。

a　普通保証

普通保証において保証人の権利として認められている事柄は主に以下のとおり。

　①　銀行が、保証人に債務の支払いを請求した時は、保証人はまず主たる債務者に催告すべきことを請求できる（催告の抗弁権：民法452

272　第6章　債権保全

条)。

②　保証人が、銀行から強制執行を受けた場合に、まず主たる債務者の財産について強制執行するように請求できる（検索の抗弁権：民法453条）。

③　保証人が2名以上いる時は、各保証人は主たる債務の額を人数分で均等分割した金額だけの債務を保証すればよい（分別の利益：民法456条）。

b　連帯保証

普通保証に対する連帯保証の特徴は主に以下のとおり。

①　連帯保証では、前記普通保証で記した権利は認められていない（民法454条・465条）。

②　連帯保証人の1人に支払いするよう請求した場合、主たる債務者に対しても時効中断の効力が及ぶ（民法458条。普通保証では時効中断の効力は及ばない（民法148条））。

c　債権保全との関係

以上からわかるように、銀行にとって債権保全を図るためには連帯保証のほうが有利であることから、ほとんどの銀行では連帯保証を徴している。

(2)　個別債務保証と根保証

貸出業務においては、個別の貸出を保証する個別債務保証をとる場合と「銀行取引から生じる一切の債務」を保証するかたちの根保証をとる場合と

寄り道　『銀行取引──銀行と取引先のための法律知識〔第6版〕』（前掲・20頁）
必ず連帯保証

　　保証には単純保証と連帯保証がありますが、銀行貸付では必ず連帯保証としています。単純保証の場合は、まず主債務者に請求し（民452）、主債務者に執行容易な財産があればこれに対し強制執行したうえでないと保証人に請求できませんが（民453）、連帯保証であればいきなり保証人に請求でき、また、保証人が数人いる場合も分別の利益がないからです。

（同書223頁）

第3節　保　　証　273

がある。

a 個別債務保証

個別の貸出について保証するもので、主たる債務が弁済によって消滅すれば、保証債務も消滅する。

b 根 保 証

根保証には、保証限度額・保証期限を定めた「限定（極度期限付）根保証」と、保証限度額・保証期限を定めない「包括根保証」がある。

「包括根保証」については、判例上、保証人に過重な負担を負わせるものであることから不当との考え方があり、保証人に解約権が認められている。したがって、保証を徴求する銀行の多くでは「限定（極度期限付）根保証」を徴求している。

4 「経営者保証に関するガイドライン」

中小企業の経営者個人が会社の連帯保証人となることは、倒産して債務の返済ができなくなった場合、経営者個人が返済することを意味する。中小企業の経営者による個人保証には、資金調達の円滑化に寄与する面がある一方、経営が窮境に陥った場合における早期の事業再生や、円滑な事業承継を阻害する要因となるとの指摘があり、これらの課題を解決するため、全国銀行協会と日本商工会議所が「経営者保証に関するガイドライン」（以下「ガイドライン」という）を策定した（2013年12月5日公表、2014年2月1日適用開始）。

なお、2014年2月1日の適用開始日以前に締結した保証契約についても、見直しに際してはガイドラインの適用を受けることができる。

ガイドラインでは、経営者保証なしに借入を希望するには以下の経営状況であることが求められる。

① 法人と経営者との関係の明確な区分・分離
② 財務基盤の強化
③ 財務状況の正確な把握、適時適切な情報開示による経営の透明性確保

274 第6章 債権保全

図表 6 − 1　経営者保証の提供状況（2020年度）

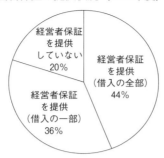

（出所）　中小企業庁ホームページ（https://www.chusho.meti.go.jp/kinyu/keieihosyou/）。

　ガイドラインは、中小企業・経営者・金融機関共通の自主的なルールと位置づけられており、法的な拘束力はない。したがって、それぞれの銀行でそれぞれの対応がなされている。そこで銀行は前記経営状況をチェックし、経営者保証の必要性を判断する。旧来の商慣習的に一律・形式的に保証を求めるのではなく、貸出先の財務内容・定性情報等を総合的に判断して決めている。そして、保証を徴さない場合も保証を徴する（既存の保証も含む）場合も、貸出先の経営者に具体的理由の説明を行う必要がある。

5　信用保証協会保証

　現在、銀行が最も頼っているのは信用保証協会保証だと思われる。「マル保」と呼び、貸出審査を丸投げし（自ら審査せずにすむ）、貸出先が倒産しても代弁（代位弁済）される（損失を回避できる）ことで、安心だと思って安易に利用してはいないか。信用保証協会保証であれば過度に依存してもよいのだろうか。

　筆者が研修で「信用保証協会が代弁を行う根拠となる法律は」と質問するとほとんどの受講者が答えられない。「信用保証協会法」と答える者がいても、「信用保証協会法を読んだことがあるか」と聞くとほとんどが読んだことはないというのが実態である。信用保証協会法の業務に代弁（代位弁済）という言葉は書かれていないと話すと、ほとんどが驚き「知らなかった」と

いう。

「マル保」と気軽に呼んでいるのに、信用保証協会保証の本質を知らないままに利用している者が多い。

(1) 信用保証協会法

信用保証協会法は、中小企業者等が銀行その他の金融機関から貸付等を受けるについてその貸付金等の債務を保証することを主たる業務とする信用保証協会の制度を確立し、もって中小企業者等に対する金融の円滑化を図ることを目的として、1953（昭和28）年8月に制定された法律である。信用保証協会は「信用保証協会法」によって設立された認可法人で、法人税法別表に掲げる公益法人である。信用保証協会法（昭和28年法律第196号）の1条（目的）、20条（業務）1項1号の規定は次のとおり。

（目的）

第1条 この法律は、中小企業者等が銀行その他の金融機関から貸付等を受けるについてその貸付金等の債務を保証することを主たる業務とする信用保証協会の制度を確立し、もつて中小企業者等に対する金融の円滑化を図ることを目的とする。

（業務）

第20条 協会は、次に掲げる業務及びこれに付随する業務を行うことができる。

① 中小企業者等が銀行その他の金融機関から資金の貸付、手形の割引又は給付を受けること等により金融機関に対して負担する債務の保証

信用保証協会法の第1条は「貸付金等の債務を保証」することが信用保証協会の主たる業務であると記し、その業務に代弁（代位弁済）は記されていない。

(2) 信用保証協会保証の法律的性質

信用保証協会法による保証の性質は、通常の民法上の保証である。民法上

276　第6章　債権保全

の保証とは、主たる債務者が自己の債務を履行しない場合に保証人が自己の
保証債務を負担する場合をいい（民法446条）、保証債務はもっぱら主たる債
務を担保することを目的として存在するものである。この限りにおいて、信
用保証協会の保証も民法上の保証と、その法的性質において変わりはない。
　信用保証協会法に代弁（代位弁済）という言葉はないが、保証債務の履行
が代弁である。民法上の保証は前記 3 (1)のとおり、普通保証、連帯保証があ
るが、信用保証協会保証はどちらの性質なのかという問題がある。普通保証

寄り道
『信用保証〔第 3 版〕』（江口浩一郎編、金融財政事情研究会、2005年）
　信用保証協会の行う信用保証は、信用保証協会法という特別法に基づ
く特殊な性格の保証であるのか、それとも民法上の保証となんら異なる
ものではない保証なのか、信用保証協会保証の法的性格をめぐって裁判になっ
た例がある。（中略）信用保証協会の保証は、特約なき限り民法上の保証であ
るという見解を示した。他の判例もこれと同趣旨であり、現在では通説となっ
ている。（東京高裁昭和35年10月26日判決・下民集11巻10号2292頁）
（同書107〜108頁）

寄り道
『信用保証〔第 3 版〕』（前掲・277頁）
　全国信用保証協会連合会で作成している約定書例には、連帯保証であ
るという特約文言はないが、基本的には連帯保証的な性格を前提に作成
された契約である。しかし、制度としての信用保証協会の立場を強化するた
め、連帯保証にある程度の制約を加え、約定書上、次のような特約を規定して
いる。一つには、主たる債務の最終履行期限が到来しても、原則として最終履
行期限後一定期間（約定書例では90日）を経過した後でなければ、金融機関は
信用保証協会に対して保証債務の履行請求ができないものとし（約定書例第 6
条）、二つには、保証債務の履行の範囲は主たる債務に利息および延滞利息を
加えた額を限度（延滞利息は、最終履行期限後120日以内を限度とし利率は貸
付利息と同率）としている。この二つの特約から連帯保証の性格は弱められて
いるといえる。
（同書109〜110頁）

第 3 節　保　　証　277

か連帯保証かは保証契約の内容によって判別されるのと同様に、信用保証協会保証も銀行と信用保証協会との間で締結している約定書の内容いかんによって決まる。その約定書に連帯保証であるという特約文言はないが、基本的には連帯保証的な性格を前提に作成されている。

　信用保証協会と銀行が交わしている約定書には次のように記されている（『信用保証〔第3版〕』496～497頁（江口浩一郎編、金融財政事情研究会、2005年）より筆者作成）。

　○○信用保証協会（甲）と□□銀行（乙）は、信用保証協会法第20条に基づく保証に関して、次の各条項を約定する。

（略）

（保証債務の履行）

第6条　甲は、被保証債務について債務者が最終履行期限（期限の利益喪失の日を含む。以下同じ。）後90日を経てなお、その債務の全部又は一部を履行しなかったときは、乙の請求により乙に対し保証債務の履行をなすものとする。但し、特別の事由があるときは、90日を経ずして甲に対し履行請求を行うことができる。

2　前項の保証債務の履行の範囲は、主たる債務に利息および最終履行期限後120日以内の延滞利息を加えた額を限度とする。

3　延滞利息は、貸付利率と同率とする。

（保証債務履行請求権の存続期間）

第7条　乙は、最終履行期限後2年を経過した後は、甲に対し保証債務の履行を請求することができない。

（略）

---

(3)　信用保証制度

　信用保証制度は、信用保証協会が銀行から貸出を受ける中小企業の債務を保証することで、中小企業向け貸出を円滑に進めることを目的とする。信用保証協会が中小企業向け貸出を保証することで、銀行は貸出リスクが軽減さ

れ、中小企業に対する資金供給が拡大する。バブル崩壊以降、信用保証制度は規模を拡大し、中小企業の資金繰りを支え、倒産の防止に役立ってきた。

信用保証制度について、近年の変遷を振り返る。

① 1998年：中小企業金融安定化特別保証制度（特別保証）導入

② 2005年：中小企業政策審議会が制度見直し

③ 2006年：保証料率の弾力化（可変的な保証料率）の導入と責任共有制度を導入

④ 2007年：責任共有制度を導入（原則100％保証を、銀行に原則20％のリスク負担を求める）

⑤ 2008年：原材料価格高騰対応等緊急保証制度（緊急保証）を創設（2011年3月末で終了）

⑥ 2011年：東日本大震災発生により復興緊急保証（全額保証）を創設

⑦ 2020年：新型コロナウイルス感染拡大に対するセーフティネット保証

一方、銀行は信用保証協会保証に過度に依存する傾向にあり、その副作用を見逃してはならない。その副作用とは以下のとおり。

① 銀行は信用保証協会が代弁してくれることを期待し（代弁されるとの安心感をもち）、貸出審査や実行後の債権管理を行うインセンティブが働かなくなる。

② 貸倒リスクを信用保証協会に転嫁する目的で信用保証協会保証を利用する意識が先行し、保証を必要としない企業にも信用保証協会保証の利用を勧める。

③ 信用保証協会保証を頼ることで、貸出担当者の審査能力のレベルは低下し、情報生産のインセンティブが過小になった。

④ 旧債振替えが行われていたとの指摘が聞かれる。

信用保証制度の政策効果、副作用については、功罪両方の見方がある。資金のアベイラビリティ（調達可能性）の改善には役立っていることは確かであるが、景気後退期における信用保証制度による貸出は一時的な倒産回避効果を認める一方、倒産時期を先送りしたにすぎず、時間が経てば不振企業は

第3節　保　　証　279

> **寄り道**
>
> 「「ゼロゼロ融資」利用後の倒産 2023年は631件で前年の約1.4倍　2020
> 年7月からの累計は1,216件」（TSRデータインサイト、2024年1月15日
> 記事）
>
> 　2023年の「ゼロゼロ融資（実質無利子・無担保融資）」利用後の倒産は631件
> （前年比39.2％増）で、前年の約1.4倍に増加した。2023年は毎月40件超のペー
> スで推移し、3月には集計を開始以来、最多の63件発生した。返済開始を迎
> え、借換支援も打ち出されたが、業種の幅を広げながら増勢を持続している。
> 初めて倒産が発生した2020年7月から3年半の累計は1,216件に達した。

> **寄り道**
>
> 「「コロナ融資」膨らんだ「ゼロゼロ」のツケ」（読売新聞、2024年2月
> 15日付記事）
>
> 　　新型コロナウイルス対策で政府系金融機関が実施した特別融資約19兆
> 円のうち約1兆円が回収不能かその恐れのあることが、会計検査院の調査で判
> 明した。特別融資は民間融資分を含めると現時点で約44兆円に上り、「不良債
> 権」の総額は兆単位で膨らむ恐れがある。特別融資は公金を原資に成り立って
> おり、政府には国民負担を拡大させないよう将来も見据えた取組が求められ
> る。
>
> 　民間の場合は利払い分が国から得られる上、融資が焦げ付いても国の財政支
> 援を受ける各地の信用保証協会が全額または8割を弁済する。信用調査会社の
> 関係者は「ほぼリスクなく利益を上げられるので、普段は相手にしない業績不
> 振の企業に融資するケースもあり、政府系と同規模以上の「不良債権」が生じ
> ているはずだ」と明かす。
>
> 　金融機関の支援のあり方も重要だ。〜先行きの苦しい事業者を早期に精算さ
> せるなど、支援には目利きが欠かせない。国は、政府系・民間の金融機関に公
> 金を扱う使命感を浸透させつつ、事業再生支援を適切に行うよう監督すること
> が求められる。

倒産に至っているという分析結果もある。

⑷　信用保証協会保証付貸出（マル保貸出）

　全国信用保証協会連合会のホームページによると、日本の企業全体に占め
る中小企業・小規模事業者の割合は99.7％で、その数は約357.8万社である。

そのうち信用保証の利用企業数は、約158.5万社で中小企業・小規模事業者の44.3％がマル保貸出を受けている（利用者数は2023（令和５）年３月末時点の数値）。

銀行はマル保貸出を好んで利用している。代弁によって貸出先の貸倒れの心配がないからという理由だけでなく、本音は担当者として「楽ができる」からだと思う。資金使途、返済原資等に細かく触れることなく「マル保」と書けばスムーズに承認が得られるからだ。プロパー貸出で対応できる貸出先にもマル保を勧めているケースもある。

貸出担当者のなかには「信用保証協会の保証が得られたら貸す」という考え方をもっている者がいる。貸すか貸さないかの判断は銀行の貸出審査の結果をもって行うもので、このような認識は誤っている。これは「倒産しても信用保証協会が代弁してくれる」という考えが蔓延し、中小企業の信用調査・貸出判断を信用保証協会へ丸投げし、銀行が行うべき貸出判断の主体性を自ら放棄していることにほかならない。その結果、貸出担当者の審査能力、企業をみる目のレベルが低下している。信用保証協会の審査担当者から保証申込書類や決算書等の内容について照会・質問の電話が入ると、答えられない担当者がいるようだ。

かつて、信用保証協会は原則100％を保証していたが、2007年10月から80％の保証になった。銀行側にも20％負担を求めるように改正された。制度改正の目的は、信用保証協会、銀行が適切な責任共有を図るとの説明だが、筆者はその説明を文字どおりには受け取らない。制度改正の本質は、あまりに信用保証協会に頼り切って、審査の主体性を自ら放棄している銀行に、その甘えた考え方を質すことを促すための制度改正だったと考えている。

銀行の関心は信用保証協会が保証してくれるか否かにあり、貸出先の倒産によって銀行が被る損失額を軽減する制度として利用しているように思える。もちろん、銀行が貸出金の回収の拠り所の一つとして信用保証協会の保証を求めることを否定するものではない。しかし、考える筋道としては、銀行自らが貸出先の信用状態を審査し、担保・引当面で懸念ある場合に、信用保証協会につなぐのが本筋であると考えるべきではないだろうか。信用保

協会は中小企業が銀行から貸付を受けるに際し、貸付金の債務を保証することが主たる目的であり、銀行の損失回避のための存在ではない。

信用保証協会を利用して中小企業向け貸出を推進することは非常に大事なことであることは論をまたない。銀行経営上も自己資本比率算定、自己査定等で有利に働くが、利用に際しては信用保証制度を正しく認識する必要がある。いやしくも代位弁済が受けられなくなるようなルール違反（旧債振替え等）をすることは許されない。

貸出案件の申出がきたとき、マル保で取上げを検討する前に、保証料範囲内でプロパー貸出金利を上乗せして金利収入をあげること、マル保は金額上限があるためマル保利用は温存する（最後の手段・資金繰りの保険）という考えもできる。マル保かプロパーかは、銀行都合ではなく顧客第一の視点で対応すべきである。

第7章
債権管理

第 1 節 ｜ 債権管理の意義

　貸出担当者の役割は貸出金を実行したら終わりではない。貸出業務は、貸出期限に貸出金が返済されるまでが1サイクルである。

　貸出業務は、案件の審査・実行段階までは決算分析や実態把握に努めるが、実行後のフォローがおろそかになりがちになる。企業は生き物である。貸出実行時に正常先であっても、貸出期限が到達するまでの間に業績悪化に陥ったり、経営活動に予期せぬ不測の事態が起こったりする可能性がある。貸出を実行してから期限に返済を受けるまでの期間、貸出担当者は貸出金の管理（債権管理）を行うことも重要な責務である。

　「貸出業務の要諦は債権保全にあり」。そのためには、貸出実行前に行う貸出審査とともに、実行後に行う債権管理も重要であることを忘れてはならない。

　人間の生活に当てはめて考えればわかることである。日々健康管理を行い、体調が悪くなれば病院に行き、必要な処方を受けることで健康を取り戻すことができる。いわゆるガンも早期発見すれば助かる確率は高いが、発見が遅れれば手遅れになる。貸出業務も同じである。貸出先の業績の悪化・経営不振を見逃さず、早く気づけば、銀行はその状況からの脱出に協力し、一方で債権保全の対策も早くからできる。

　債権管理の方法についてマニュアルはない。そこで以下、筆者の実践・経験をふまえた方法を述べる。

第2節 資金使途の確認

1 資金使途の確認が必要である理由

　銀行の貸出金の原資は預金であり、貸出金の確実な回収は、預金払戻しの確実性、ひいては銀行の信用維持につながる重要な問題である。

　回収の確実性は、担保が十分にあればよいというものではなく、貸出金に基づく貸出先の正常な事業活動から得られる収入によって返済が滞りなく行われることが重要である。したがって、貸出案件の諾否決定の際はいうまでもなく、貸出実行後も貸出先の事業活動・業況に十分に注意する必要がある。このように貸出実行後の貸出先の状況をみる場合は、貸出金が当初の申出（約定）どおりの使途に使われているかどうかが特に重要なポイントになる。

　当初申出（約定）と違った使途に流用された場合、当然貸出先の収支計画が変化し、返済予定も変更せざるを得なくなる可能性が高まり、回収懸念のリスクにつながる。

　この問題は貸出先の信用度にかかわる問題でもある。言い換えれば、資金使途の確認を行わない銀行の貸出レベルの問題ともいえる。

2 資金使途の確認方法

　資金使途の確認については、借入申出内容を審査する際（実行する前）に検討ずみであるが、実行後に再確認することも重要である。銀行側が審査の検討段階で申出内容（資金使途と所要金額）が嘘であったことを見抜けなかったケース、実行後に貸出先が勝手に当初申出内容と異なった資金使途に流用するケースがある。また、資金使途は正しくても、必要金額以上を貸し

ていた場合には、実需資金を超えた金額が何に使われたかを追究することも重要である。

貸出担当者は、貸出実行後の事後管理を行い、貸出が合理的であることを検証する必要がある。

(1) 経常運転資金

所要運転資金を大きく上回る金額である場合、赤字・在庫、あるいは固定資産を支える資金として流用されていないかを資金運用表で確認する。

過去に許容した季節資金や決算・賞与資金で返済できなかったものが、経常運転資金に上乗せされているケースがある。経常運転資金をさかのぼり、売上増加による増加運転資金以外の事由で増額されている場合、その事由と対応（処理）方法を検討する必要がある。

(2) 増加運転資金

増加運転資金ワークシート（第5章第3節参照）で増加運転資金額をチェックする。

収支ずれが理由の増加運転資金を経常運転資金に上乗せしていないかチェックする。

(3) 長期運転資金

第5章第4節に記した資金使途に合致しているかを、それぞれの方法でチェックする。

(4) 決算資金

法人税の納税証明書で確認する。

(5) 賞与資金

年金事務所へ提出した「被保険者賞与支払届」※で確認する。

※　企業は賞与を従業員に対して支給した際、「被保険者賞与支払届」等を管轄の年金事務所へ賞与支給後5日以内に提出しなければならない。

(6) 季節資金

季節資金は、借入金により季節商品を仕入れることで一時的に在庫が増加するはずである。季節資金借入相当額の在庫が増加しているか、試算表で確認する。

⑺　工事立替資金

資金繰り表で、前受金や中間金が工事請負契約書に記載されているとおり入金されているか、借入額と支払実績を確認する。

⑻　設備資金

土地購入、建設工事請負、機械購入等は、それぞれの契約書や納品書、領収証で金額をチェックする。また、資金繰り表で支払いを確認する。さらに、貸借対照表で該当勘定科目の増加額をみて確認する。

⑼　肩代わり資金

肩代わりにより他行貸出が減少して自行貸出が同額増加することで、貸出先の借入残高は不変であるはずである。しかし、肩代わりした金額分、総借入額が増えているケースがある。

肩代わりしたはずの銀行の借入残高が減っていない、あるいは貸借対照表の借入総額が肩代わりした金額分増加しているか銀行取引一覧表で確認する。

第2節　資金使途の確認　287

第3節 | 資金使途等の約定違反

　資金使途が当初と異なり、流用されていたことが判明した場合、銀行取引約定書ひな型5条（期限の利益の喪失）2項3号の「私が貴行との取引約定に違反したとき」や同5号の「債権保全を必要とする相当の事由が生じたとき」に基づく請求喪失が可能となる。

　銀行は、資金使途違反の状況・事情をふまえ、回収懸念の有無を検討する。そこに悪質性や回収懸念がある場合は、期限の利益を失わせて貸出取引を終了させるため、ただちに回収手続をとる必要がある。その検討の結果、返済や債権保全に懸念がないと判断できれば、貸出先に注意したうえ、貸出の継続もあり得る。

　また、銀行取引約定書ひな型12条（報告および調査）の規定に反した場合も同様である。

寄り道　『新銀行取引約定書ひな型の解説』（全国銀行協会連合会法規小委員会編、金融財政事情研究会、1977年）

第12条（報告および調査）
①　財産、経営、業況について貴行から請求があったときは、直ちに報告し、また調査に必要な便益を提供します。
②　財産、経営、業況について重大な変化を生じたとき、または生じるおそれのあるときは、貴行から請求がなくても直ちに報告します。

本条の特約に反し、銀行よりの依頼に協力しなかったり、重要事項について自主的に報告してこなかった場合の効果としては、第5条第2項によって、銀行よりの請求により、一切の債務につき期限の利益を失い（後略）
（同書181～182頁）

しかしながら、実情は前記のように建前どおりにはいかないことが多い。請求喪失によって期限の利益を喪失させることには慎重な判断が求められる。

| 第 **4** 節 | 動態管理 |

　繰り返すが「貸出業務の要諦は債権保全にあり」である。そのために債権管理は必須である。その債権管理で重要なことは「動態管理」である。貸出業務で「動態管理」という言葉は聞き慣れないが、この言葉はもともと車両や現場担当者などの位置情報と状態を記録・管理する言葉として使われている。そのメリットは、たとえばトラックの位置情報や運行状況をリアルタイムで把握することで、荷主からの急な変更や依頼に対応できるシステムによって運行管理業務の効率化が図られている。

　筆者が貸出金の債権管理においてこの言葉を使うのは、次のような理由がある。すなわち、貸出先の業況をみるとき、過去の数値から最近数年間の動向（趨勢）を知ることも重要であるが、より重要なことは「いま、何が起こっているか」を知ることにあるという意識をもっているということである。目の前で起きている事象をいち早く把握することが債権保全の方法として「動態管理」に着目した。

　筆者が考える債権管理における「動態管理」について以下、その具体的手法を述べる。

1　月商ヒアリング

　多くの銀行では、貸出先の業績チェックは決算書をもらってから、決算書の売上・収益の数値をみて知る。決算書は前年度の数値で、そこから得る情報は時機を逸していると考え、筆者は「いま、何が起こっているか」を知るための方法の一つとして、毎月初に前月の売上（月商）をヒアリングすることを勧めている。具体例で説明する。

　以下は毎月の売上を記したものである。

（単位：百万円）

	4月	5月	6月	7月	8月	9月	10月	11月	12月	1月	2月	3月	合計
2021	30	30	30	30	30	50	30	30	30	30	30	50	400
2022	25	25	40	25	25	60	25	25	40	25	25	60	400
2023	20	20	40	20	20	50	20	20	40	20	20	50	340
2024	18	18	30										

この例から、以下のことがわかる。

○　売上（年商）の数値を決算書の数値をみて知る銀行は、2023年度の売上（年商）が大幅減収（前年比▲60百万円）だった事実を知るのは、2023年度決算書を入手する2024年6月以降になる。

○　月商ヒアリングしている銀行は、2022年度の途中から一般月の前年同月比の数値をみてなんとなく異変に気づく。2022年度決算書で売上（年商）が前年と同額であっても、2023年度に入ってから、前々年同月比・前年同月比や同期間比をみると、一般月の売上が減少し、節月の売上でカバーしている事実を知り、業績悪化の兆候に気づく。少なくとも、決算書だけで売上（年商）をみている銀行に比べ、月商ヒアリングをしている銀行は、2023年度の売上（年商）の悪化（減収）は決算書が出る前、1年前には気づき、債権保全対策を立てることができる。

月商ヒアリングで業績悪化の懸念を察知することで、債権保全策対応は早くできる。決算書だけで売上（年商）をみている銀行は売上高の大幅減少に気づくのが遅く、債権保全対応が遅れる。

また、月商ヒアリングの合計値が、決算書の売上高と大きく乖離している場合、決算書の売上高の粉飾を疑うことができる。2023年度の月商ヒアリング合計額は340百万円であるにもかかわらず2023年度の決算書の売上（年商）が400百万円と記載されていた場合、400百万円は粉飾されたものかもしれないと気づくはずである。すなわち、月商ヒアリングの合計額が決算書の売上（年商）と大きく乖離していることに作為を感じる。通常、毎月の月商ヒアリングの段階で、売上（年商）の粉飾を意識して、意図的に月商の数値をご

まかして報告することはないとみれば、月商ヒアリング段階で多少の誤差があってもその合計額は決算書の売上（年商）に近い数値であるはずである。月商ヒアリングを行うことは決算書の売上高の真実性を見極める材料にもなる。

2　他行借入残高のヒアリング

　多くの銀行が作成している銀行取引推移一覧表は過去数年の決算月の残高を記載している。これでは過去のトレンドをみる資料にすぎない。より重要なことは、他行の借入残高・シェアおよび取引銀行の顔触れの変化をみて「いま、何が起こっているか」を知ることである。その変化を知るためには取引銀行すべての科目別借入残高を毎月ヒアリングする。

　そのための銀行取引一覧表は第4章第6節4を参照されたい。

　そして、以下のような状況変化を知ったときは、そのようになった原因・理由を貸出先に確認することが重要である。

　　　○　主力銀行の経常運転資金の残高減少：主力行が消極的になったとすれば、その理由。経常運転資金を約弁付長期貸出で借り入れている場合は、約弁とは別の要因による減少に注意する。

　　　○　季節・決算・賞与等の貸出において分担率（シェア）の変更：銀行構成を変えた理由。

　　　○　既存行の借入完済：借入がゼロになった、つまり取引を切った（切られた）理由。

　　　○　新たな銀行からの借入発生：新規参入になった理由。

　毎月初に前月の借入残高を科目別にヒアリングすることで、いま（直近）で起こっている事実を知ることができる。そこから、貸出先が銀行取引の構成を変化させる理由、また他行の貸出先に対する取引方針の変化をうかがい知ることができる。

3　預金の動向

　貸出先の変調は預金の動きから察知できる。特に、要注意先・破綻懸念先

の預金動向には注意が必要である。

(1) 定期預金の解約

　定期預金係は、貸出先の法人名義定期預金・代表者名義の定期預金の解約申出があったときは、解約事務を行う前に必ず貸出担当者に知らせ指示を仰ぐよう連絡体制を構築しておく。貸出担当者は、資金繰りが苦しい貸出先について、定期預金係に注意すべき貸出先名・代表者名を通知しておく。

(2) 当座預金照合表

　貸出先の手形・小切手決済が残高不足の場合は、当然に貸出担当者に連絡が来ることになっていると思われる。貸出担当者は前月の当座預金照合表をみて、支払日・支払額に例月と異なる動きがある場合は注意が必要で、事情を確認する必要がある。

4　会社訪問頻度表

　貸出先に一度も行ったことがない（訪問したことがない）ということは絶対にあってはならない。電話やメールによって営業やコンタクトは可能だが、訪問することに意義がある。実際に会社に行き、みる・会う・話すことが重要である。もちろん、訪問する場合は、目的意識をもち、準備して行くべきである。

　「三現主義」という言葉がある。貸出業務の実態把握で重要なことは、実際に「現場」に行き、「現物」をみて、「現実」を認識することである。机上で書類・資料をみて、考えて、判断するのではなく、目と耳と肌で感じ得る情報のほうが問題の本質をとらえることに役立つ。

　会社訪問頻度表をつくるとよい。担当する貸出先を「親密度（主力・準主力・付合）」「債務者区分」「取引方針」等により、最低訪問回数を月数回・月１回・週数回・週１回等、貸出先ごとに訪問間隔を決め、訪問予定・計画表を作成し、自ら訪問頻度を月次でチェックする。

5　不動産担保管理

　不動産担保に担保設定を行ったまま担保管理を怠っているケースが多い。

不動産担保の価値は絶対的なものではない。物件自体の変化（一部取壊し・劣化腐食等）、状況変化（近隣環境の悪化、第三者宛賃貸等）、経済情勢（地価の変化等）によって担保価値は変動する。そのため、一定期間をおいて現地・現場を訪問し、現状を確認する。また、登記簿謄本を取り寄せ、権利関係に変動はないかをチェックする。

6　経営体制等の変化

　経営者の病気、死亡、相続による経営の実権者の交代、株主構成の変更は、企業業績あるいは銀行取引に影響を与える。また、保証人の死亡、親会社・子会社との関係の変化、主たる仕入先・販売先の急激な変更なども貸出取引に影響する。取引先概要表の記載項目の変化に注意することも債権保全につながる。

第 **5** 節 業況悪化時の対応

1 倒産予知の重要性

　倒産について法律上明確な定義はない。一般的には、貸出先が資金繰りに破綻して、貸出金の弁済ができなくなり、企業活動を続けることができない状態に立ち至ったことをいう。経営破綻も同義である。

　どの時点で倒産というかについての基準はないが、一般的には次のような状態になった場合に倒産と表現している。

　なお、破産は清算を目的にした法的整理の手段の一つであるため、破産した企業は倒産しているといえるが、倒産した企業が必ずしも破産しているとはいえない。

- ○　6カ月以内に2回目の手形不渡りを出し、銀行取引停止処分を受けたとき※
- ○　会社更生法に基づく更生手続申立て
- ○　民事再生法に基づく再生手続申立て
- ○　特別清算

※　6カ月以内に2回目の不渡りを出した場合、銀行取引停止処分となる。こうなると、すべての銀行において当座取引および貸付を受けることが不可能になるため、企業の資金繰りは断たれる。このような状態をして「事実上の倒産」というが、法人の解散事由が生じたわけではないから法人としての存続は否定されたものではない。もっとも、多くの場合、法的倒産処理手続または任意的倒産処理（私的整理）に移行することから、その時点において「事実上」という言い方をする。近年では「事実上の倒産」ではなく、「経営破綻」という言葉を使用する場合が多くなっている。

　債権管理を行うことで業績・業況の悪化、あるいは貸出先に何かが起こっていること（変調）に気づき、「これは倒産の前兆かな」と感じ取り、確認

第5節　業況悪化時の対応　295

し、必要あらば対策を講じることが債権保全につながる。貸出先の業績の悪化・経営不振に早く気づけば、債権保全の対策も早くからできる。

　信用保証協会保証がついているので、倒産しても代弁される……という安易な考えで、債権管理を怠る姿勢は、貸出担当者として失格である。

　債権管理を行い、必要に応じて債権保全対策を立てる……これは貸出担当者の重要な責務である。債権管理を怠り、貸出先が倒産したという事実を外部情報によって知る、あるいは第三者から知らされることは貸出担当者として、また銀行の貸出業務のレベルが疑われ、恥であると認識すべきである。

　企業の返済財源は当然有限であるので、倒産を他の債権者より1日でも早く予知することで、返済財源を有利に確保できる。予知が遅ければ、先に倒産を察知した債権者の回収努力によるしわ寄せを受ける。さらに、倒産前の保全措置は、倒産時点との期間が短いほど講じがたくなる。仮に債権保全措置ができたとしても、詐害行為取消権や否認権の対象になることもある。

　倒産を予知するためには、貸出先に対する先入観にとらわれず、冷静に状況把握・観察を行うべきである。「地場一流」「地元名士」「老舗」という言葉に惑わされ、業況悪化の兆候を見逃してしまうようであってはならない。

2　倒産経路と兆候の発生

⑴　企業が倒産する事態に至る経路

　企業は、倒産する事態に至るまでに、およそ次のような経路をたどる。

　　①　売上不振、過大投資、不良在庫の増加等の要因、あるいは大口販売
　　　　先または仕入先の倒産による影響で業績が悪化する。
　　②　業績回復の対策が効を奏しない。
　　③　業況および資金繰りの悪化が著しくなり、資金調達に奔走する。
　　④　資金調達がむずかしく、金利支払い・約弁負担が困難に陥る。
　　⑤　支払不能になり倒産に至る。

⑵　外部情報

　企業が前記経路をたどり始めると企業外部に情報が漏れ、種々の外部情報が入ってくるようになる。

外部情報とは、信用調査会社（帝国データバンク・東京商工リサーチ等）、業界紙、同業者、主要仕入先・主要販売先、地域経済界における噂などからの情報を指す。

　外部から貸出先に関するネガティブ情報が入ってきたとき、以下の点に注意する。

- ○　情報に接したとき、担当者の主観・一存で一蹴せず、必ず上司に報告する。
- ○　情報を加工してはならない。情報はストレートに伝える。
- ○　情報は鵜呑みにしない、一方で無視もしない。
- ○　情報が入ったら、時を置かず、すぐに情報の裏付け・確認に動く。
- ○　情報と担当者所見とは分離する。
- ○　銀行が慌てて動いている印象を与えないよう、動き方・相手等に注意する。

　筆者の過去経験則から、外部情報の中身がすべて的を射る内容とは限らないが、火のない所に煙は立たない。

　「あなただけに話す」「ここだけの話」という類（いわゆる「早耳筋」情報）は、断片的・誇張・主観的であることもふまえ、裏付け・確認は慎重かつ迅速に行動する。また、意図的な誹謗中傷やフェイクニュースの可能性があることも承知して動く。

3　自店取引にみる兆候

　外部情報をチェックしたところ信憑性が高かった場合、自行の債権管理が不十分だったといわれても仕方ない。自行の債権管理は、粉飾決算、人・物・金の動き等から倒産の予兆を察知することで行う。ただし、以下のような兆候があったからといって倒産するとは限らない。以下の項目は、あくまで倒産する可能性を客観的に判断する参考情報である。

　なお、倒産とは資金繰りの破綻であり、資金繰りの破綻の前兆は預金・貸出取引に現れる。貸出先が新規取引して日が浅い、あるいは下位付合先で預金・貸出金額が小さい場合は、その前兆は見抜きがたい場合がある。

第5節　業況悪化時の対応　297

① 預金取引面から察する兆候
　○　毎月のように入金待ちがある、当座の過振りが増加している。
　○　支手決済日の直前に大口振込みがある。
　○　定期預金の期日前解約申出・当座預金の平残が減少している。
　○　現金支払いが支払手形に変更された、あるいは支払手形のサイト
　　　が長くなった。
　○　手形の信用照会の頻度が増える。
　○　手形の依頼返却や被依頼返却が増える（融手操作あるいは手形の
　　　ジャンプの疑い）。
② 貸出取引面から察する兆候
　○　粉飾決算（実質赤字の黒字化）が判明した。
　○　売上高の減少傾向（数年間減収）が続く、ピーク売上高に比べ
　　　30％以上の減収になっている。
　○　従来の割引手形が、臨時・つなぎの単名借入の申出に変わった。
　○　資金使途が不明確の借入申出があった（資料提出が遅れる、合理
　　　的説明ができない）。
　○　他行からの信用照会が頻繁にある（融手操作、信用不安の噂）。
　○　資金繰り表を決算書と突合させると実績と予定の食い違いが見つ
　　　かり、説明も不十分である。
　○　銀行取引推移一覧表で主力・準主力行の貸出姿勢に変化がみられ
　　　る。
③ その他の動きから察する兆候
　○　役員・経営陣が退職した（理由を明確にいわない）。
　○　財務・経理担当役職者が退職した（理由を明確にいわない）。
　○　経営者の不在が多くなる・居留守を使う。
　○　経理担当者が無口になる。質問に正直に答えなくなる。
　○　希望退職を募っている。退職者が多くなった。
　○　同業者・業界・地域の間でよくない噂が流れている。
　○　主要仕入先の変更・大口仕入先の倒産による影響が出ている。

- 主要販売先の変更・大口販売先の倒産による影響が出ている。
- 給料の遅配・減額が発生している。賞与の支給がなくなった。
- 主要商品の不具合や会社経営不祥事が社会的に問題化している。
- 工場における生産が停止になった。
- 固定資産が売却された。
- 約弁の延滞・期限延長の申出があった。
- ノンバンクからの借入が判明した。
- 経営者・親族役員からの借入が判明した。

4　倒産の前兆を感知した後の対策

⑴　すぐにすべきこと

前記3にあげた事項は、あくまで倒産可能性の予兆であり、必ず倒産に至るとは限らない。

しかし、万一のためにこのような参考情報が複数みられる場合は、早めに以下のような対策をとるべきである。

① 貸出と引当のバランスを確認。裸（信用）与信の金額の確認：非拘束の定期預金がある場合は、それを拘束預金とする可能性とタイミングを検討する。

② 引当（担保）の確認。契約書・現物・時価等のチェック：それぞれの成立要件・対抗要件、有効期限等を確認する。信用保証協会貸出については免責事由に関するチェック漏れはないかを検討する。

③ 不動産担保について、現地訪問、登記簿謄本との変化のチェック：時価と権利関係を把握する。

④ 裸与信をカバーする増担保はないか、担保としてとれる資産はないかの検討。

⑤ 保証人の資産内容（価値、担保提供の有無）のチェック。

⑥ 当座預金・定期預金の係との間で、異例・異常な動きがあれば知らせるよう連絡体制の確認。

⑵　引当強化に際しての留意点

a　基本的留意点

引当強化・回収に際しては次の点に留意する。

① 迅速に行う。他の債権者より予知を早めに行い、対策も早めに打ち出す。倒産前１カ月以内の対策は否認権との関係で手遅れになるリスクがあるので要注意である。

② 極力、秘密裏に行う。取引銀行が債権保全に乗り出したという噂は、再建可能性を低くするリスクがあるので、行動は注意を要する。

③ 手続に万全を期す。手続のミス、遅れは許されない。

b　預金の拘束

貸出先が倒産したとき、確実かつ容易に回収する方法が預金との相殺である。予知段階で、将来預金による回収を予定する場合は、預金を拘束しておく必要がある。

その場合は、銀行取引約定書ひな型４条（担保）の「①債権保全を必要とする相当の事由が生じたときは、請求によって、直ちに貴行の承認する担保もしくは増担保を差し入れ、または保証人をたてもしくはこれを追加します」が根拠になる。ここで「相当の事由が生じたとき」とは、担保物件の価額が下落し担保力に不足が生じた、あるいは保証人の信用状態が悪化した等、客観的な事実が生じたことが必要になる。

この規定に基づき、貸出先に増担保を請求するとき、担保提供する余力がない場合はともかく、余力があるにもかかわらず貸出先が担保提供に応じない場合、銀行は誠意をもって説明・交渉する必要がある。それでも応じない場合は、銀行取引約定書ひな型５条２項３の規定「私が貴行との取引約定に違反したとき」に該当するとして、貸出先に対して期限の利益を請求喪失させることができる。期限の利益を喪失させ、貸出金全額の弁済を請求し、貸出債権の回収に努めることになる。

c　増担保交渉

担保不足部分については、預金の拘束のほか、銀行取引約定書ひな型４条（担保）の規定に基づき、極力早めに増担保交渉を行う。

倒産懸念の貸出先から入手し得る担保に限りがある場合は、条文の「または保証人をたてもしくはこれを追加します」に基づき、保証人あるいは第三者からの担保提供を得るなどの方法で引当強化を図る。

第 **8** 章

稟議制度

第1節 | 貸出審査の決定権限と稟議制度

1 裁量貸出と稟議貸出

　貸出判断の諾否には、支店限りで決定できる場合と本部に申請して承認を得る場合がある。

　前者の決定権限は支店長にあり、支店長権限で決裁される貸出を「（支店長）裁量貸出」「（支店長）専決貸出」などという。本部（審査部・融資部）宛てに稟議書を出し承認を得て実行する貸出を「稟議貸出」と一般的にいう。以下、本書では「裁量貸出」「稟議貸出」という言葉を使う。

　裁量貸出と稟議貸出の違いは次のようにある（銀行によって差異はある）。

	裁量貸出	稟議貸出
決裁権限者	支店長	金額段階別等で決裁権限あり〜次長・副部長・部長・担当役員等
一取引先当り貸出上限額	支店によって異なる ・信用限度（無担保）の場合 ・総合限度（有担保）の場合	決裁権限者ごとに貸出上限金額が決められている
金利・担保条件等	本部指示枠内であれば可	支店長判断枠外の判断

　裁量貸出と稟議貸出との最大の違いは、裁量貸出は支店長権限で諾否が決まるが、稟議貸出は支店長権限で貸出したいと判断した貸出案件を本部（審査部・融資部）宛てに稟議書を提出して、本部が諾否を決める、つまり、場合によっては否認されることもある。すなわち、稟議貸出は支店長判断を本部がダブルチェックする体制である。

2　支店における貸出審査

　裁量貸出は、裁量貸出権限内であれば支店長の判断で実行可能である。貸出案件を実行（承認）するか実行しない（否認）かは支店長の決裁に委ねられている。乱暴な言い方をすれば、貸出業務を強力に推進するか慎重に運営するかは支店長の判断に任されている。

　裁量貸出は、支店長による支店経営の軸足、あるいは貸出業務に対する姿勢によって左右される。業績考課を第一に意識する支店長は、貸出増加目標の数値達成のため、貸出審査を十分に行わず、あるいは審査の過程に多少の問題点があっても片目をつぶって貸出に走ることがあり得る。

　裁量貸出の決裁プロセスは、担当者が作成した査定書（支店長に決裁を仰ぐ書類。申請書、専決書ともいう）を、課長・副支店長が目を通し、それぞれの所見を付して支店長が最終決裁を行う。

　査定書には、資金使途・金額・期間・金利・返済方法・引当状況・取上げ理由を記すが、次のような点に留意する必要がある。

　　①　資金使途に対する検証が甘く、審査・担保評価も安易に流れやすい。

　　②　信用保証協会からの保証を得られれば、支店判断はスルーする。

　　③　貸出先・経営者を知っているがゆえに、「うちうち」「なあなあ」の意識が働く。

　　④　貸出の実行によって得られる取引メリットに目を奪われやすい。

　　⑤　稟議貸出としては承認を得るのが困難と意識し、あえて裁量貸出の権限範囲内の金額で取り上げる。

　支店における貸出審査も、基本は稟議貸出と同じ意識をもって臨むことが必要である。貸出増加目標を意識して資金使途や金額を作文することは論外である。与信規程に反する行為はコンプライアンス違反につながる。裁量貸出の決裁権限者である支店長は、貸出業務経験あるいは貸出審査の判断力を最低限備えている必要がある。

第1節　貸出審査の決定権限と稟議制度　305

3　本部における貸出審査

　支店から申請された稟議書は、本部（審査部・融資部）で貸出業務経験ある数人（ライン担当役付者・課長・次長・副部長・部長等）の目を通して、貸出案件の判断を行い、支店長一人の判断の誤りなきことを期すシステムといえる。

　審査を行う本部（審査部・融資部）の担当ラインの人たちは、その貸出先に行ったことはない、経営者はどういう人か等は知らない。本部は稟議書による書類だけの審査である。稟議書に記された内容を書面でみて、支店意見を読み、審査・判断を行う。そのためには、決裁判断を誤ることがないように、稟議書や添付資料（取引先概要表等）は必要な情報を正しく伝えるものでなければならない。

　筆者は現役時代に支店長と融資部次長ポストを経験した。銀行退職後、多くの地域金融機関の貸出研修において事例研究を行い、稟議書と本部審査の書類をみてきた。その経験から受けた印象は、①資金使途の把握があいまいである、②取引先概要表が整備されていない（取引先概要表の記載不備、他資料数値等との整合性欠如）、③決算はコンピュータ分析に頼り自ら分析していない、④貸出先の説明内容に対する検証が不足している等である。

　稟議書を審査する際のポイントは次のとおり。

① 貸出先の企業概要を把握する：取引先概要表から企業イメージの把握に努める。
② 決算分析から財務内容を把握する：財務内容の問題点を知る。粉飾の可能性をチェックする。
③ 借入申出内容を検証する：資金使途・金額の妥当性を検証する。
④ 貸出先提出資料を検証する：資料の数値・説明に関して支店で検証しているか確認する。
⑤ 返済の確実性を検証する：返済原資を資金繰り表で確認する。
⑥ 本件貸出金と引当とのバランスをチェックする：債権保全措置（担保・保証）はこれでよいか検証する。

⑦　本件実行による採算と取引メリットとを確認する。

⑧　支店意見（担当者・支店長）を吟味する：論理的説明がなされているか確認する。

| 第 **2** 節 | 稟議書作成の留意点 |

1　借入申出内容の確認

借入申出に接したとき、必ず聴取すべき項目は以下のとおり。

① 資金使途：具体的に何に使う資金か、またその資金を必要とする背景は何か。

② 必要金額・調達内訳：必要総額はいくらで、借入金はいくらか。うち当行分担額はいくらで、他行借入計画はどうか。

③ 借入時期：いつ資金が必要か。

④ 返済期限・返済原資：いつまでに返済するか。一括返済か分割返済か。返済原資は何か。

⑤ 担保・保証人：担保・保証人を入れる予定はあるか。入れる場合はその具体的内容は何か。

⑥ 貸出形態・金利：手形貸付か当座貸越か証書貸付か。借入金利の希望はあるか。

⑦ その他の条件：本件貸出で得られるメリットは何か。

2　借入申出内容を聴取するときのポイント

(1)　申出内容を正確に把握する

「申出内容を正確に把握」は、当り前のことだが、実はなかなかできていない。確実にかつ正確に把握することが重要である。

前記1の項目について一つひとつを具体的に聞き、確定させる。間違っても「こうだろう、こうあるべきだ、こうしてほしい」等と自分勝手に期待し、判断し、確認を怠ることは厳に避ける。もし後から貸出先の意図・意向

と異なる齟齬が生じると、貸出判断を間違えることになりかねない。

　申出内容にわからない点があれば、理解できるまで質問し、確認する。わからない点、疑問に思うことをそのまま放置することは、聴取すべき重要な項目を聞き漏らしていることと同義で、後になって質問・確認することは「何を聞いていたのだ」と貸出先からの評価・信頼を下げる結果になりかねない。

　また、申出内容を聞くときは、必ずメモをとることが肝要である。

(2)　不足点・問題点を整理する

　申出内容を聴取したら、不足点・問題点を整理する。追加で確認するべき事項はないか、依頼するべき資料はないか、申出内容に問題点はないかをチェックする。実際に、面接メモを書いてみると、もう少し説明を要する点や、引っ掛かる点が浮き彫りになる。

(3)　不足点・問題点を解決する

　不足点・問題点の整理ができたら、それを解決するために動くことが肝要である。口頭で確認してすむ場合もあるが、追加の説明や資料が必要な場合は打診や依頼を行う。

　ここで注意すべきことは、「顧客第一」を心がけて誠意をもって対応することは重要であるが、それは「貸出先の言いなりになる」こととは異なるということである。銀行としていうべきことはいい、お互いが納得したうえで話を進めることが重要である。

(4)　スケジュールを明確にする

　そして最後に、借入希望日を前提にして、資料の提出期限、結論の通知メドといったスケジュールを貸出先に伝え、了解を得る。

(5)　嫌がられることをしない

　なお、借入申出の聴取において貸出先は以下のようなことは嫌がるので、注意する必要がある。

　　　○　時間をおいて・後になって、同じことを何度も聞かれる。

　　　○　次々と五月雨式に新たな資料を要求される。

　　　○　貸出の諾否の態度・結論がはっきりしない。

第2節　稟議書作成の留意点　　309

○　借入希望日の直前になって断られる、あるいは突然に厳しい条件を
　　つけられる。

3　稟議書作成にかかわる担当者の心構え

　稟議担当者として、申出内容を聴取するに際しての基本的心構えは次のとおり。

(1)　スケジュールを想定する

　貸出先が貸出金を必要とする日（実行予定日）から逆算して、いつまでに査定書・稟議書を作成しなければならないか把握する。それまでに必要な日数（考える・書く・決裁を受ける期間）を確保することが重要である。

　査定書・稟議書の作成は拙速を避け、十分な検討時間をとることが必要である。特に実行日直前に慌ただしく決裁を仰ぐことは、審査・決裁までの時間を少なくして判断を誤ることになりかねない。

(2)　貸出先をよく知る

　とにかく貸出先についてよく知ることが必要である。取引先概要表の記載項目はもちろん、決算概要、取引方針、事業内容と業界動向を学ぶ。

(3)　人間関係を築く

　貸出先と銀行といっても、基本は人と人とのつながり、信頼がベースになる。貸出先から好かれ、頼りになる存在として、親密な関係を築くことが重要である。そのためには貸出業務に関する知識をしっかり身につけ信用される担当者として認められることが重要である。

(4)　謙虚・真摯な態度

　「貸す」という立場で、高慢で威張った態度は絶対にとってはならない。「顧客第一」の精神が大切である。

(5)　報　連　相

　借入申出があったらすみやかに上司へ報告する。そして、貸出先への回答もできるだけ早く行う。

　申出に応えられない（貸出できない）との結論は１日も早く伝えることが重要である。

⑹　借入申出内容を正しく理解する

　稟議書作成にあたっては、前記2をふまえ、支店長・本部に対して、借入申出内容と自らの所見について自信をもって説明できるまで理解することが肝要である。

⑺　査定書・稟議書の作成

　査定書・稟議書の記述に関しては、正確・具体的・簡潔を心がける。散文調で冗長な記述は好ましくない。貸出先の経営実態と借入申出内容について問題点がある場合は、整理、所見を必ず記述する。

⑻　政策判断

　貸出案件の諾否に関して、「政策判断」という言葉を使うことがある。この言葉を使うことができる（許されている）人は決裁権限を与えられている者（現場においては支店長・営業部長、本部においては審査（融資）部の部長・次長等）に限られる。

　専決権限をもたない担当者・ラインの者が借入申出内容の検証を行う際は、事実の報告と論理的な考え方に基づき自らの所見を出すことが使命である。リスクある案件を政策判断と称した所見を上げることは厳に慎むべきである。

　また、専決権限がある者が政策判断を行うにも、リスクテイクするか否かが判断の論点であるべきで、コンプライアンス違反を政策判断として正当化することは許されない。

終　章

王道を歩む

1　イソップ寓話「3人のレンガ職人」

　中世のとあるヨーロッパの町。旅人がある町を歩いていると、汗をたらたらと流しながら、重たいレンガを運んでは積み、運んでは積みを繰り返している3人のレンガ職人に出会いました。

　そこで旅人は「何をしているのですか」と尋ねました。すると、その3人のレンガ職人は次のように答えました。

　1人目は、「そんなことみればわかるだろう。親方の命令で「レンガ」を積んでいるんだよ。暑くて大変だからもういいかげんこりごりだよ」と答えました。

　2人目は、「レンガを積んで「壁」をつくっているんだ。この仕事は大変だけど、金（カネ）がよいからやっているのさ」と。

　3人目は、「レンガを積んで、後世に残る「大聖堂」をつくっているんだ。こんな仕事に就けてとても光栄だよ」と。

　3人のレンガ職人に与えられた目標は、1日に何個かのレンガを積むという同じ内容（積むべきレンガの数は同じ）であった。しかし、3人のレンガ職人の目的は異なった。1人目のレンガ職人は、目の前の仕事をただ何も考えずに取り組んでいるだけで目的はもっていない。2人目のレンガ職人はこの仕事がお金になることを考えて、生活費を稼ぐことが目的になっている。3人目のレンガ職人は、いましている仕事は立派な教会を建てることにつながっていることを語り、その仕事にかかわっている自分に喜びを感じ、自分の仕事が世の中の役に立つことに目的を見出している。3人に与えられたレンガを積むという目標は同じでも、3人ともそれを行うことの目的は異なっている。

　この話は、目標とは単に目指すべき方向や状態を定量的に示されたこと（1日に積むべきレンガの数）をいい、目的はそこに自分で考えた意味や意義を付け加えたものであることを教えてくれる。これを簡単な算式で示すと

314　終章　王道を歩む

「目的＝目標＋意味」となる。

　この旅人が、数値目標を与えられて貸出業務を行っているあなたに「何をしているのですか」と尋ねたら、あなたは何と答えるだろうか。1人目のレンガ職人のように、「いわれたことをいわれたとおりにしているだけ」と答えるだろうか。2人目のレンガ職人のように、「ボーナスを多くもらいたいし、高い評価を得て地位も上がりたいから」と答えるだろうか。それとも3人目のレンガ職人のように、「貸出業務を通じて取引先の事業発展に役立ちたい、そして経済社会の役に立ちたい」と答えるだろうか。

　貸出業務に携わる人たちは、貸出業務の意義を考え、同業務の本質を正しく理解し、3人目のレンガ職人のような目的意識をもって真っ当な貸出業務を行うべきと考える。仕事の意味を考えない人は、前記算式でいえば「目的＝目標」となる。すなわち、数値目標を達成することが目的となり、仕事の仕方やプロセスは問わず、結果がすべてであるという考え方に陥る。

　ところで、先の3人のレンガ職人のその後はどうなったのだろうか。筆者が想像するに、1人目のレンガ職人は相変わらず違う現場でレンガを積んでいる、2人目の職人はレンガ積みより稼ぎがよいという新しい仕事を見つける（転職する）、3人目のレンガ職人は現場監督に出世して、部下の指導育成を行っているのではないだろうか。貸出業務について尋ねられたあなたの10年後の姿は、はたしてどのレンガ職人のようになっているのだろうか。

2　イソップ寓話「ウサギとカメ」

　カメの足が遅いのをウサギがバカにして笑いました。カメは「あなたは足が速くても、私のほうが勝ちますよ」といいました。するとウサギは「あはは、そんなことはないよ。では競走しようか。そうすればわかるさ」といいました。カメは「だれが場所を決めて、勝った者に褒美を出すのですか」というと、ウサギは「キツネが公平でりこうだからキツネに頼もう」といいました。

　そこでキツネが競走を始める合図をしました。たちまち足の速いウサ

ギがカメを引き離しました。ウサギは足が速いことで安心して、途中で大きな木を見つけるとその木陰で一休みしました。それからしばらくしてウサギは起き上がりました。「あれ、少し眠ってしまったか、まあいい、どうせカメはまだ後ろにいるはずだからな」。ウサギは大きく伸びをしてから、ゴールに向かいました。「もうすぐゴールだ……。あれ」。ウサギは自分が勝ったと思っていたのに、なんとカメが先にゴールしていたのです。

　ウサギとカメが競走するこの物語は、ウサギの立場からみると油断大敵、カメの立場からみると、足の遅いカメでも一生懸命努力精進すればウサギにも勝てるという教訓であると子供の頃に教わった読者は少なくないのではないだろうか。

　しかし、別の見方もできる。筆者は、ウサギ、カメの違いは目標の立て方にあると考える。ウサギはカメに勝つことだけを目標にしていたため、自分の力（速さ）に自信があり、またカメとの距離の差をみて、まだ差があることに慢心し、そこに油断が生じて負けたと考える。一方、カメはゴールである山の頂上に立つことを目標に掲げた。道程は遠く、山道で苦しいなか、一生懸命精一杯の努力を続けた結果、ウサギに勝つことができた。

　競争相手に勝つことを目標としたウサギと、遠い先にある山の頂上を目標にしたカメの話は、銀行の貸出業務の目標をどのように考えるかという問題に通じる。競争他行に勝つことを目標にして、他行との数的格差の維持拡大や他行を数値競争で追い越すことを目標にしているとすれば、それはウサギの発想といえる。貸出業務という山の頂上に立つことを目標に置き、そこへ登りつめること、すなわち、他行との競争も重要だが、自ら理想と考える貸出業務のあり方を目指して努力を続けることを考えているならば、それはカメの発想といえる。

　ウサギとカメの競争は、目標をどこに置き、目標に向かってどのような行動を行うことが問われ、最終的な勝利者になるためには理想を高く掲げて王道を歩む者であることを教える話である。これは貸出業務の運営方針および

目標を策定する立場にある役員、また支店で実際に顧客を相手に貸出業務を行う支店長が常に考えるテーマではないだろうか。筆者は、銀行の目標の決め方について二つの考え方があると考える。

　その一つは、足し算の考え方で目標を設定することである。すなわち、「前期実績の数値＋競争他行をにらんで実現しなければならない数値＝今期目標」とする考え方である。これは、ウサギの発想に基づく考え方といえる。このような足し算的発想で目標を決める手法は、いままで行ってきたことと同じことを繰り返し行うという前提で、新しい発想に乏しく、競争相手との数的勝負に勝つための競争戦略であるといえる。この足し算的目標設定の方法は、環境変化に対する認識や企業戦略的思考を加えることなく、旧態依然たる考え方の延長線上にあるといえる。この考え方は、銀行自身が生活習慣病にかかっていることに気づいていないと同時に、業界内の勝敗ばかりにこだわっているものである。目標を数値で測り、数値だけでしか語れない経営では、貸出業務にかかわる本質的な問題は解決できない。数的目標の達成で得られることは、数値で評価される側面に限られ、数値に表れない質的な問題点の解決に必ずしもつながるとは限らないことを知るべきである。

　もう一つは、引き算の考え方で考えることである。具体的には「将来のあるべき姿を考える－現状を直視し実態をみる（現状のレベルを知る）＝しなければならないこと」という式で表される。ここでの「将来のあるべき姿を考える」ことこそが、カメが目標とした山の頂上のゴールを意味する。この式は足し算の考え方と異なり、式に数値はない。数的目標とは別に「このようにあるべきだ」という姿についての議論がある。カメの発想は、相手との勝ち負けより、現時点における自らの力量、問題点を認識し、その解決策を重視している。それは、銀行の財産は顧客から受けている信用と信頼であるという答えからそれに応えようとする考え方に立つものである。この視点をもたずにつくられた数的目標を達成したとしても、そのことは銀行として満足するかもしれないが、顧客や経済社会が望むものであるかどうかは別の問題である。

　さて、銀行の貸出業務に対して責任と権限をもつ役員・本部は、貸出業務

終章　王道を歩む　317

に関する目標の立て方について、その考え方の基軸をどのようにもっている
だろうか。これからも競争相手と半期ごとの数的勝負に勝った負けたを繰り
返す貸出業務を続けていくのだろうか。それとも「貸出業務のあるべき姿」
について議論し、その理想を高く掲げ、「貸出業務の王道」を現場で業務に
携わる人たちに徹底的に教え、実践することから始めるのだろうか。

3　「戦艦大和ノ最期」

「戦艦大和ノ最期」(『吉田満著作集（上）』吉田満著、文藝春秋、1986年)
より抜粋して紹介する。

　兵学校出身ノ中尉、少尉、口ヲ揃ヘテ言フ「国ノタメ、君ノタメニ死
ヌ、ソレデイイジャナイカ、ソレ以上ニ何ガ必要ナノダ……」
　学徒出身士官、色ヲナシテ反問ス「～ソレハドウイウコトニツナガル
ノダ。コレラ一切ノコトハ一体何ノタメニアルノダ」
　遂ニハ鉄拳ノ雨、乱闘ノ修羅場トナル……。痛烈ナル必敗論議ヲ傍ラ
ニ、哨戒長臼淵大尉、低ク囁ク如ク言フ「進歩ノナイ者ハ決シテ勝タナ
イ、負ケテ目ザメルコトガ最上ノ道ダ～」

　戦艦大和の沖縄への出動命令は、護衛の飛行機はなく、燃料も片道分の特
攻作戦だった。筆者の吉田満は東京帝国大学法学部在学時に学徒出陣で海軍
に入隊した。戦艦大和には少尉として任官され、副電測士として乗艦し、か
ろうじて生き残った（乗員3,332名のうち生き残ったのは276名）。
　「戦艦大和ノ最期」は、吉田満が吉川英治に勧められて書いた体験談であ
る。
　これを読むと、正論、名誉が衝突し、結果は無謀であると知りながら名誉
を重んじる空気が大勢となり、無謀な出撃をして戦艦大和は沈没したことが
わかる。
　純粋な気持ちをもち、行動するに際し納得する理由を求める学徒出身者を
若手行員、昔から慣習的に行ってきた手法にこだわり、古い考え方で凝り固

まった兵学校出身者を管理監督者に置き換えると、正面から議論することなく、若い担当者の主張を超える古くて重い空気が方向性を決めているように思える。議論の内容よりだれがいっているのかという言い手に関心が行くような組織は堕落しているとしかいいようがない。

数値目標を達成するために無謀な貸出を行い、それが不良債権になったとき、「あのときの空気では、あのようにせざるを得なかった」とすませることでよいのだろうか。

「せざるを得なかった」とは、「強制された」に近く、自らの能動的意思とは異なる。そして強制したものが「空気」であるなら、空気の責任はだれも追及できない。その空気はどのような論理的過程を経たのかについて探究せず、空気に唯々諾々と従う組織に未来はない。

4　松下幸之助「人をいかに育てるか」

松下幸之助の話を紹介する（『人徳経営のすすめ』江口克彦著、PHP、2002年、166〜167頁から引用）。

松下幸之助がある人事課長にこう尋ねた。

「きみがお得意さんへ行って、松下電器は何をつくっているところか、と尋ねられたら、どう答えるんや」「はい、電器製品をつくっております、と答えます」

それを聞いた松下幸之助の声は一段と大きく、かつ厳しくなったという。

「そんなこと言うとるからあかんのや。（中略）人を育てるのが会社の仕事である、ということがちっともわかっていない。だからそんな答え方をする。松下電器は何をつくっている会社かと尋ねられたら、松下電器は人をつくっている会社です、あわせて電器製品をつくっております、と答えられないといかん。そう答えられんのは、きみらが人の育成に関心が薄いからだ」

机を叩きながらの熱弁が続いた。その迫力に、松下幸之助の人材育成

終章　王道を歩む　319

にかける凄まじいまでの思いを感じさせられたという。

　松下幸之助は、（中略）「松下電器は物をつくる前に人をつくる会社」「品質管理は人質管理である」ということを言い続けてきた。何よりも優先して、人を育てることに取り組んできたのである。

　銀行は、「人が財産」といっているが、「人を育てている」と自信をもっていえる管理監督者はどれだけいるだろうか。

　「銀行は何をする会社か」と問われ、「たくさん金を貸すとほめられるところや」という部下が多くいる銀行になっていないだろうか。

5　貸出業務の信質

　企業経営はすでに「質の時代」に入っている。「量の時代」は過ぎ去っているもかかわらず、銀行の貸出業務は相変わらず金利（価格）を下げてまでボリューム拡大を目標に掲げ競争している。ボリューム競争に勝ち、シェアを獲得することが銀行の貸出業務の目的なのであろうか。

　昨今、銀行は就職希望先としての人気は下がり、新入行員の離職も増えていると聞く。能力ある人材を引き付け、活用するのに、銀行はいまの経営のあり方でよいのだろうか。

　銀行法の法理は、法の運用・解釈にあたり、つねに「信用」ないし「信頼」の原点に立ち返ることを求めている。銀行は「信頼するに足る」ないし「信用できる」存在でなければならない。銀行の貸出業務については、経済社会における役割を認識し、本来の資質に立ち戻って、業務遂行能力を再構築することが求められている。

　このような時代に求められる銀行経営の資質を筆者は「信質」と名付けた。「信質」は筆者の造語だが、「信」「質」の漢字の字義を重ねた意味でつくったのではない。貸出業務における信用の質の問題をいっているのではない。道徳や倫理観という言葉から連想するイメージではなく、貸出業務における高次の判断等を行う実務・実践のあり方を考える言葉であり、「信質」とは銀行業界における「共通善」※を志向する卓越性の追求であると考えて

320　終章　王道を歩む

> **寄り道** 『銀行ノ生命ハ信用ニ在リ——結城豊太郎の生涯』（秋田博著、日本放送出版協会、1996年）
>
>   財政・金融家としての結城豊太郎の一貫した指導理念は「銀行ノ生命ハ信用ニ在リ」「運用ハ慎重ニ放資ハ公利公益ヲ重ンジ国家ノ進運ニ寄与スルコト」であった。
>
>   ことに「銀行ノ信用」維持については（中略）、銀行員の反省を求め、「信は万物の本を為す……信用が第一です」と強調して、常に全銀行員の心を引き締め、資質の向上を図った。
>
>   ところで、平成バブルの発生と崩壊（中略）、結城豊太郎[※]だったら「君たちは、いったい歴史から何を教わるのかね」と言うにちがいない。
>
> （同書487頁）
>
> ※　結城豊太郎（1877～1951）：東京帝国大学卒、日本銀行理事、安田銀行副頭取、日本興業銀行総裁、商工組合中央金庫初代理事長、大蔵大臣、日本銀行総裁、日本商工会議所会頭。

つくった言葉である。

※　「共通善」とは、個人や一部集団にとっての善ではなく、社会全体の共通の善のこと。

　貸出業務は数値実績で勝つような規模の経済性に任せた量の論理で強さを測るものではない。「信質」は、創造的繊細さをもって実現可能な構想力を併せ持ち、貸出先の発展とともに「共通善」を追い求め実践するしなやかさと強さのイメージである。それは実績数値に現われる外面的なものではなく内面的なものであり、幾何学でいえば公理であり、だれも否定することができず、疑いようがないことといえる。

　「信質」という感性を育むのはその銀行の歴史と文化だと思う。しかし、バブル期を経て、銀行員は歴史と文化を軽視する風潮が出て、効率化や収益性を追い求めるあまり「信質」という美徳を忘れてしまったようである。

　コンプライアンス経営といいながら与信規程を遵守していない（資金使途の確認をおろそかにしている、要注意先へ所要運転資金以上の当座貸越極度を許容している等）、顧客第一といいながら実態は銀行第一（必要金額以上の貸出、借入のお願い等）、基礎知識不足（決算書が読めない、担保設定契

終章　王道を歩む　321

約書や銀行取引約定書の条文説明ができない等）

　『貸出業務の信質――貸出業務に携わる人の矜持』（拙著、金融財政事情研究会、2012年）の最後に筆者は次のように記した。

　銀行という組織のなかで、数字的成果をあげて評価を得ることを目的に、自分のために働くのではなく、貸出先を思いやり、正直・誠実な対応で王道を歩むことが、人間として大事であると考えます。

　人間に品性があるように、銀行も品格が正しく、凛とした銀行でなければなりません。"あの銀行は信頼できる""この銀行と取引していることは自慢であり、誇りだ"……と言わしめる銀行で働く喜びを味わうことが幸せだと確信します。（中略）

　"信質の追求"が、銀行が生き返る唯一の道であり、銀行の真の実力と業績は"信質の追求"の結果得られるものです。これが筆者の結論です。

（同書309〜310頁）

〈新金融実務手引選書〉
貸出審査の手引

2024年10月23日　第1刷発行

著　者　吉　田　重　雄
発行者　加　藤　一　浩

〒160-8519　東京都新宿区南元町19
発　行　所　一般社団法人 金融財政事情研究会
出　版　部　TEL 03(3355)2251　FAX 03(3357)7416
販売受付　TEL 03(3358)2891　FAX 03(3358)0037
URL https://www.kinzai.jp/

DTP・校正：株式会社友人社／印刷：三松堂株式会社

・本書の内容の一部あるいは全部を無断で複写・複製・転訳載すること、および
　磁気または光記録媒体、コンピュータネットワーク上等へ入力することは、法
　律で認められた場合を除き、著作者および出版社の権利の侵害となります。
・落丁・乱丁本はお取替えいたします。定価はカバーに表示してあります。

ISBN978-4-322-14473-4